Angelika Jaenicke
Michael Fingerling

Der Offene Kanal Kassel und seine Zuschauer

Eine Studie zur Rezeption

Schriftenreihe der LPR Hessen, Band 7
Mai 1999

Der Offene Kanal Kassel und seine Zuschauer

Eine Studie zur Rezeption

Autoren: Angelika Jaenicke, Michael Fingerling

Herausgeber:	Hessische Landesanstalt für privaten Rundfunk Wilhelmshöher Allee 262, 34131 Kassel
Verlag:	KoPäd Verlag, München
Titelgestaltung:	Polarlicht Mediengestaltung GmbH, Wiesbaden
Druck:	hessen-druck Valentin Hein GmbH, Baunatal

© KoPäd Verlag München, Mai 1999

ISBN 3-929061-77-5

Vorwort

Der Erfolg - oder auch der Mißerfolg - eines Offenen Kanals bemißt sich danach, wie viele Menschen ihn dazu benutzen, ihr Recht auf Meinungsäußerungsfreiheit wahrzunehmen. Er bemißt sich nicht danach, wie viele Menschen ihn einschalten, um ihn als eines unter einer Vielzahl von Programmangeboten zu konsumieren. Dennoch ist immer wieder eine der ersten Fragen, die an Träger und Organisatoren von Offenen Kanälen gerichtet werden, die nach der Einschaltquote.

Nun werden Einschaltquoten nicht gemessen, um Aussagen über die Qualität von Programmbeiträgen zu gewinnen. Sie werden gemessen, um Werbepreise ermitteln zu können.

Deshalb hat die LPR Hessen am Beispiel des ersten Offenen Kanals in Hessen, dem Bürgersender in Kassel, eine Untersuchung durchgeführt, die unter dem Arbeitstitel „Wer sieht wann was warum?" den Schwerpunkt unseres Interesses deutlich macht: Sie wollte Auskünfte darüber erhalten, ob sich die Zuschauerschaft eines Offenen Kanals, über die vorgegebene lokale Begrenzung hinaus, auch in anderen Bereichen spezifizieren läßt, ob das Spektrum der ausgestrahlten Bürgerbeiträge den Erwartungen der Zuschauerschaft entgegenkommt, ob die gewählten Sendezeiten dem Interesse der Zuschauerschaft entsprechen und, vor allem, welche Beweggründe in der Bevölkerung einer Kommune vorhanden sind, den Offenen Kanal überhaupt einzuschalten.

Die Ergebnisse der hier vorgelegten Studie bestätigen die LPR Hessen darin, in Sachen Offener Kanal in Hessen den richtigen Weg gewählt zu haben. In Trägerschaft der Hessischen Landesanstalt für privaten Rundfunk erfreuen sich die jetzt vier Bürgersender im Lande großer Beliebtheit nicht nur bei der aktiv produzierenden Nutzerschaft, sondern auch auf der Seite der sogenannten passiven Zuschauer.

Die Offenen Kanäle sind in ihrer jeweiligen Lokalität ein nicht mehr wegzudenkendes Kommunikationszentrum und ein ernst zu nehmender Baustein im Geflecht der meinungsbildenden Medien vor Ort. Darüber hinaus bedienen sie eine stetig wachsende Zahl von Laienproduzenten mit Bildungsangeboten zur Gewinnung von Medienkompetenz, und sie tragen, wie diese Untersuchung zeigt, nicht unmaßgeblich dazu bei, die Kommunikation im Nahraum zu beleben.

Mit der Veröffentlichung dieser Untersuchung verbindet die LPR Hessen den Wunsch an den hessischen Gesetzgeber, die Voraussetzungen für die Einrichtung weiterer Offener Kanäle positiv zu überdenken: Der gesellschaftliche Nutzen unserer „Lokalstationen" ist unbestreitbar, und die Bedarfsanmeldungen aus solchen hessischen Kommunen, die bislang unberücksichtigt bleiben mußten, lassen nicht nach.

In wenigen Sätzen all denjenigen zu danken, die bei der Durchführung dieses Projekts geholfen haben, ist schwer möglich. Deshalb danken die Autoren und Herausgeber zunächst und insgesamt allen daran Beteiligten für die geleistete Arbeit. Besonderer Dank gilt dem Arbeitsamt Kassel, ohne dessen Unterstützung das Projekt zu diesem Zeitpunkt nicht möglich gewesen wäre. Zu herzlichem Dank verpflichtet sind wir Beate Kneißler, Elke Montpellier, Günter Dietert, Ronald Meier und Frank Reichardt, denn sie haben die Grundlagen für dieses Buch erarbeitet. Sie haben - unter Mitwirkung einiger hilfreicher Geister - die vielen, vielen Interviews durchgeführt, die Fragebögen codiert und Teile der Auswertung übernommen. Ein großer Dank gebührt Arthur Fischer, dem Geschäftsführer des Frankfurter Instituts für Marktanalysen, Sozial- und Mediaforschung PSYDATA, der uns bei der Planung, Durchführung und Auswertung des Projekts beraten hat.

Und schließlich gilt unser Dank den vielen Zuschauern des Offenen Kanals Kassel, ohne deren Bereitschaft zur zeitaufwendigen Beantwortung der Fragen das Projekt gar nicht zustande gekommen wäre.

Kassel, Mai 1999

Winfried Engel
Vorsitzender der Versammlung

Wolfgang Thaenert
Direktor

		Seite
Inhalt		
1	**Zur Einführung**	9
2	**Offene Kanäle in Hessen**	15
3	**Der Offene Kanal Kassel**	19
3.1	Entstehung und Entwicklung	19
3.2	Rechtliche Grundlagen	21
3.3	Ausstattung und Alltag	24
3.4	Die Nutzerschaft	27
3.5	Das Sendeaufkommen	34
3.6	Die Öffentlichkeitsarbeit	39
3.7	Die Resonanz in den Medien	43
3.8	Die Diplomarbeiten zum Offenen Kanal Kassel	44
4	**Stand der Forschung: Zuschauerbefragungen zu Offenen Kanälen**	47
5	**Das Projekt: Wer sieht wann was warum im Offenen Kanal Kassel?**	53
5.1	Das Erkenntnisinteresse	53
5.2	Die Telefonbefragung	55
5.2.1	Die Fragestellung	55
5.2.2	Die Methode	55
5.2.3	Das Instrument: Der Fragebogen	56
5.2.4	Der Pretest	57
5.2.5	Die Stichprobe	58
5.2.6	Die Durchführung	58
5.3	Die Haushaltsbefragung	60
5.3.1	Die Fragestellung	60
5.3.2	Die Methode	60
5.3.3	Das Instrument: Der Fragebogen	61
5.3.4	Der Pretest	62

5.3.5	Die Stichprobe	63
5.3.6	Die Durchführung	63
6	**Die Ergebnisse**	**65**
6.1	Die Telefonbefragung	65
6.1.1	Die Beschreibung der Stichprobe	65
6.1.1.1	Das Alter	65
6.1.1.2	Das Geschlecht	66
6.1.1.3	Die Bildung	67
6.1.1.4	Beziehung von Alter, Geschlecht und Bildung	70
6.1.1.5	Der Familienstand	71
6.1.1.6	Die Haushaltsgröße	71
6.1.1.7	Die Staatsangehörigkeit	71
6.1.1.8	Die Erwerbstätigkeit	72
6.1.2	Der Bekanntheitsgrad des Offenen Kanals	73
6.1.3	Die Möglichkeiten der Kenntnisnahme	76
6.1.4	Die Rezeption der Sendungen	81
6.1.5	Die Motive, den Offenen Kanal einzuschalten	87
6.1.6	Die Gründe, den Offenen Kanal nicht einzuschalten	92
6.1.7	Das sonstige Mediennutzungsverhalten	93
6.2	Die Haushaltsbefragung	95
6.2.1	Die Beschreibung der Stichprobe	95
6.2.1.1	Das Alter	95
6.2.1.2	Das Geschlecht	95
6.2.1.3	Die Bildung	95
6.2.1.4	Die weiteren soziodemographischen Angaben	100
6.2.2	Das Freizeitverhalten und die Mediennutzung	101
6.2.2.1	Das Freizeitverhalten	101
6.2.2.2	Die allgemeine Fernsehnutzung	102
6.2.3	Die Lokalität	110
6.2.3.1	Die lokale Gebundenheit	111
6.2.3.2	Das lokale Informationsbedürfnis	116

6.2.3.3	Die lokale Mediennutzung	121
6.2.4	Die Nutzung des Offenen Kanals Kassel	121
6.2.4.1	Das Rezeptionsverhalten	122
6.2.4.2	Das Informationsverhalten	125
6.2.4.3	Die Beurteilung der Sendebeiträge	130
6.2.4.4	Der Offene Kanal Kassel als lokales Medium	137
6.2.4.5	Die Beurteilung der Einrichtung Offener Kanal	145
7	**Die Ergebnisse: Zusammenfassung und Interpretation**	**153**
8	**Die Zukunft: Ausblicke und Konsequenzen**	**161**
9	**Die Tabellen**	**165**
9.1	Die Telefonbefragung	169
9.2	Die Haushaltsbefragung	186
10	**Die Befragungsinstrumente**	**255**
10.1	Der Fragebogen zur Telefonbefragung	255
10.2	Der Fragebogen zur Haushaltsbefragung	264
11	**Die rechtlichen Grundlagen**	**299**
11.1	Das Hessische Privatrundfunkgesetz	299
11.2	Die Satzung über die Nutzung Offener Kanäle	303
11.3	Die Nutzungsordnung für den Offenen Kanal Kassel	308
12	**Das Literaturverzeichnis**	**311**

1 Zur Einführung

Im Zusammenhang mit Bürgerrundfunk im allgemeinen und Offenen Kanälen im besonderen wurden Bertolt Brecht, Hans Magnus Enzensberger und die im Jahr 1928 aufgestellten Forderungen des „Arbeiter-Radio-Bund Deutschland e.V." hinreichend oft zitiert. Dies alles soll hier nicht wiederholt werden, denn das theoretische Fundament Offener Kanäle wurde weder 1928 vom Arbeiter-Radio-Bund noch 1932 von Bert Brecht noch 1970 von Hans Magnus Enzensberger gelegt. Es wurde vielmehr erst im Zusammenhang mit der Vorbereitung der Kabelpilotprojekte Ende der 70er und Anfang der 80er Jahre auf der sehr einfachen Basis festgeschrieben, auch diese Rundfunkform ausprobieren zu wollen - also zu einem Zeitpunkt, als die Voraussetzungen für die ersten Offenen Kanäle weitgehend feststanden.

Im Unterschied zu Bürgerrundfunk-Modellen in den USA, in Kanada, Großbritannien und Holland sind Offene Kanäle in Deutschland nicht entstanden, weil Bürger und Bürgerinitiativen sie forderten. Sie wurden eingerichtet, weil es politischer Wille war, mit Rundfunkformen zu experimentieren.

Die Erwartungen, die man damals hatte, waren auf der einen Seite die Hoffnung, das Kapitel Offener Kanal aufgrund geringfügiger (wenn überhaupt) Nutzung und negativer Erfahrungen schnell wieder schließen zu können. Solche Hoffnungen gründeten sich einerseits auf Befürchtungen, andererseits auf Vorurteilen. So äußerte der Vorsitzende der baden-württembergischen Expertenkommission Neue Medien, Prof. Hans Schneider, im Jahre 1980 seine Bedenken gegen den Offenen Kanal, weil dieser „Zugang für Chaoten, Sektierer, komische Käuze und Leute mit minderbemitteltem Verstand" biete.[1] In der Sitzung des Landtags Nordrhein-Westfalen am 1. Juli 1982 meinte der CDU-Abgeordnete Dr. Ottmar Pohl: „Wir haben feststellen müssen, daß der Bürgerkanal - man kann dies bedauern - leider in aller Regel ein Programmkanal für Blinde ist, weil die Beteiligung der Zuschauer an einem solchen Kanal äußerst gering ist."[2]

Auf der anderen Seite stand die Hoffnung auf Demokratisierung der Medien durch direkte Teilhabe der Menschen und Gruppen. Diese Erwartungshaltung beruhte auf positiven Erfahrungen im Ausland. So war über den public-access-channel in New York zu lesen: „Als erfolgreich haben sich Produktionen kleiner Kommunikationskreise herausgestellt. Es hat darüber hinaus den Anschein, daß Programme, in denen die aktive Beteiligung von beiden Seiten der Kamera eini-

---

[1] Longolius, Christian: „Abschied von der Illusion der Bürgerbeteiligung" in: medium Heft 5/81.
[2] Landtag Nordrhein-Westfalen, 9. Wahlperiode, Plenarprotokoll 9/51 vom 1.7.1982.

germaßen ausgewogen ist, die längsten Überlebenschancen haben."[3] Ein Bericht über das Projekt im englischen Milton Keynes kam zu dem Schluß: „Interessant an dem britischen Projekt scheint, daß lokales Fernsehen im Sinne eines Programms aus der Region für die Region dann Aussichten auf Erfolg und Resonanz beim Bürger hat, wenn dieser nicht nur mittelbar, sondern unmittelbar an der Programmgestaltung beteiligt wird."[4] Und das Fazit zu holländischen Versuchen lautete: „Wenn bei den Experimenten mit lokalem Kabelrundfunk überhaupt etwas herausgekommen ist, dann so viel, daß man mit Amateuren ein regelmäßiges Rundfunkprogramm auf die Beine stellen kann, das auch bei der Bevölkerung Resonanz findet."[5]

In diesem Sinne schrieb Bischof Dr. Georg Moser in einem Aufsatz „Was will die Kirche mit den neuen Medien?" zum Thema Offener Kanal im Jahr 1980, hier stellvertretend zitiert für viele ähnliche Meinungsäußerungen: „Was nun die Nahraum-Kommunikation betrifft, so dürften sich hierfür gute Voraussetzungen anbieten. Mit Hilfe der leicht erlernbaren Videotechnik lassen sich sehr rasch verfügbare optische Informationen aus der überschaubaren Umgebung verbreiten. Reaktionen darauf lassen sich zentral sammeln und notwendige Maßnahmen bzw. Hilfsaktionen organisieren. Hierbei dürften sich auch persönliche Kontakte ergeben, die dem individuellen Bedürfnis entgegenkommen und allmählich Betroffenheit, Engagement und schließlich Gemeinde- und Gemeinschaftsbildung fördern. Der Offene Kanal wird auch für Kleingruppen zur Verfügung stehen und kann bei entsprechender Einführung und Organisation mehr als nur eine Kummerkastenfunktion übernehmen. Praktisch gesehen gilt es, dem einzelnen Bürger selbst eine für ihn auch handhabbare Informations- und Artikulationsmöglichkeit in diesen Medien zu schaffen. Darauf hat der Bürger ein Recht. Und nur so kann Kommunikation, kann öffentliche Meinung entstehen."[6]

Mit diesen wenigen Sätzen hatte Bischof Moser aus kirchlicher Sicht alle Aspekte der damals diskutierten Grundlagen umschrieben, die auch heute noch die Grundlagen für die Bürgersender darstellen: Offene Kanäle sollen als Foren für Bürgerinnen und Bürger
- ihnen die Wahrnahme ihres Grundrechts auf Meinungsäußerungsfreiheit ermöglichen,
- sie direkt, unredigiert und chancengleich an Medien partizipieren lassen,
- als lokale oder regionale Medien einen Beitrag zur Meinungsbildung vor Ort leisten,

---

[3] Kellner, Hella: „Public Access Kabelfernsehen in New York" in: Media Perspektiven Heft 2/1978.
[4] „Erfahrungen zur Akzeptanz von Kabel-Diensten" in: Media Perspektiven Heft 6/78.
[5] Stappers, James: „Lokales Fernsehen in den Niederlanden" in: Media Perspektiven Heft 12/1978.
[6] in: „Hirschberg" - Monatsschrift des Bundes Neudeutschland, Nr. 6/1980.

- einen Kommunikationsraum für das zwischenmenschliche Gespräch bieten,
- das gesellschaftliche Gespräch im Lokalen und Regionalen neu beleben,
- durch den praktischen Umgang mit dem Medium ein Bildungsangebot darstellen, das den Menschen und Gruppen zu neuen Fähigkeiten verhilft.

Erst nachdem die ersten Offenen Kanäle Gegenstand von Forschungsprojekten und zahlreichen Diplomarbeiten geworden waren, entstand ein breites Theoriefundament auf der Basis von Brechts „Radiotheorie"[7], Enzenbergers „Baukasten zu einer Theorie der Medien"[8] und allem dazu Publizierten. In der Folge wurden Offene Kanäle wie selbstverständlich verknüpft mit Begriffen wie Gegenöffentlichkeit, Neuerfindung des Fernsehens, Veränderung der herkömmlichen Massenmedien und Motor zur Beschleunigung allgemeiner gesellschaftlicher Veränderungen, und die Erwartungen an ihn wurden entsprechend hoch angesetzt.

Daß diese hoch gesteckten Ziele mit den Offenen Kanälen - wenn überhaupt - nur sehr langfristig und nur ansatzweise erreicht werden können, versteht sich bei intensiverer Beschäftigung mit dem Gegenstand von selbst. Es fällt deshalb schwer, die große Enttäuschung nachzuvollziehen, die sich nach den ersten Publikationen von Forschungsergebnissen in den frühen 90er Jahren breit machte. So kommt ein im Saarland durchgeführtes Forschungsprojekt 1992 zu dem Schluß, daß der Beitrag des Offenen Kanals „zur Entwicklung neuer Programmformen wie zur Beschleunigung des allgemeinen gesellschaftlichen Wandels eher als bescheiden einzustufen ist."[9]

Seitdem sind einige Jahre vergangen, sechs der mittlerweile 67 bundesweit arbeitenden Offenen Kanäle schauen auf eine mehr als 10jährige Geschichte zurück, und so ist es an der Zeit, die oben dargestellten Zielvorstellungen von dem, was Offene Kanäle leisten sollen, neuen Überprüfungen zu unterziehen.

Bei ihrem Forschungsprojekt zum Offenen Kanal Kassel hat die Hessische Landesanstalt für privaten Rundfunk ganz bewußt einen anderen Akzent gesetzt: Standen bisher die produzierenden Nutzerinnen und Nutzer sowie die Meinungen von unterschiedlichen Expertenkreisen im Mittelpunkt des Interesses, sollte am Kasseler Beispiel herausgefunden werden, ob, wie und mit welchen Wirkungen der Offene Kanal bei den Zuschauern ankommt.

Woran liegt es, daß die Rezipienten der Offenen Kanäle bislang so wenig Anlaß gaben, Forschungsgegenstand zu sein? Sicherlich nicht am Desinteresse am

---

[7] in: Gesammelte Werke, Band VIII.
[8] in: Kursbuch 20, Suhrkamp, Frankfurt am Main 1970.

„Gegenstand", sondern vermutlich eher an der historischen Entwicklung und den daraus resultierenden Begleitumständen:

Anfang 1974 richtete die Bundesregierung eine Expertenkommission ein, gab ihr den Namen „Kommission für den Ausbau des technischen Kommunikationssystems (KtK)" und beauftragte sie, Empfehlungen für einen wirtschaftlich vernünftigen und gesellschaftlich wünschenswerten Ausbau des Telekommunikationssystems der Bundesrepublik Deutschland auszuarbeiten. Neben dem Ausbau von Telefondiensten, Mobilfunk, Bürokommunikation und sonstigem war eine der wichtigen Fragen, ob und, wenn ja, wie die Einführung vermehrter und gleichzeitig privat-wirtschaftlich organisierter Programmangebote zu bewerkstelligen sei.

Ende 1975 hatte die KtK ihr Aufgabenpensum erfüllt und lieferte der Bundesregierung ihre Empfehlungen ab. Im Ergebnis liefen die Überlegungen dieser Kommission im Bereich des Rundfunks darauf hinaus, vor einer flächendeckenden Verkabelung der Bundesrepublik zunächst in lokal begrenzten sogenannten Kabelpilotprojekten Versuche mit nur allen denkbar möglichen Programmangeboten durchzuführen, diese Versuche sehr sorgfältig wissenschaftlich zu begleiten und erst aufgrund der Forschungsergebnisse Folgeentscheidungen zu treffen. Sie begründete ihren Vorschlag damit, daß „die Errichtung eines bundesweiten Breitbandverteilnetzes wegen des Fehlens eines ausgeprägten und drängenden Bedarfs heute noch nicht empfohlen werden kann".

Offene Kanäle wurden in dreien der insgesamt vier Kabelpilotprojekte versuchsweise eingerichtet, und im Rahmen der von der KtK empfohlenen und breit angelegten Begleituntersuchungen waren folglich auch in den Jahren 1984 bis 1988 die Offenen Kanäle in Ludwigshafen/Vorderpfalz, in Dortmund und in Berlin Gegenstand von Forschungsvorhaben.

In den großen, zentralen Zusammenhängen waren die drei Forschungsvorhaben zwar aufeinander abgestimmt; die jeweils beauftragten Institute kooperierten und steckten die allgemeinen und übergeordneten Forschungsinteressen und Forschungsziele gemeinsam ab. Dabei standen die Offenen Kanäle natürlich nicht im Mittelpunkt, und so sind die Forschungsergebnisse von damals in dem kleinen, aber immerhin wichtigen Bereich des „vielleicht einzigen politisch durchsetzbaren Ballasts auf dem Höhenflug in das totale Zerstreuungsparadies der Medienzukunft" nahezu unbemerkte Randerscheinungen und sehr unterschiedlicher Güte.

---

[9] Winterhoff-Spurk, Peter/Heidinger, Veronika/Schwab, Frank: „Der Offene Kanal in Deutschland - Ergebnisse empirischer Forschung", Wiesbaden 1992, S. 199.

Das Institut Allensbach, mit der rheinland-pfälzischen Studie beauftragt, handelte in einem insgesamt sehr umfangreichen Ergebnisband den Offenen Kanal mit wenigen Sätzen ab. Die Berliner Ergebnisse wurden nie publiziert. Nur in Dortmund widmete man der Erforschung des Offenen Kanals einen gesonderten kleinen Ergebnisband. Sein Inhalt allerdings hat mit wegweisender Forschung wenig zu tun.

Das ist nicht weiter verwunderlich, braucht Forschung doch, um hinreichend Ergebnisse und Erkenntnisse zu liefern, erforschbare Masse. Zum Zeitpunkt des Forschungsbeginns hatten sich wenig mehr als 100 Haushalte zur Teilnahme an dem Dortmunder Projekt entschlossen, das insgesamt auf 10.000 Teilnehmer angelegt war. Wie soll ein Offener Kanal, der darauf angewiesen ist, daß möglichst viele Menschen in der Kommune ihn kennenlernen und tunlichst nutzen, erforschbare Massen liefern, wenn er erstens gleichzeitig mit einer Vielzahl neuer Angebote auf Sendung geht, zweitens in einer Stadt mit mehr als 600.000 Einwohnern von weniger als 0,1 Prozent der Haushalte empfangen werden kann und drittens von der lokalen Zeitungslandschaft totgeschwiegen wird, weil die Verleger in dem vom WDR getragenen Gesamtprojekt „Kabelfunk Dortmund" Werbekonkurrenz witterten?[10] Als die Presse ihren Widerstand aufgab und die Anzahl der am Projekt teilnehmenden Haushalte auf eine vorzeigbare Größe angewachsen war, hatten die Forscher ihre Abschlußberichte bereits geschrieben.

Es versteht sich deshalb von selbst, daß der Schwerpunkt der kleinen Akzeptanzstudien seinerzeit auf der Seite der produzierenden Nutzer des Offenen Kanals lag, nicht auf der Seite der Zuschauer. Und das war gut so. Ein Schwerpunkt auf der anderen Seite hätte zum damaligen Zeitpunkt wahrscheinlich dazu geführt, die Offenen Kanäle nicht überleben zu lassen. Wenn von heute auf morgen gleichzeitig mit dem Offenen Kanal zehn oder mehr neue professionelle Programmangebote starten und alle Welt nicht auf Inhalte und Zielsetzungen, sondern ausschließlich auf Einschaltquoten schaut, hat ein „Sender der Dritten Art", selbst wenn seine Quote der eines dritten öffentlich-rechtlichen Programms nahekommt (oder die des Dortmunder „Bildungskanals" gar überholt), schlechte Karten.

Mehr als ein Jahrzehnt ist seitdem vergangen, aus drei Offenen Kanälen sind mehr als 65 geworden, die privat-wirtschaftlichen Programmangebote sind längst marktsättigend etabliert, die Kabelanschlußdichte bundesweit ist so ge-

---

[10] „Die Landesregierung Nordrhein-Westfalen informiert: Abschlußbericht – Band 19 Teil I Begleitforschung des Landes Nordrhein-Westfalen zum Kabelpilotprojekt Dortmund", Düsseldorf 1989, S. 26.

wachsen, daß selbst die kleinsten Offenen Kanäle in eine über der Schamgrenze liegende Anzahl von Haushalten senden - der Schwerpunkt der Forschung zu den Offenen Kanälen liegt allerdings weiter auf der Seite der produzierenden Nutzerschaft.

Woran liegt das? Mit Sicherheit nicht daran, daß sich niemand für die Zuschauerschaft der Offenen Kanäle interessiert. Im Gegenteil. Die Frage nach der Einschaltquote ist ab dem Tag der Aufnahme des Sendebetriebs die am häufigsten gestellte. Nun ist die Messung von Einschaltquoten, die heutzutage ausschließlich dazu dient, Marktanteile von Sendern zu bestimmen und Werbepreise festlegen zu können, für Offene Kanäle einerseits meßtechnisch so gut wie unmöglich wegen der lokalen Begrenzung, andererseits auch ein untaugliches Mittel, wenn man detaillierte Auskünfte zur Motivationslage der Zuschauer erhalten will.

In unserem Projekt wurden keine Einschaltquoten gemessen, und dieser Band legt auch keinerlei solche Zahlen vor. Er gibt vielmehr Antworten auf die Fragen, die der Titel des Projekts stellt: Wer sieht wann was warum im Offenen Kanal Kassel?

Wer sich dafür interessiert, welche Marktanteile ein Offener Kanal erzielt, kann dies im Jahr 1999 aus einer Publikation der rheinland-pfälzischen Landeszentrale für private Rundfunkveranstalter (LPR Rheinland-Pfalz) erfahren:
Die Gemeinde Haßloch ist ein Testmarkt der Gesellschaft für Konsumforschung (GfK). Die dortige Bevölkerung repräsentiert den statistischen Durchschnitt bundesrepublikanischer Konsumhaushalte (nicht Fernsehhaushalte). Und: Haßloch hat einen Offenen Kanal. Die LPR Rheinland-Pfalz läßt dort für den Offenen Kanal entsprechende Marktdaten erheben; als Vergleichsparameter im lokalen Bereich dient das Regionalprogramm des Südwestrundfunks (SWR). Die Ergebnisse werden demnächst veröffentlicht.

2 Offene Kanäle in Hessen

„Das Kabelfernsehen kann zu wesentlichen Teilen seines Programms von den Bewohnern des Sendegebiets für die Bewohner des Sendegebiets gemacht werden, von Betroffenen für Betroffene." Das zitierte die Frankfurter Rundschau im März 1976 aus einem Planungspapier des Hessischen Rundfunks. Und sie zitierte weiter: Das Kabelfernsehen „kann grundsätzlich auf solche professionellen Mittel und Standards verzichten, die im kabellosen überregionalen Fernsehen die Aufgabe haben, Zuschauer in ihnen fremde Lebensbereiche oder Probleme einzuführen oder auch Probleme, Ansichten und Lösungen vergleichend zu werten".

Die hessische Offene-Kanal-Geschichte ist also mehr als 20 Jahre alt. Natürlich bezogen sich die damaligen Planungen nicht auf einen Offenen Kanal in heutiger Form, sondern auf einen lokalen Kabelfernseh-Modellversuch in Kassel, der vom Hessischen Rundfunk, der hessischen Landesregierung, der Stadt Kassel und den Bundesministerien für Forschung und für das Post- und Fernmeldewesen getragen werden sollte.

Politisch sehr umstritten war das Projekt sofort nach Veröffentlichung der Planungen im Sommer 1975. Hatte doch die Bundesregierung Anfang des Vorjahres eine Kommission[11] einberufen, um Vorschläge für ein zukünftiges Kommunikationssystem erarbeiten zu lassen. Und noch bevor diese Kommission der Bundesregierung ihre Empfehlungen vorgelegt hatte, war das Land Hessen mit eigenen Plänen vorgeprescht. Das als „Kabelputsch" in die Annalen eingegangene Kasseler Projekt wurde Mitte 1976 zunächst auf Eis gelegt, und als im Mai 1978 die Ministerpräsidenten der Länder auf der Grundlage der KtK-Empfehlungen vier Kabelpilotprojekte mit Standorten in Rheinland-Pfalz, Nordrhein-Westfalen, Berlin und Bayern festlegten, war Hessen aus dem Rennen.

Im Jahre 1989 wurde die Hessische Landesanstalt für privaten Rundfunk (LPR Hessen) gegründet. Ein Jahr später beschäftigte sich das Entscheidungsgremium, die aus 28 Vertretern gesellschaftlich relevanter Gruppen bestehende Versammlung der LPR Hessen, in mehreren Sitzungen mit der Frage, ob und wie Offene Kanäle in Hessen einzurichten seien. Im Frühjahr 1991 standen die Konditionen fest: In unmittelbarer Nachbarschaft zur LPR Hessen, die ihren Sitz in Kassel hat, sollte als auf drei Jahre befristetes Pilotprojekt ein Offener Kanal ausschließlich im Fernsehen eingerichtet werden. Aufgrund der Erfahrungen,

---

[11]   Kommission für den Ausbau des technischen Kommunikationssystems (KtK).

die in diesem Projekt gesammelt und ausgewertet würden, könne nach Ablauf der Pilotphase über das weitere Vorgehen entschieden werden.

Mit dieser Maßgabe nahm der Offene Kanal Kassel im mittlerweile zum Kultur-Bahnhof avancierten alten Hauptbahnhof am 1. Juni 1992 seinen Sendebetrieb auf, nachdem er bereits einige Monate zuvor seine Türen für die nutzungsberechtigte Bevölkerung in Kassel und sieben Umlandgemeinden für Beratung, Information, Kurse und Technik-Ausleihe geöffnet hatte.

Die guten Erfolge, die aufgrund des immensen Interesses der Bevölkerung an der Nutzung der Angebote des Offenen Kanals zu verzeichnen waren, hatten zum Ergebnis, daß die Versammlung der LPR Hessen im September 1994 die Kasseler Pilotphase für beendet und damit den Offenen Kanal zur Dauereinrichtung erklärte - und gleichzeitig beschloß, im Jahr 1995 und folgenden nach Maßgabe der vorhandenen Haushaltsmöglichkeiten Mittel für einen oder mehrere weitere Offene Kanäle bereitzustellen.

Im Dezember 1994 folgte die Entscheidung, den zweiten hessischen Bürgersender in Gießen aufzubauen. Im Juni 1995 entschied das Gremium den Standort für die dritte Einrichtung in Offenbach für das Gebiet Offenbach und Frankfurt, und im Juni 1997 wurde Fulda als Standort des vierten und vorläufig letzten Offenen Kanals in Hessen festgelegt. Vorher hatte die LPR Hessen beschlossen, und zwar im Zusammenhang mit den Zulassungsdiskussionen von Nichtkommerziellen lokalen Radioveranstaltern (NKL) im Jahre 1996, daß Offene Kanäle in Hessen ausschließlich im Fernsehbereich stattfinden.

Daß der vierte Offene Kanal gleichzeitig der vorläufig letzte in Hessen ist, beruht auf der Vorschrift des Hessischen Privatrundfunkgesetzes (vgl. Kapitel 11 „Die rechtlichen Grundlagen"), das in seinem § 40 Absatz 1 folgendes festschreibt: „Die Landesanstalt richtet in mehreren Landesteilen in Kabelanlagen lokal begrenzt bis zu vier Offene Kanäle in Hörfunk oder Fernsehen ein."

Offene Kanäle sind, als Einrichtungen der LPR Hessen, öffentlich zugängliche Fernsehsender, in denen alle nutzungsberechtigten Bürgerinnen und Bürger selbst Programm produzieren und senden können - auch live.

Um eine eigene Sendung zu produzieren, können im Offenen Kanal alle notwendigen Produktionsgeräte wie Kameras, Mikrofone, Licht und sonstiges Zubehör ausgeliehen werden. Zur Nachbearbeitung der Aufnahmen stehen Schnittplätze rund um die Uhr zur Verfügung. Um Live-Sendungen produzieren zu können, sind Fernsehstudios eingerichtet. Für die Einführung in die Bedienung der Geräte, für Beratung bei der Gestaltung der Sendungen und auch für organisatorische Hilfestellung stehen die Mitarbeiter der Offenen Kanäle mit Kurs-Angeboten und Rat und Tat zur Seite. Alle diese Angebote sind für jedermann und jedefrau entgeltfrei - Voraussetzung für die Inanspruchnahme ist allerdings die Nutzungsberechtigung.

Nutzungsberechtigt in den Offenen Kanälen sind jeweils alle Einwohner im Verbreitungsgebiet des lokalen oder regionalen Kabelnetzes. Nur sie können sich der vielfältigen entgeltfreien Angebote ihres Bürgersenders bedienen. Empfangen werden können die Sendebeiträge nur bei vorhandenem Kabelanschluß.

Gesendet werden darf alles, was nicht gegen geltendes Recht, gegen einige Bestimmungen der allgemeinen Programmgrundsätze und gegen die Vorschriften zum Jugendschutz verstößt[12]. Wirtschafts- und Parteienwerbung sowie Sponsoring sind unzulässig[13].

Bei der Klärung von Fragen zu Persönlichkeitsrechten, Drehgenehmigung, Urheberrechten usw. helfen die Mitarbeiter des Offenen Kanals.

Die Reihenfolge des Programmablaufs bestimmen diejenigen Nutzer des Offenen Kanals, die Beiträge zur Sendung anmelden. Sie geben im Rahmen der zur Verfügung stehenden Sendezeit einen gewünschten Sendetermin an, und wenn er noch frei ist, steht der Verbreitung nichts im Wege. Wollen jedoch mehrere Nutzer denselben Termin belegen, dann gilt das Prinzip der Schlange: Wer zuerst kommt, mahlt zuerst - oder die Nutzer tauschen ihre Termine untereinander. Dieses Verfahren schließt aber nicht aus, daß aktuelle Kurzbeiträge auch einen aktuellen Sendetermin bekommen können.

Jeder, der eine Sendung anmeldet, ist für den Sendebeitrag selbst verantwortlich. Um dies auch nach außen deutlich zu machen, müssen am Anfang und am Ende jedes Sendebeitrags Name und Anschrift des oder der Verantwortlichen angegeben sein[14].

Der Kreativität in Sachen Sendeinhalte sind also kaum Grenzen gesetzt: Vom Geburtstagsgruß über den Bericht vom Vereinsfest bis hin zum Stadtteil-Magazin, von Reiseberichten, Veranstaltungshinweisen, Musik- oder Spielsendungen bis hin zu Kulturmagazinen, von der lokalen Sportberichterstattung über Gartentips bis hin zu Live-Diskussionen mit Publikum ist alles möglich.

---

[12] § 39 Abs. 2 Satz 1 HPRG (vgl. Kapitel 11.1 "Das Hessische Privatrundfunkgesetz").
[13] § 39 Abs. 2 Satz 2 HPRG (vgl. Kapitel 11.1 "Das Hessische Privatrundfunkgesetz").
[14] § 39 Abs. 2 Satz 3 und 4 HPRG (vgl. Kapitel 11.1 "Das Hessische Privatrundfunkgesetz").

Die Angebote der Offenen Kanäle werden von den unterschiedlichsten großen und kleinen Gruppen und Einzelpersonen genutzt, die ihre Interessen einem größeren Publikum via Bildschirm mitteilen möchten. Bürgerinnen und Bürger aller Alters- und Berufsgruppen beteiligen sich an den Bürgersendern in Hessen und machen Erfahrungen im Umgang mit dem Fernsehen. Viele nutzen die Angebote sehr regelmäßig, jede Woche kommen viele Neue hinzu.

Im Oktober 1998 sind in der Bundesrepublik Deutschland 66 Offene Kanäle auf Sendung. Sie alle verfolgen dasselbe Ziel: Möglichst viele - im besten Falle alle - im jeweiligen Verbreitungsgebiet lebenden Menschen zu motivieren, den lokalen oder regionalen Bürgersender als Instrument zur Veröffentlichung eigener Meinungen, eigener Interessen zu nutzen.

Als in den frühen 80er Jahren drei Bürgersender-Versuche im Rahmen der Kabelpilotprojekte toleriert wurden, war die Zahl derer, die sich einen wachsenden Bedarf an zugangsoffenen, auf Artikel 5 Grundgesetz beruhenden und dem Gleichberechtigungsprinzip verpflichteten lokalen Radio- und Fernsehsendern vorstellen konnten und dafür eintraten, verschwindend gering. Ihre Zahl hat sich im Laufe der nun mehr als ein Dutzend Praxis-Jahre so vergrößert, daß es nicht mehr um die Frage geht, ob Offene Kanäle überhaupt sein sollen, sondern vielmehr darum, welche Aufgaben im Zusammenhang mit der Entwicklung der Medien hin zum digitalen Zeitalter die Offenen Kanäle sinnvoll noch übernehmen können - über ihre grundlegende und bislang einzig festgeschriebene Aufgabe hinaus.

Diese Aufgabe lautet, und zwar für alle in Deutschland arbeitenden Bürgersender: Offene Kanäle als Foren kommunikativer Gemeinwesenarbeit haben allen auf Veröffentlichung angelegten Meinungen unredigiert die elektronischen Medien zu öffnen. So sind Offene Kanäle Instrumente der Einzelnen und Gruppen, offen für alle ohne Ausnahmen und ohne Berücksichtigung ihrer Intentionen, ihrer Herkunft und ihrer Aussage.

Die Art und Weise der Unterstützung all dieser Einzelnen und Gruppen ist von Bundesland zu Bundesland verschieden ausgestaltet. Die Hessische Landesanstalt für privaten Rundfunk hat 1996 beschlossen, dem Träger des von den Landesmedienanstalten in Rheinland-Pfalz und in Nordrhein-Westfalen Ende 1995 gegründeten „Bildungszentrum Offener Kanal" (seit 1997 „Bildungszentrum BürgerMedien") beizutreten, um damit ein stärkeres Gewicht als bisher möglich auf die Aus- und Weiterbildung sowohl der Nutzerschaften der hessischen Offenen Kanäle als auch auf die der Mitarbeiter zu legen.

3 Der Offene Kanal Kassel

3.1 Entstehung und Entwicklung

Die nun siebenjährige Entwicklungsgeschichte des Offenen Kanals in Kassel beschreibt den Weg von einer zunächst versuchsweise und auf einen befristeten Zeitraum eingerichteten Institution bis hin zu einem fest etablierten Forum und Instrument lokaler Kommunikationskultur. Als hessisches Pilotprojekt konzipiert, galt es nicht nur, die landespolitischen Entscheidungsträger von der Richtigkeit und Notwendigkeit einer solchen Einrichtung zu überzeugen. Im Vordergrund stand und steht das Bemühen, die von dem Politikwissenschaftler Prof. Dr. Heinrich Oberreuter wie folgt definierten Aspekte in Kassel und Umgebung konkret umzusetzen:

- Ein Offener Kanal ist ein Instrument, mit dem Bürger befähigt werden, individuelle Rechte, die ihnen verfassungsmäßig zustehen, auch in Anspruch nehmen zu können.
- Ein Offener Kanal ist ein Instrument zum Erlernen und Praktizieren sozialen Verhaltens.
- Ein Offener Kanal ist ein Beitrag zur Entmystifizierung des Mediums durch den Umgang mit ihm.

Begreift man diese grundsätzlichen Dimensionen als konkrete Zielvorgaben, so liegt der Offene Kanal Kassel seit dem Sendestart am 1. Juli 1992 auf dem richtigen Kurs.

Offene Kanäle brauchen, um gut funktionieren zu können, einen bis ins Detail durchdachten organisatorischen Rahmen, den die Nutzer so bunt wie irgend möglich füllen können und sollen. Ein Offener Kanal funktioniert dann gut, wenn ein sehr breites Spektrum der nutzungsberechtigten Bevölkerung bei ihm ein und aus geht, ihn also nutzt.

Um dies zu erreichen, muß der organisatorische Rahmen mehr umfassen als Nutzungsregeln und sonstige Vorschriften:

- Die Einladung an die potentielle „Kundschaft" ist so zu formulieren und zu gestalten, daß sich möglichst jede und jeder angesprochen fühlen.
- Die Räumlichkeiten sind so zu wählen und auszugestalten, daß möglichst alle Varianten von Hemmschwellen ausgeschlossen sind und jede und jeder sich wohl fühlen können.

- Die Mitarbeiter haben allen, die da kommen, um mit Hilfe des Offenen Kanals ihre Interessen und Anliegen zu veröffentlichen, mit der gleichen Zuwendung zu dienen. Offene Kanäle sind in diesem Sinne Dienstleistungseinrichtungen.

Diese theoretischen Anforderungen erfüllte der Offene Kanal Kassel in der Praxis, indem als Standort für das Produktions- und Sendezentrum der alte Kasseler Hauptbahnhof gewählt wurde. Eine frühere Restaurant-Etage, im Stil der 50er Jahre gehalten, wurde in Absprache mit dem Amt für Denkmalschutz im alten Stil renoviert, und in Kombination mit den fernsehtechnischen Einrichtungen entstand ein Offener Kanal, dessen Mischung aus Altem (für Kassel historische räumliche Gegebenheiten, bis hin zum Mobiliar) und Neuem (Fernsehstudio im Tanzsaal, Sendeabwicklung in der VIP-Lounge) eine besondere Atmosphäre hat.

Nachdem die Deutsche Bahn AG sehr viel investierte, um den alten, ziemlich heruntergekommenen Bahnhof für die Welt-Kunstausstellung „documenta X" als KulturBahnhof zum Renommierstück zu machen, ist seit 1995 rund um den Offenen Kanal ein Kulturzentrum mit Kinos, Ausstellungsräumen und Veranstaltungsgastronomie entstanden, in dem auf unterschiedlichsten Ebenen kooperiert wird.

Von Anfang an stellte sich die Wahl des Standorts als Glücksgriff heraus: Zentrale Lage, allumfassende Anbindung öffentlicher Verkehrsmittel und hinreichend viele Parkplätze in unmittelbarer Nähe sorgten vom ersten Tag an für regen Zulauf. Die Räume des Offenen Kanals sind so gestaltet, daß sich Menschen gerne in ihnen aufhalten - manchmal auch zu gerne.

Die Nutzungsbedingungen - angefangen von den Öffnungszeiten über die Buchungszeiten bis hin zu den Arbeitsmöglichkeiten - sind so gestaltet, daß wirklich jeder, der möchte, zum Zuge kommen kann: Die Mitarbeiter stehen an vier Wochentagen von 10 bis 17 Uhr und donnerstags von 14 bis 21 Uhr für alle Anliegen der Nutzerschaft, für Informationen, Beratung, Kurse und Betreuung zur Verfügung. Buchungen werden bei registrierten Nutzern auch telefonisch entgegengenommen, und die Möglichkeit, im Studio zu produzieren oder am Schnittplatz nachzubearbeiten, besteht rund um die Uhr. Dies hat zur Folge, daß nachts, an Wochenenden und Feiertagen die Termine in der Regel zuerst ausgebucht sind.

All diese Voraussetzungen ermöglichten, daß sich der Offene Kanal Kassel in kurzer Zeit zu einer Einrichtung entwickelte, die sich aus dieser Stadt kaum wegdenken läßt.

3.2 Rechtliche Grundlagen

Drei Rechtsvorschriften sind die Grundlagen für den Offenen Kanal Kassel ebenso wie für die anderen drei Offenen Kanäle in Hessen: Das Hessische Privatrundfunkgesetz (HPRG) in der Fassung vom 25. Januar 1995 (zuletzt geändert durch das Gesetz zum Staatsvertrag über Mediendienste vom 20. Mai 1997), die „Satzung über die Nutzung Offener Kanäle" vom 9. Juni 1995 und die „Nutzungsordnung für den Offenen Kanal Kassel" vom 1. Juni 1994 (vgl. Kapitel 11 „Die rechtlichen Grundlagen").

Das Hessische Privatrundfunkgesetz befaßt sich in seinem Sechsten Abschnitt „Offener Kanal und nichtkommerzieller lokaler Hörfunk" über zwei Paragraphen mit den Bürgersendern:

Paragraph 38, überschrieben mit „Grundsatz", gibt der Hessischen Landesanstalt für privaten Rundfunk (LPR Hessen) die Möglichkeit, in mehreren Landesteilen in Kabelanlagen lokal begrenzt bis zu vier Offene Kanäle in Hörfunk oder Fernsehen einzurichten, und stellt anheim, für Offene Kanäle im Hörfunk auch freie lokale terrestrische Frequenzen zu nutzen. Zu den Zielen des Offenen Kanals definiert dieser Paragraph, daß er „gesellschaftlichen Gruppen, Organisationen, Institutionen und Einzelpersonen" in den jeweiligen Landesteilen Gelegenheit geben soll, eigene Beiträge zu verbreiten.

Mit der Überschrift „Nutzungsbedingungen" macht Paragraph 39 Vorgaben, die sich in sehr detaillierter Fassung in dem Papier wiederfinden, das die Versammlung der LPR Hessen schon 1991 als „Satzung über die Nutzung des versuchsweise eingerichteten Offenen Kanals Kassel" erlassen hatte. Der Absatz 1 des Gesetzesparagraphen bestimmt, wer den Offenen Kanal nutzen darf und wer nicht. Nutzungsberechtigt ist demnach, wer im Verbreitungsgebiet seinen Sitz oder Wohnsitz hat und - mit Bezug auf Paragraph 6 des Gesetzes - bestimmte Voraussetzungen erfüllt (vgl. Kapitel 11.1 „Das Hessische Privatrundfunkgesetz"). Ausgeschlossen von der Nutzung des Offenen Kanals sind „gesetzliche Vertreter oder Bedienstete von Rundfunkveranstaltern und Rundfunkanstalten, staatliche und kommunale Behörden und Mitglieder ihrer Organe sowie politische Parteien und Wählergruppen".

In Absatz 2 geht es um die Sendebeiträge. Sie müssen analog zu Paragraph 13 Absatz 1 den wichtigsten Programmgrundsätzen entsprechen, die für alle Rundfunkprogramme gelten (vgl. Kapitel 11.1 „Das Hessische Privatrundfunkgesetz"). Außerdem untersagt dieser Passus des HPRG Werbung und Sponsoring im Offenen Kanal, und er regelt die Verantwortlichkeit für die Sendeinhalte: Mit der Verpflichtung, am Anfang und am Ende jedes einzelnen Sendebeitrags den Namen und die Anschrift des oder der Verantwortlichen anzugeben, ist unmißverständlich und auch nach außen festgelegt, daß jeder Nutzungsberechtigte für das, was er im Offenen Kanal publiziert, selbst verantwortlich ist.

Absatz 3 schreibt vor, die Sendebeiträge aufzuzeichnen und für die Dauer von sechs Wochen ab Ausstrahlung aufzubewahren. Unter welchen Maßgaben die Entscheidung über die Zulassung oder Ablehnung eines Beitrags der LPR Hessen obliegt, schreibt Absatz 4 vor: Um möglichst vielen Interessenten die Möglichkeit zu geben, ihre Produktionen in einem „angemessenen Zeitraum" verbreiten zu können, läßt das Gesetz hier großen Freiraum. Abzulehnen hat die LPR Hessen einen Beitrag dann, wenn der Verantwortliche „gegen die Pflichten verstößt, die ihm nach diesem Gesetz, den auf seiner Grundlage erlassenen Rechtvorschriften oder Entscheidungen oder nach allgemeinen Rechtsvorschriften obliegen oder wenn zu besorgen ist, daß der Antragsteller gegen diese Pflichten verstoßen wird".

Mit Absatz 5 verlangt der Gesetzgeber vom Betreiber einer Kabelanlage bestimmter Größe die unentgeltliche Bereitstellung eines Fernsehkanals für die Nutzung als Offenen Kanal, und Absatz 6 überläßt der LPR Hessen die nähere Regelung durch eine Satzung.

Die „Satzung über die Nutzung des versuchsweise eingerichteten Offenen Kanals" hatte die Versammlung der LPR Hessen am 15. November 1991 erlassen. Nach Ende des Versuchszeitraums für den Offenen Kanal Kassel und mit Einrichtung des zweiten Bürgersenders in Hessen, dem Offenen Kanal Gießen, stand diese Satzung erneut zur Beratung und wurde im Juni 1995 mit wenigen, meist nur redaktionellen Änderungen, als „Satzung über die Nutzung Offener Kanäle" (vgl. Kapitel 11 "Die rechtlichen Grundlagen") für alle Bürgersender in Hessen in Kraft gesetzt. Diese Satzung umfaßt 14 Paragraphen, von denen die ersten drei den Zweck, die Übertragungstechnik sowie Trägerschaft und Organisation der Offenen Kanäle festschreiben. Die Paragraphen 4 und 5 greifen die Bestimmungen aus dem HPRG zur Nutzungsberechtigung und zur Entscheidung über die Zulassung der Beiträge auf und konkretisieren die gesetzlichen Vorgaben:

So ist hier geregelt, daß Wirtschafts- und Parteienwerbung und das Sponsoring von Sendebeiträgen untersagt sind (Paragraph 4), wie und wie oft Nutzungsberechtigte Sendebeiträge anmelden können und welche Angaben die Sendeanmeldung enthalten muß (Paragraph 5). Mit der Dauer und der Sendefolge der Beiträge beschäftigen sich die Paragraphen 6 und 7, mit dem chancengleichen Zugang zu den Produktionsmitteln und deren Nutzung die Paragraphen 8 und 9.

In Paragraph 10 ist die kostenfreie Nutzung der Angebote des Offenen Kanals festgeschrieben mit der Ausnahme der anfallenden Gebühren für urheber- und leistungsschutzrechtliche Verwertungsgesellschaften wie GEMA und GVL, die von den jeweils Sendeverantwortlichen zu tragen sind.

Mit den Verfahrenswegen bei Beschwerden beschäftigen sich die Paragraphen 11 und 12, und auch die Bestimmungen zum Komplex der Gegendarstellung aus dem HPRG werden hier noch einmal aufgegriffen.

Ebenso wie die Satzung hat sich die „Nutzungsordnung für den Offenen Kanal Kassel" (vgl. Kapitel 11 "Die rechtlichen Grundlagen") in der praktischen Arbeit bewährt. Die Fassung aus dem Jahr 1992 galt für das zeitlich befristete Kasseler Pilotprojekt und wurde 1994 überarbeitet, um Gültigkeit für alle Offenen Kanäle in Hessen zu bekommen. Die einzig erwähnenswerte Änderung im Zusammenhang mit der Überarbeitung ist ein Passus, der neu in den Abschnitt 4 aufgenommen wurde, um einer sich langsam abzeichnenden Entwicklung entgegenzutreten: So wurde festgelegt, daß fremdproduzierte Beiträge ausschließlich als Bestandteil einer überwiegend selbstproduzierten Sendung ausgestrahlt werden können.

Insgesamt greift die Nutzungsordnung die Bestimmungen aus der Satzung auf und geht in den Punkten ins Detail, wo der Praxisalltag detaillierte Regelungen fordert: So im Bereich der Vergabe von Sendezeiten, im Bereich der Buchungsabläufe und Buchungsdauer für die vorhandenen technischen Einrichtungen und im Bereich der Haftungs- und Versicherungsfragen.

Nicht unerwähnt bleiben darf in diesem Gesamtzusammenhang der Rundfunkstaatsvertrag vom 31. August 1991 (zuletzt geändert durch den Dritten Rundfunkänderungsstaatsvertrag vom 12. November 1996), denn er ermöglicht in seinem Paragraph 40 Absatz 1 die Finanzierung der Offenen Kanäle aus dem Anteil an den allgemeinen Rundfunkgebühren, den die Landesmedienanstalten zur Finanzierung ihrer Aufgaben erhalten.

3.3 Ausstattung und Alltag

In ihren Haushalt für das Jahr 1991 hatte die Hessische Landesanstalt für privaten Rundfunk (LPR Hessen) für den Offenen Kanal Kassel insgesamt DM 739.000 eingestellt. Davon waren DM 400.000 für die technische Grundausstattung des Produktions- und Sendebetriebs geplant, DM 120.000 für den Um- und Ausbau der Räume, die nach eingehenden Untersuchungen für die Einrichtung eines Offenen Kanals geeignet erschienen und Anfang 1992 von der (damals noch) Deutschen Bundesbahn im alten Kasseler Hauptbahnhof angemietet wurden. Die restlichen Mittel standen für Personalkosten, Raumerstausstattung, Bürokommunikationsanschaffungen, Öffentlichkeitsarbeit und alles sonst Notwendige zur Verfügung.

Der Stellenplan sah vier festangestellte Ganztagskräfte vor, nämlich eine Stelle für Leitung, zwei Stellen für sogenannte Medienassistenten, besser gesagt Kommunikationshelfer, und eine Stelle für Büroassistenz. Diese vier Stellen wurden im September/Oktober 1991 besetzt, und schon nach einem halben Jahr Sendebetrieb genehmigte die Versammlung der LPR Hessen Ende 1992 eine dritte Medienassistentenstelle, die im April 1993 besetzt wurde. Es hatte sich im laufenden Produktions- und Sendebetrieb sehr schnell herausgestellt, daß Büro-Öffnungszeiten Montag bis Freitag von 10 bis 17 Uhr und Sendeabende ebenfalls von Montag bis Freitag von 18 bis maximal 22 Uhr mit insgesamt vier Kräften ohne endlos viele Überstunden nicht zu leisten sind. So war die Besatzung des Offenen Kanals Kassel der LPR Hessen für die Genehmigung der fünften Stelle ausnehmend dankbar und ist es noch. Mit dieser bislang letztgültigen Personalausstattung ist der Offene Kanal auch im Jahr 1998 ohne große Reibungsverluste und ohne Überstundenberge zu managen.

Die gerätetechnische Grundausstattung hat sich zwar im Laufe der Jahre in einigen Bereichen verändert, aber eher aus Gründen der Abnutzung, nicht durch Systemumstellungen. Von Anfang an ist der Offene Kanal mit seiner Geräteausstattung dem entgegengekommen, was in Kassel in verschiedensten Einrichtungen wie Stadt- und Kreisbildstelle, Volkshochschule und Jugendzentren entweder vorhanden ist oder die dortige Produktionstechnik ergänzt. Und, fast noch wichtiger: Die Berücksichtigung der Interessen der Nutzerschaft, die gerade in den älteren Jahrgängen privat ausnehmend gut mit Videotechnik ausgestattet ist.

So wird in Kassel seit 1991 bis heute mit dem semiprofessionellen S-VHS-System gearbeitet, in Kombaniation mit Hi8-Nachbearbeitungs- und Sendemöglichkeiten. An stationärer Technik stehen - neben einem großen Live-Studio -

drei Nachbearbeitungsplätze zur Verfügung. Im mobilen Bereich herrscht sehr große Vielfalt, denn nicht alle kleinen und großen Ereignisse, die in Kassel und Umgebung stattfinden, können ins Studio geholt werden. So verleiht der Offene Kanal an die nutzungsberechtigte Bevölkerung insgesamt fünf mobile Produktionseinheiten, bestehend aus je einem Kamkorder samt allem notwendigen Zubehör wie Stativ, Mikrofon, Licht usw.

Daneben steht den Nutzern schon seit Anfang 1992 ein mobiles Studio (MOBS genannt) zur Verfügung, das aus einer Vielzahl von Kisten, Koffern und Kabeltrommeln besteht: Drei Studiokameras und alles, was gebraucht wird, um vor Ort ein Ereignis sendefertig zu produzieren, sind trotz des nicht unerheblichen Gesamtgewichts ständig in und um Kassel unterwegs. Oftmals produzierte die eine Gruppe etwas am Freitagabend, die andere am Samstag und die dritte am Sonntag, und wenn die erste Gruppe die vereinbarten Übergabetermine nicht einhalten konnte, führte das zu manchmal wirklich großen Problemen.

Um dem abzuhelfen, genehmigte die LPR Hessen dem Offenen Kanal für das Jahr 1995 die Durchführung eines bis dahin einmaligen Projekts: In Kooperation mit dem Arbeitsamt Kassel entstand im Rahmen einer sogenannten Kombimaßnahme (Umschulung im Bereich verschiedenster Handwerke) das OK-Mobil, ein Fernsehproduktionswagen, der in enger Abstimmung zwischen dem Träger der Maßnahme und dem Offenen Kanal geplant und gebaut wurde. Ein alter VW-LT-Bus, generalüberholt und in vielen Teilen erneuert, erhielt einen bedarfsgerechten Innenausbau, sodaß unter Ausnutzung aller kleinster Ecken und Winkel ein komplettes Fernsehstudio darin untergebracht werden konnte.

Dieses OK-Mobil, gedacht als Ergänzung zu dem schon länger vorhandenen mobilen Studio, sorgte ab offizieller Einweihung im Sommer 1995 für einen anhaltenden Produktionsschub - und weckte bereits ein knappes Jahr später das Interesse der Nutzer rund um den Offenen Kanal Gießen. Nachdem sich jetzt, im Jahr 1998, insgesamt vier Offene Kanäle in Hessen diesen Produktionswagen teilen müssen, was nicht ohne Probleme und nicht ganz ohne Ärger zu organisieren ist, sieht der Entwurf des Haushaltsplans der LPR Hessen für 1999 einen zweiten Produktionswagen vor.

Für jeweils acht Wochen hängen die Buchungspläne für die produktionstechnischen Einrichtungen des Offenen Kanals in der Geschäftsstelle aus, und es hat sich in Produzentenkreisen sehr schnell herumgesprochen, wie das System funktioniert: Wenn nach Ablauf von vier Wochen an einem Montagmorgen die nächstfolgenden „frischen" vier Wochen ausgehängt werden, stehen Buchungswillige Schlange - sowohl in der Geschäftsstelle als auch am Telefon. Gebucht werden kann pro Person jeweils nur ein Termin und der nächste nach

Ablauf des ersten. Dieses simple Verfahren sorgt für gleichberechtigten Zugang und verhindert, daß einige wenige die Produktionsmöglichkeiten mit Beschlag belegen. Ebenfalls im Sinne von Gerechtigkeit beträgt die maximale Ausleihdauer für jedwede Technik drei Tage. Ausleihen kann, wer in die Nutzerkartei des Offenen Kanals eingetragen ist.

Alle technischen Einrichtungen des Offenen Kanals, sowohl stationär als auch mobil, sind so versichert, daß Nutzer nur bei grob fahrlässigem Umgang mit den Geräten haftbar gemacht werden. Bislang ist der Kasseler Bürgersender mit dieser Regelung gut gefahren, denn wenn der Mitarbeiterstab eines Offenen Kanals seiner Nutzerschaft immer und immer wieder das Gefühl vermittelt, die Nutzerinnen und Nutzer seien die „Eigentümer" der Produktionskapazitäten, dann gehen die produzierenden Menschen mit diesen Kapazitäten entsprechend umsichtig um.

Zum Alltag gehören auch die Kursangebote der Mitarbeiter, die in der Regel mehrmals pro Woche in Form von Einführungskursen in die Bedienung von Kamkordern, Schnittplätzen, Nachvertonungsmöglichkeiten, Studio, mobilem Studio und dem Produktionswagen OK-Mobil stattfinden. Auch nach nun fast sieben Jahren praktischer Arbeit läßt die Nachfrage nach solchen Einführungskursen nicht nach: Insgesamt rund 7.000 Menschen haben bisher die Kursangebote genutzt, pro Jahr rund 1.000 bei durchschnittlich 160 Kursen jährlich.

Projektbetreuung, Unterstützung bei Projektpräsentationen, vor-Ort-Unterstützung bei Außenaufnahmen, Hilfestellung bei der Öffentlichkeitsarbeit für einzelne Beiträge und viele andere Aufgaben prägen mit den Tagesablauf in einem Offenen Kanal, und der Tagesablauf ist davon geprägt, daß es immer anders kommt als man denkt.

3.4 Die Nutzerschaft

Der dauerhafte Erfolg des Offenen Kanals, dessen Angebote die Aktivierung der Bürgerinnen und Bürger im Verbreitungsgebiet Kassel fördern sollen, muß sich daran messen lassen, in welchem Umfang diese Angebote von der Zielgruppe wahrgenommen und aktiv umgesetzt werden. Die Registrierung neuer Nutzerinnen und Nutzer gibt Aufschluß darüber, ob der Offene Kanal mit seinen Angeboten Außenstehende erreicht, und ob diese Angebote, gemessen an der Interessenlage der Bürger, attraktiv genug sind. Die bisherige Entwicklung in Kassel ist als ausgesprochen positiv zu bewerten.

Am 23. Juni 1998 füllten die Daten eines 16jährigen, aus Kassel stammenden Neuproduzenten die 2.000ste Karte in der Nutzerkartei des Offenen Kanals Kassel. Nach sechs Jahren Produktions- und Sendebetrieb mag diese Zahl manchem Leser dieses Bandes als zu gering erscheinen. Immerhin leben knapp 300.000 Menschen, also viele, viele tausend potentielle „freie Mitarbeiter" des Offenen Kanals im Verbreitungsgebiet. Die Tendenz im Offenen Kanal Kassel war schon immer, den Verwaltungsaufwand für die Pflege der Nutzerkartei nicht dadurch zu übertreiben, daß jeder, der etwas im Offenen Kanal tut, zwangsläufig registriert werden muß. Dies würde zwar zahlenmäßig viel hermachen, aber eben auch die Verwaltung vieler Karteileichen zur Folge haben. Mit allen relevanten Daten in die Nutzerkartei eingetragen wird in Kassel nur, wer entweder etwas ausleihen oder eine Sendung anmelden möchte – und natürlich jeder, der als Nutzer eingetragen werden will. Nicht zwangsläufig eingetragen werden so zum Beispiel Mitglieder einer Produktionsgruppe, die gegenüber dem Offenen Kanal keinerlei Verantwortung übernehmen, oder auch Kursteilnehmer.

So werden durchschnittlich pro Monat seit Anfang 27 Neunutzer registriert, und ein Rückgang dieses Durchschnitts ist nicht absehbar. Deshalb war der 2.000ste Nutzer für die festangestellten Mitarbeiter des Bürgersenders Anlaß genug, eine Pressekonferenz einzuberufen und dem jungen Mann eine symbolische Ehrung zuteil werden zu lassen.

Als im Juli 1992 der Sendebetrieb aufgenommen wurde, lag der Frauenanteil an der Nutzerschaft im Bundesdurchschnitt, nämlich bei rund zehn Prozent. Dies änderte sich vergleichsweise schnell, nachdem die erste Live-Sendung von einer rein weiblich besetzten Produktionsgruppe geplant, inhaltlich und technisch vorbereitet und am 17. August 1992 ausgestrahlt wurde. Spezielle Kursangebote an Frauen und einige betreute Projekte trugen das Ihre zur Weiterentwicklung bei.

Allerdings soll nicht verschwiegen werden, daß spezielle Angebote an Frauen bei weitem nicht so intensiv wie erwartet genutzt werden. Einige Kurse im Laufe der Jahre haben, trotz Ankündigung in der Tageszeitung, in Magazinen und in den Informationstafeln des Offenen Kanals, mangels Interesse nicht stattgefunden, und einige Projekte sind nach mehr oder weniger kurzer Zeit wieder eingeschlafen. Ob die Gründe hierfür in einem an den Bedürfnissen vorbeigeplanten Angebot liegen oder darin, daß Frauen grundsätzlich andere Kommunikationswege bevorzugen, sollte an anderer Stelle in einem größeren, bundesweiten Zusammenhang untersucht werden.

Immerhin: Im Jahr 1996 war der Frauenanteil auf 25 Prozent gestiegen, mit Ende des Jahres 1997 um ein halbes Prozent mehr, und im August 1998 beträgt er 26 Prozent. Daß dies ein steter, aber langsamer Prozeß ist, zeigt folgende Grafik:

Verteilung weiblich/männlich: Nutzer
(Angaben in Prozent)

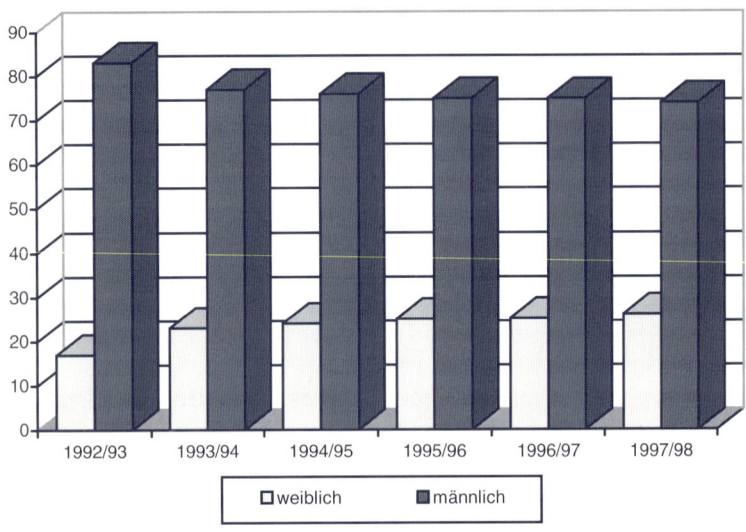

Ähnlich langsam und bis 1994/95 stetig aufwärts verläuft die Linie des Frauenanteils im Bereich der Sendeanmelder, also der Personen, die Sendebeiträge verantworten:

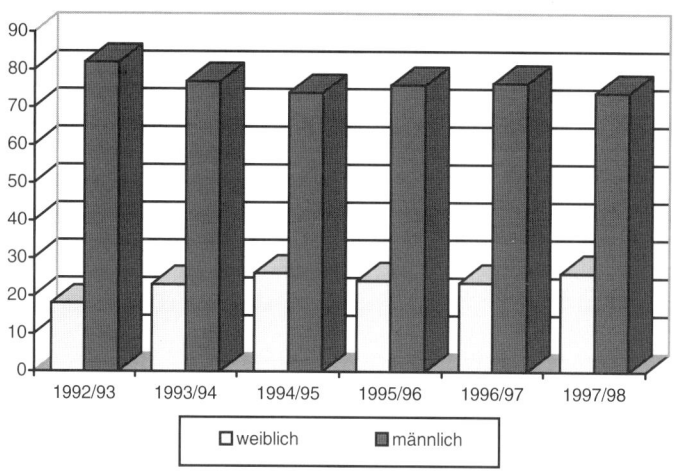

Verteilung weiblich/männlich: Anmelder
(Angaben in Prozent)

Bis 1994/95 war hier der Frauenanteil auf 26 Prozent gestiegen, im Durchschnitt der Jahre 1995/96 ist er wieder auf 24 Prozent zurückgegangen. Die Statistik in einigen Jahren wird zeigen, daß diese Zahl durchgängig Schwankungen unterliegt, aber bei rund 25 Prozent stabil bleibt, wenn der Offene Kanal Kassel nicht grundsätzlich etwas an seinen allen Interessen gerecht werdenden Öffnungszeiten und Angeboten ändert. Weit stärker als Männer brauchen Frauen Ermutigung und Betreuung, um mit ihren Produktionen an die Öffentlichkeit zu gehen, und diese Betreuungskapazität muß sehr flexibel und ausreichend vorhanden sein, weil der größere Teil der weiblichen Sendeanmelder nicht der Jugend angehört.

Lag 1992/93 das Durchschnittsalter der Gesamtnutzerschaft noch bei rund 31 Jahren und das der Sendeanmelder bei knapp 38 Jahren, war die Tendenz bis 1994/95 so, daß sich beide Gruppen in ihrem Durchschnittsalter aufeinander zubewegten. Die folgende Grafik zeigt eine Änderung der Verlaufskurve bei den Sendeanmeldern, die ab dem Zeitraum 1995/96 durchschnittlich wieder älter waren:

Durchschnittsalter: Nutzer/Sendeanmelder

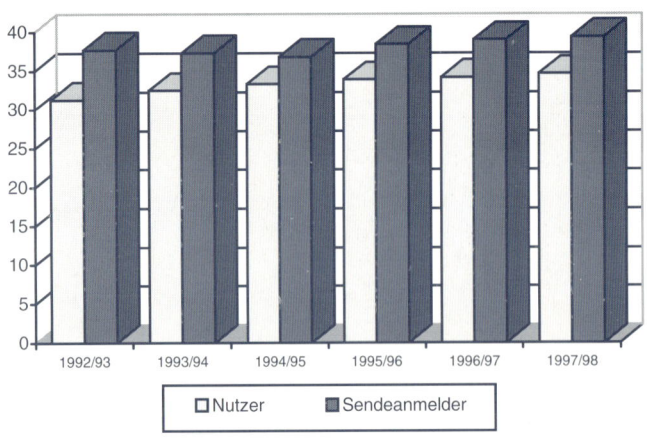

Aus dem mit diesem Band vorgelegten Forschungsprojekt „Wer sieht wann was warum im Offenen Kanal Kassel?" ist das Durchschnittsalter der Zuschauer des Offenen Kanals mit rund 48 Jahren belegt. Das Durchschnittsalter der Gesamtbevölkerung im Verbreitungsgebiet des Offenen Kanals beträgt rund 41 Jahre. Der Vergleich all dieser Zahlen gibt Auskunft darüber, daß der Offene Kanal im Bereich seiner aktiven Nutzerschaft weder jugendbewegt noch altenlastig ist, sondern viel eher den altersmäßigen Durchschnitt abdeckt und im Bereich der Zuschauerschaft mehrheitlich die erreicht, die am lokalen Geschehen interessiert sind und sowieso mehr fernsehen als Jugendliche.

Ganz geringfügige Verschiebungen gibt es im Laufe der Jahre bei der Herkunft der Nutzer aus den insgesamt acht Kommunen des Verbreitungsgebietes. Von Anfang an waren Bürgerinnen und Bürger der Stadt Kassel mit knapp 80 Prozent die größte Gruppe, und daran, wie an der sonstigen Verteilung auch, hat sich bisher kaum Bemerkenswertes geändert, obgleich eine geringfügige Zunahme aus dem Stadtgebiet Kassel - die weiterhin aufmerksam zu beobachten sein wird und Aktivitäten in den Umlandgemeinden erfordert - nicht zu verkennen ist.

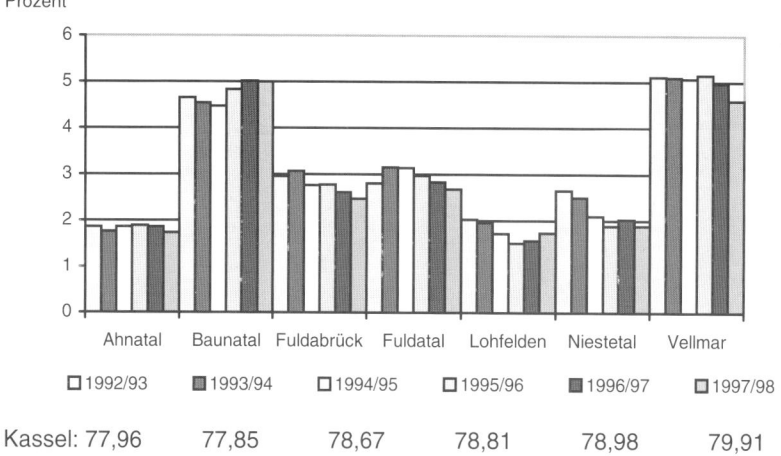

Kassel: 77,96   77,85   78,67   78,81   78,98   79,91

Etwas auffälliger sind die Verschiebungen bei den Sendeanmeldern. Kamen hier 1992/93 nur 76 Prozent aus Kassel, waren es 1994/95 bereits 78,5 Prozent, aber im Zeitraum 1995/96 wieder etwas weniger.

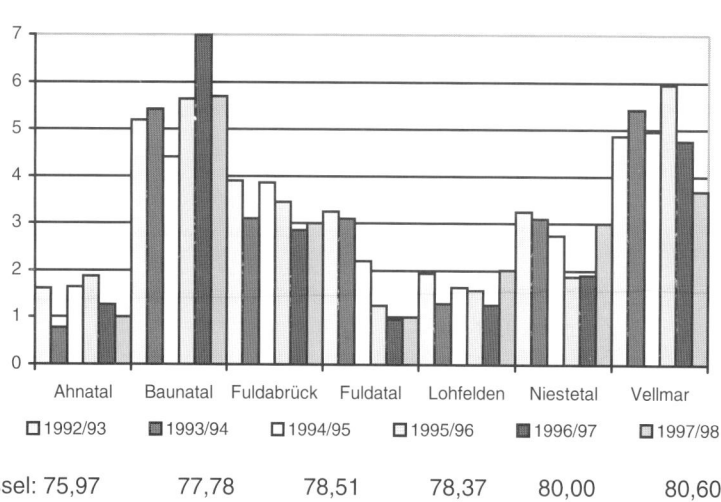

Kassel: 75,97   77,78   78,51   78,37   80,00   80,60

Erfreulich konstant hoch bleibt die Zuwachsrate an Neunutzern. Es sind nicht mehr so viele wie im ersten Jahr des Sendebetriebs, die sich als Nutzer des Offenen Kanals eintragen lassen, aber immer noch monatlich mehr als 20 Personen im Durchschnitt. Diese Entwicklung wird im Laufe der nächsten Jahre genau zu beobachten sein.

Neuzugänge Nutzer pro Monat durchschnittlich
(Angaben in Personen)

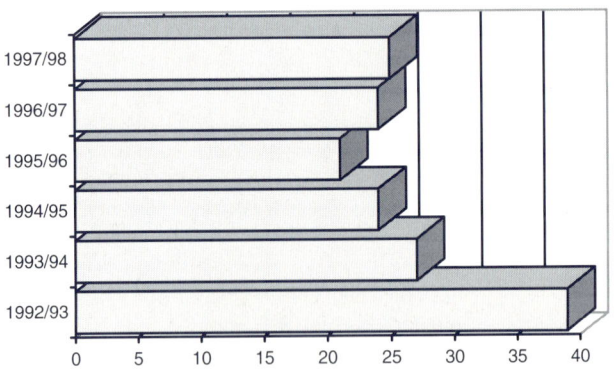

Wie unregelmäßig und unabhängig von Jahreszeiten oder Ferien sich die Neuzugänge an Nutzern über ein Jahr verteilen, zeigen die beiden folgenden Kurven mehr als anschaulich:

Neuzugänge Nutzer pro Monat 1996
(Angaben in Personen)

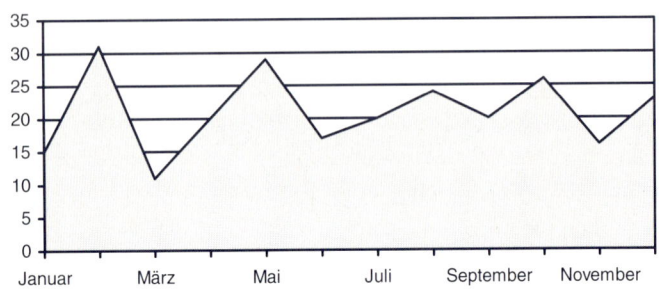

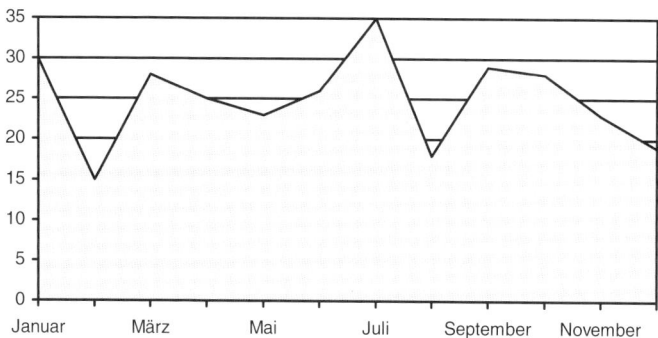

Neuzugänge Nutzer pro Monat 1997
(Angaben in Personen)

Keine erwähnenswerte Veränderung gibt es hingegen bei der Verteilung der Nationalitäten in der Nutzerschaft. Nach wie vor sind rund neun Prozent der in der Kartei erfaßten Personen aus dem Ausland, und sie verteilen sich mittlerweile auf 30 Nationen. Dabei sind gleich stark vertreten Türken und Iraner mit je zwei Prozent. Außerdem erwähnt werden soll die Gruppe der Afghanen mit einem halben Prozent und die des einen Prozents der Personen, die vom afrikanischen Kontinent stammen.

3.5 Das Sendeaufkommen

Am 19. August 1998 strahlte der Offene Kanal Kassel von 20.45 bis 21.20 Uhr den 5.000sten Sendebeitrag aus.

Wieviel Freizeit, Energie und Kreativität die Produzenten des Offenen Kanals aufgebracht haben, um 5.000 Beiträge mit einer Gesamtsendedauer von 3.797 Stunden und 21 Minuten (gleich 158 Tage rund-um-die-Uhr-Programm) fertigzustellen, ist vielleicht dann leichter vorstellbar, wenn man folgende Zahlen zur Kenntnis nimmt: Das ZDF mit insgesamt mehr als 1.300 Programm-Mitarbeitern stellte im Jahr 1997 knapp 3.100 Stunden Eigenproduktionen für sein Hauptprogramm her[15].

In der Zeit vom 1. Juli 1992 bis zum 31. August 1998 waren im Offenen Kanal Kassel insgesamt 5.024 Sendebeiträge zur Ausstrahlung gekommen, davon 957 als Live-Sendungen. Folgte man der statistischen Vorgehensweise einiger anderer Sender und rechnete die Wiederholungen vom Abend und den Wochenenden mit ein, könnte mit der stattlichen Zahl von mehr als 15.000 Sendebeiträgen beeindruckt werden.

Die auffälligste Entwicklung im Sendebereich ist die Zunahme der Live-Beiträge von vier Prozent am Gesamtsendeaufkommen im Jahr 1992 auf 25 Prozent im Jahr 1997. Bemerkenswert ist hier, daß dieser hohe Prozentsatz seit 1995 nahezu unverändert geblieben ist, obwohl eine Produktionsgruppe dazu übergegangen ist, mehrere regelmäßige Sendungen außerhalb des Offenen Kanals zu produzieren und zeitversetzt zu senden.

Durchschnittlich 70 Sendebeiträge werden monatlich ausgestrahlt, davon durchschnittlich 15 als Live-Sendung. Viele Sendungen, natürlich in erster Linie regelmäßig ausgestrahlte wie die Reihen „Medizin transparent", „Skat Live", „Kanal 2 - Stadtmagazin Kassel", „Nonsens TV", „Schnuddeln am Herd" und „Hallo Arnold - Das Kinderspaßtelefon", haben sich im Lauf der Jahre einen festen Platz in der Zuschauergunst erobert, stehen aber natürlich nur stellvertretend für viele und vielerlei andere Produktionen, die mehr oder weniger regelmäßig für Studiotrubel sorgen.

Die Entwicklung im Live-Bereich zeigt eine Explosion im Jahr 1994 mit einem anschließenden leichten Auf und Ab, das im Jahr 1997 mit 228 Live-Beiträgen bislang seinen Höhepunkt hatte:

---

[15] Quelle: ZDF-Jahrbuch 1997.

Live-Sendebeiträge Juli 1992 bis Juni 1998
(Angaben = Anzahl der Beiträge)

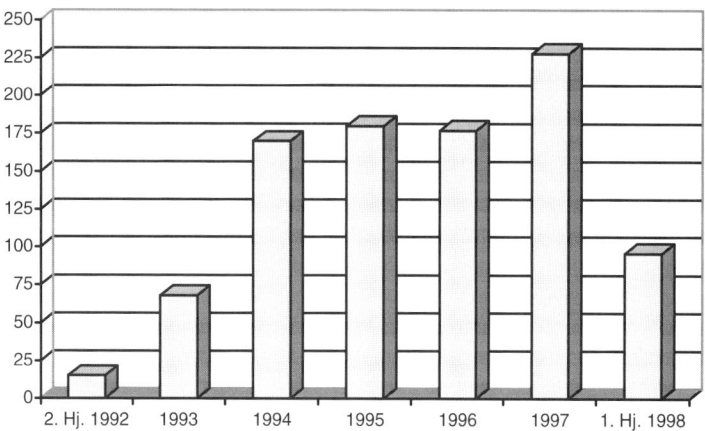

Sehr viel gleichmäßiger und im weitesten Sinne ausgewogener verhält es sich bei dem thematischen Spektrum der Sendebeiträge insgesamt. Die schon in einer sehr frühen Anfangsphase des Offenen Kanals Kassel aufgestellten Themen-Kategorien bilden nach wie vor eine solide Grundlage der Zuordnung. Es bestand bisher keine zwingende Notwendigkeit, das Spektrum zu erweitern. Genauso wenig bestand die Notwendigkeit, von Fall zu Fall einen Themenbereich auszulassen. Allerdings wurde im Jahr 1995 eine Reduzierung vorgenommen: Waren bis dahin noch fremdsprachige Sendebeiträge in vier unterschiedliche Kategorien eingeordnet, die sich nach dem Sendeaufkommen bis dahin anboten („Politisches türkisch/deutsch", „Kulturelles türkisch/deutsch", „Politisches persisch" und „Kulturelles persisch/deutsch"), geschieht seit drei Jahren nur noch die Unterscheidung nach „Fremdsprachig" und „Zweisprachig", da kaum noch Sendungen in türkischer Sprache bzw. zweisprachig türkisch/deutsch stattfinden und dieser Gesamtbereich fremdsprachiger Beiträge bei weitem nicht mehr den Stellenwert im Sendeaufkommen hat wie noch im Jahr 1994.

Themenspektrum Sendebeiträge
(Angaben = Zahl der Beiträge)

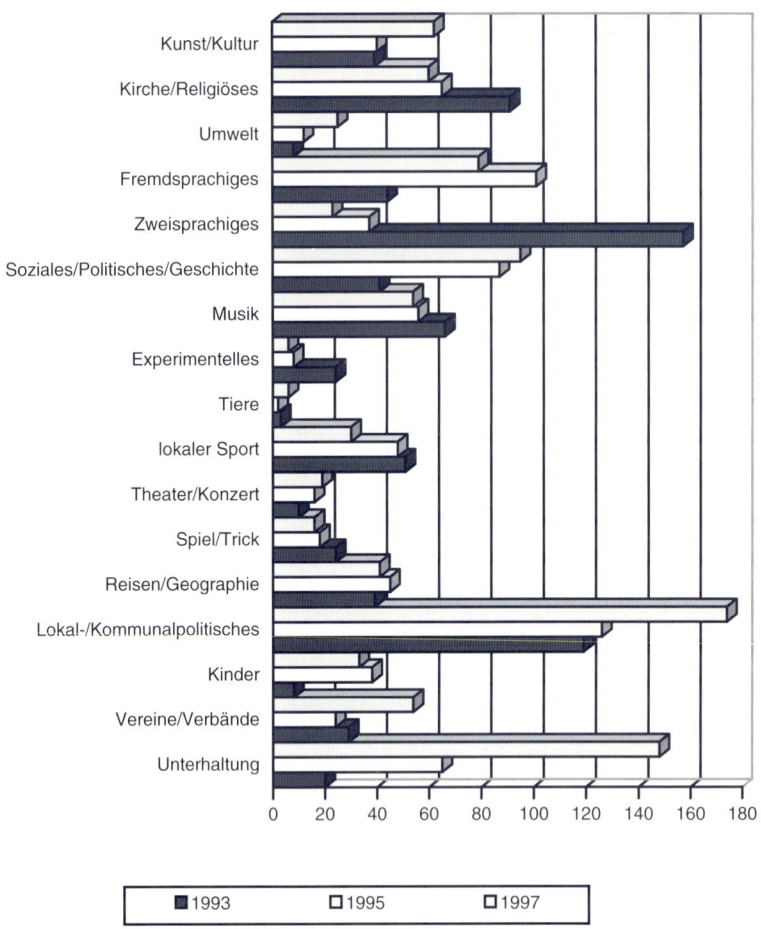

36

Daß fremdsprachige und zweisprachige Beiträge als eigene Rubriken eingeführt und beibehalten wurden, hat seinen Grund in der Diskussion, die um diese Form von Sendebeiträgen geführt wird, seit es Offene Kanäle gibt. Einerseits hat man durch diese statistische Vorgehensweise schnell einen Überblick über den Anteil dieses Genres am Gesamtprogramm, andererseits tut man damit den Produktionen von Migranten natürlich auch Unrecht: Ihre thematischen Inhalte werden so gar nicht berücksichtigt, obwohl sie genauso vielfältig sind wie die ihrer deutschen Produzentenkollegen.

Die vorige Grafik zeigt sehr deutlich, daß es zwar in einigen, sehr spezifizierten Abteilungen wie „Umwelt", „Experimentelles", „Tiere", „Sport" und „Theater/Konzert" auffällige Auf- und Abtendenzen über die Jahre hinweg gibt; sie zeigt aber auch, daß sich Schwerpunkte herausgebildet haben, die den Erfolg des Offenen Kanals bei den Zuschauern ausmachen: „Sendungen aus Kassel für Kassel", „Sendungen von Menschen wie du und ich".

Eine Beobachtung im Bereich des Sendebetriebs soll nicht unerwähnt bleiben, obwohl sie in der statistischen Auswertung der ersten Jahre kaum eine Rolle spielte und erst im zweiten Halbjahr 1996 zunehmend an Bedeutung gewann.

Verhältnis Erstsendungen/Zweitanmeldungen
(Angaben in Prozent)

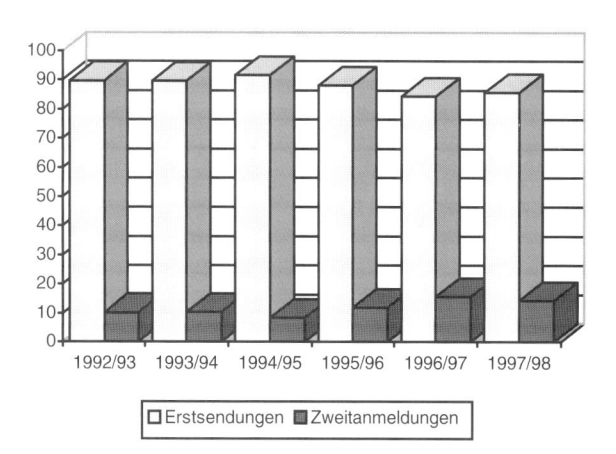

Mehrere Sendebeiträge, vor allem die mit regelmäßigem Charakter, werden zunehmend häufiger ein zweites Mal zur Sendung angemeldet. Traf dies in den Zeiträumen 1992/93 und 1993/94 auf rund zehn Prozent der Sendebeiträge zu, reduzierte sich diese Tendenz im Zeitraum 1994/95 auf rund acht Prozent. Für den Zeitraum 1995/96 sind hingegen zwölf Prozent an Zweitausstrahlungen zu verzeichnen, für den Zeitraum 1996/97 sogar 16 Prozent. Für den Zeitraum 1997/98 nimmt diese Tendenz wieder ab und ist derzeit bei 14 Prozent.

Die Motive der verantwortlichen Personen für die Zweitanmeldung ihrer Sendungen sind höchst unterschiedlich und geben Auskunft über die von der Einrichtung Offener Kanal kaum bis gar nicht zu beeinflussenden Abläufe bei den meisten der produzierenden Gruppen:

Die Sendereihe „Medizin transparent" stößt von Anfang an auf großen Zuspruch bei den Fernsehzuschauern. Wenn eine Sendung live ausgestrahlt ist, beginnt sofort die Planung der nächsten Ausgabe. Erst bei sehr nachhaltigem Zuschauerinteresse, überdeutlich geäußert durch Anrufe und Zuschriften zu den Ausgaben „Leben mit Krebs", „Rückenbeschwerden" und „Kopfschmerzen", kommen die Sendeverantwortlichen auf die Idee, durch nochmalige Ausstrahlung dem Zuschauerinteresse gerecht zu werden.

Die Redaktion von „Kanal 2 - Stadtmagazin Kassel" meldete die über viele Jahre hinweg regelmäßig am ersten Mittwoch im Monat erstausgestrahlten Sendungen zwei Wochen später noch einmal an, um mit dieser sehr arbeitsintensiven Produktion noch mehr Zuschauer zu erreichen.

Der Cheforganisator der Produktionsgruppe „TV Skywalker", die für mehrere regelmäßige Sendebeiträge verantwortlich zeichnet, beginnt ein Studium weit weg von Kassel und ist nicht mehr in der Lage, alle koordinierenden Aufgaben, die für die Produktionen notwendig sind, wie bisher zu erfüllen. So kommt es wegen mangelnder Absprachen zu verspäteter Technikbuchung, zu verspäteter Sendeanmeldung und von Fall zu Fall zur Absage einer Produktion. Solche „Lücken" wurden im letzten Quartal 1996 und im ersten Halbjahr 1997 des öfteren mit der Zweitanmeldung einer Sendung geschlossen.

Ob der Offene Kanal Kassel mit seinen personellen und produktionstechnischen Kapazitäten in der Lage ist, das Sendeaufkommen in der bisherigen Quantität weiter zu steigern, wird in den nächsten Jahren unter Beweis gestellt werden müssen. Mit qualitativen Änderungen ist auf jeden Fall zu rechnen. Nicht nur aufgrund der Erfahrungen mit der bisherigen Entwicklung, sondern aufgrund der Nachfrage aus der Nutzerschaft nach Qualifizierungsangeboten, die durch das Bildungszentrum BürgerMedien in hervorragender Weise befriedigt wird.

3.6 Die Öffentlichkeitsarbeit

Offene Kanäle müssen, wenn sie möglichst umfassend erfolgreich werden und bleiben wollen, Öffentlichkeitsarbeit auf unterschiedlichsten Ebenen leisten:

- Produzenten-Sender-Bindung
  Die produzierenden Nutzer zu „pflegen", ist mindestens ebenso wichtig wie die Zugewinnung von Neunutzern. Denn sie fungieren als Multiplikatoren für die Offenen Kanäle, indem sie ihre positiven und negativen Erfahrungen weitererzählen und damit andere Menschen ermutigen oder abschrecken, den Offenen Kanal zu nutzen.
  Produzentenpflege braucht einerseits eine angenehme Atmosphäre im Offenen Kanal und beste Betreuung, andererseits kleine und große „Aufmerksamkeiten" für die Nutzerschaft. Als kleine Aufmerksamkeiten halten die Offenen Kanäle in geringfügigem Maße Werbemittel wie Aufkleber, Einkaufstaschen, Luftballons vor; die größeren Aufmerksamkeiten, die von den Nutzern erfahrungsgemäß auch entsprechend gewürdigt werden, sind die Aus- und Weiterbildungsveranstaltungen, die in vielfältiger Form von den Offenen Kanälen angeboten werden.

- Gewinnung von Neu-Produzenten
  Hierzu trägt - neben den Sendebeiträgen der Mitbürger/Nachbarn/Freunde/Bekannten/Kollegen - die Präsenz des Offenen Kanals bei öffentlichen Veranstaltungen ebenso bei wie die möglichst breite Berichterstattung aller lokalen und regionalen Medien im Verbreitungsgebiet. „Auffällig sein" lautet die Devise, denn Alltagsgeschichten sind heutzutage für Medien und auch für viele Medienempfänger kaum noch interessant.

- Gewinnung von Zuschauern
  Dies gelingt hauptsächlich durch ein umfassend interessantes „Programmangebot", in dem jeder Fernsehzuschauer etwas (im besten Falle vieles) findet, das seinem Geschmack und seiner Interessenslage entspricht. Dennoch braucht es flankierende Maßnahmen, denn das Vertrauen darauf, daß ein lokaler Sender an sich ausreichend interessant ist, reicht allenfalls aus, um ein Stammpublikum zu haben und zu halten.

- Information von Multiplikatoren
  Multiplikatoren, also die meinungsbildenden Vermittler von Information und gleichzeitig auch Entscheidungsträger, sind in der Regel und in der Mehrheit weder Nutzer noch Zuschauer der Offenen Kanäle. Sie dafür zu gewinnen, sich informieren zu lassen und im besten Falle mitzuhelfen, die Bürgersen-

der in der Klientel ihrer Organisationen, Verbände, Einrichtungen publik zu machen, bedarf anderer als der oben genannten Formen von Öffentlichkeitsarbeit. Hier gilt es vorrangig, landesweit und auch länderübergreifend tätig zu werden, und zwar von der Streuung von Pressespiegeln über die Zulieferung von Information an organisations-/verbandseigene Presseerzeugnisse bis hin zur persönlichen Information bei Tagungen, Versammlungen, Jahrestreffen und Seminaren aller Art. In diesem Bereich der Multiplikatoreninformation sind hessenweite und länderübergreifende Veranstaltungen des Bildungszentrums BürgerMedien ein wichtiger neuer Baustein.

Mit seinem Bekanntheitsgrad und seinem Renommee in der Öffentlichkeit steht und fällt der Erfolg eines Offenen Kanals. Deshalb ist ein Offener Kanal auf alle denkbaren Formen von Öffentlichkeitsarbeit angewiesen, und zwar dauerhaft.

Präsenz in der Öffentlichkeit erfordert stetige und abwechslungsreiche Präsentation, und dafür ist die tägliche Ausstrahlung von Sendebeiträgen der Bürgerinnen und Bürger zwar das beste aller Mittel, aber dennoch nicht genug.

Einem Offenen Kanal stehen an PR-Mitteln nicht nur die lokale Tagespresse, lokale Magazine, Anzeigenblätter, Gemeinde- und Kirchenpublikationen zur Verfügung, sondern natürlich auch die üblicherweise zu streuenden Informationsmaterialien und Werbeartikel wie Aufkleber, Luftballons, Kugelschreiber und vieles andere mehr.

Der Offene Kanal Kassel hat von Anfang an darauf vertraut, daß positive Mund-zu-Mund-Propaganda - neben den Sendungen in Form von Bürgerbeiträgen und Informationstafeln - das wirksamste PR-Mittel ist, und die Ergebnisse der hier vorgelegten Studie bestätigen das. Dennoch haben die Mitarbeiter in Kassel alle anderen Varianten der Öffentlichkeitsarbeit nie vernachlässigt und werden das auch weiterhin nicht tun.

Um den Offenen Kanal in Kassel bekannt zu machen, und zwar in möglichst allen Gruppierungen, Zirkeln und Schichten der Bevölkerung, wurde und wird jede sich bietende Gelegenheit wahrgenommen, bei Veranstaltungen von Vereinen, Verbänden, Organisationen aller Art präsent zu sein, um über die Möglichkeiten des Offenen Kanals zu informieren, Kontakte zu knüpfen, Projekte zu verabreden und Informationsmaterial zu streuen.

Sehr früh, rund ein halbes Jahr vor dem Sendestart, wurde Kontakt aufgenommen zur lokalen Tageszeitung, die sich in Sachen Berichterstattung über die ersten Entwicklungsschritte des Offenen Kanals sofort sehr kooperativ verhielt. Nur in Bezug auf den Wunsch, ab Sendestart die täglichen Sendebeiträge des

Offenen Kanals in der Zeitung anzukündigen, reagierte die Redaktion zunächst zurückhaltend: Man wolle erst einmal abwarten, was da so laufen wird, war die Auskunft.

Dennoch wurden ab 1. Juli 1992, dem ersten Sendetag, täglich sogenannte Pressetexte an die Zeitung gefaxt, und zwar mit Uhrzeiten, Sendetiteln, Namen und Herkunftsort der Sendeverantwortlichen sowie einer kurzen, aber aussagekräftigen Inhaltsangabe. Die Reaktion kam nicht prompt, sondern drei Tage nach der offiziellen Eröffnungsfeier, die im Rahmen der ersten Live-Sendung stattfand und zu der natürlich auch Verleger und Chefredakteur eingeladen waren: Auf der Seite "Terminkalender" in der Rubrik "Verschiedenes" fanden sich ab dem 2o. August 1992 die produzierenden Bürgerinnen und Bürger täglich mit ihren Sendungen wieder, und auch die Wochenendwiederholungen wurden nicht vernachlässigt. Allerdings beschränkten sich die sendetäglichen Angaben auf das notwendige Minimum - die Inhalte blieben außen vor.

Vielen Nutzern des Offenen Kanals und auch Fernsehzuschauern war das nicht genug, und ihrem unermüdlichen Bedrängen der Redaktion ist es zu verdanken, daß die HNA am 2. Februar 1996 begann, im Lokalteil die Sendungen ihrer Leserinnen und Leser mit knapp gefaßten Inhaltsangaben in einem täglichen Kasten "Heute im Offenen Kanal" zu würdigen. Mehr als zwei Jahre dauerte dieser Luxuszustand, bis es im Mai 1998 wieder zurück ging zur alten Form, weil die Zeitung das zweite lokale Medium, das im Mai 1997 gestartete Freie Radio Kassel, mit ebenso viel Platz bedienen sollte. Nun finden sich beide Lokalmedien kurz und knapp zwischen Öffnungszeiten von Museen und Schwimmbädern, und es bleibt abzuwarten, ob eine seit Sommer des Jahres laufende Großinitiative der Aktiven im Offenen Kanal Früchte tragen wird.

Eines der wichtigsten PR-Mittel Offener Kanäle sind die Informationstafeln, die immer dann ausgestrahlt werden, wenn keine Bürgerbeiträge auf Sendung sind. Bereits vor dem offiziellen Sendestart am 1. Juli 1992 hatte der Offene Kanal Kassel mehrere Wochen lang seine Angebote auf diesem Wege publiziert und damit einen großen Teil der ersten Nutzer motiviert, in der Geschäftsstelle vorbeizukommen und sich ausführlich zu erkundigen. Insgesamt zehn kurzgefaßte Schrifttafeln erklären den Offenen Kanal, beschreiben die Angebote mitsamt der Kurs- und Seminartermine und ermuntern durch häufige Wiederholung der Telefonnummer zur Kontaktaufnahme. An diese Informationen schließen sich die Programmhinweise an, die zunächst einen (täglich aktualisierten) Überblick über die angemeldeten Beiträge der laufenden Woche geben und dann unter der Kopfzeile „Heute im Offenen Kanal" zu jedem einzelnen Sendebeitrag des Tages neben Uhrzeit, Titel und Sendeverantwortlichem auch eine kurze, aber aussagekräftige Inhaltsangabe liefern. Diese Inhaltsangaben beruhen auf dem, was die Produzenten zum Teil in Stichworten, zum Teil ausformuliert auf den Sendeanmeldungsformularen zu ihrer Produktion notieren.

Daß diese Sendetafeln, deren Steuerungsmodus dafür sorgt, im Dreiminutenrhythmus die Programmankündigungen sehen zu können, ein ganz wichtiger Baustein innerhalb der Öffentlichkeitsarbeit von Offenen Kanälen ist, belegen die Ergebnisse des Kasseler Forschungsprojekts[16].

Der Offene Kanal Kassel präsentiert seine Angebote in Theorie und Praxis auf Messen wie dem „Hessentag", wenn diese im Verbreitungsgebiet stattfinden. Er wirbt für seine Angebote auf Stadtplänen, in Schüler-Zeitungen und natürlich auch im Internet. Er ist Mitglied in den beiden Vereinen, die sich um Aktivitäten im KulturBahnhof kümmern. Er war 1997 mit seinen Räumen Bestandteil der Welt-Kunstausstellung „documenta X", und er wird 1999 im Zusammenhang mit dem „Hessentag" in Baunatal, einer Stadt, die zum Verbreitungsgebiet gehört, eine „OK-Straßenbahn" fahren lassen.

---

[16] vgl. Kapitel 6.1.3 „Die Möglichkeiten der Kenntnisnahme" und Kapitel 6.2.4.2 „Das Informationsverhalten".

3.7 Die Resonanz in den Medien

Üblicherweise werden Offene Kanäle von anderen Medien mit Vorsicht, zu Teilen mit Argwohn betrachtet. Das hat verschiedene Gründe: Auch heute noch fühlen sich manche Journalisten dadurch in ihrer Berufsehre gekränkt, daß in Offenen Kanälen jeder Laie ein scheinbar journalistisches Handwerk ausüben kann. Ein anderer Grund ist der schon immer zu Unrecht unterstellte Konkurrenzeifer Offener Kanäle gegenüber den sonstigen lokalen oder regionalen Medien[17]. Hinzu kommen die leider noch immer vorhandenen Vorurteile, von denen sich die Offenen Kanäle trotz vieler gemeinsamer Anstrengungen bislang nicht freimachen konnten: Von „Spielwiese für Spinner und Chaoten" über „Urlaubsfernsehen", „Ausländerkanal" bis hin zu „Ins-Nichts-Sender" reicht die Palette seit 1984 bis heute.

Dieses Schicksal teilt der Offene Kanal Kassel nach wie vor auch, allerdings nicht im lokalen wie regionalen Bereich. Das mag daran liegen, daß der nordhessische Raum nicht gerade übersät ist mit Lokalmedien, es mag aber auch daran liegen, daß der große Zuspruch der Bevölkerung zum Offenen Kanal zu einer zwangsläufigen Akzeptanz auch bei den Medienschaffenden sorgt. Nach anfänglicher Zurückhaltung, denn man wollte erst einmal abwarten, was in dem Offenen Kanal so vor sich geht, dauerte es keine zehn Wochen, bis die Monopol-Lokalzeitung die täglichen Programmvorschauen des Offenen Kanals und auch alle sonstigen Pressemitteilungen ihren Lesern nicht mehr vorenthielt. Zwei Redakteure der Stadtausgabe dieser Zeitung sind seit Jahren als Nutzer des Offenen Kanals registriert und verantworten und moderieren Live-Sendungen zu kommunalpolitischen Ereignissen. Seltene, aber durchaus neutrale Berichterstattung erfolgt durch das Studio Kassel des Hessischen Rundfunks, und die HR-Zentrale in Frankfurt produzierte im Jahr 1997 einen sehr ausführlichen und insgesamt ausgesprochen positiven Beitrag über Offene Kanäle, in dem die hessischen Bürgersender eine gewichtige Rolle spielen[18].

Weder Berührungsängste noch Vorurteile haben - mit einer Ausnahme - die sonstigen lokalen Medien in Kassel, und so erscheint in den kulturellen monatlich erscheinenden Magazinen und in den von den Gemeinden herausgegebenen Informationsblättern in der Regel alles, was der Offene Kanal an Pressemitteilungen herausgibt.

---

[17] „HFF – Zeitschrift der Rundfunk-Fernseh-Film-Union (RFFU)" Heft 11/84, S. 4.
[18] „Elektronische Nachbarschaft - Bürger machen Fernsehen", Erstausstrahlung im hessen fernsehen (Hessischer Rundfunk 3. Programm) am 11.7.1997.

3.8 Die Diplomarbeiten zum Offenen Kanal Kassel

Der Offene Kanal Kassel hatte sein sogenanntes Übergangsbüro in der Innenstadt seit ein paar Wochen geöffnet, als sich das Institut für Europäische Ethnologie der Universität Marburg zu einem Informationsbesuch anmeldete. Das Gesprächsergebnis: Gleich nach Aufnahme des Sendebetriebs wollten mehrere Studentinnen und Studenten ein Praktikum im Offenen Kanal und den Sender zum Gegenstand ihrer Magisterarbeiten machen.

Drei Studentinnen haben ihr Vorhaben realisiert, zwei davon mit vor-Ort-Praktikum im Herbst 1992. In ihren Magisterarbeiten nahmen sie ganz unterschiedliche Aspekte unter die Lupe:

„Der Offene Kanal Kassel: Erwartungen und erste Erfahrungen der Nutzer" heißt die Arbeit von Simone Schober, die im März 1993 der Philipps-Universität Marburg vorgelegt wurde. Insgesamt 16 Nutzerinnen und Nutzer hat Simone Schober zu ihren Erfahrungen mit dem Offenen Kanal befragt, und zwar ein erstes Mal im Juli 1992, ein zweites, nachfragendes Mal im Januar 1993.

„Die Partizipation von Frauen am Beispiel des Offenen Kanals Kassel" wählte Sabine Drude zum Thema ihrer Arbeit, die sie im September 1993 abgab, ebenfalls in Marburg. Zum Zeitpunkt der Recherchen von Sabine Drude, also im Herbst 1992, hatte der Offene Kanal Kassel knapp 270 Nutzer in seiner Kartei, davon 10 Prozent weiblichen Geschlechts. Von diesen rund zwei Dutzend Frauen hatten exakt sechs für Sendebeiträge verantwortlich gezeichnet.

„Partizipation von Jugendlichen im Medienbereich - am Beispiel des Offenen Kanals Kassel" war der Untersuchungsgegenstand von Sabine Preisler, die ihre Arbeit im April 1994 in Marburg einreichte. 25 Leitfadeninterviews mit jugendlichen Nutzern des Offenen Kanals lieferten einen Überblick über deren Nutzungsmotive, Ziele und Erfahrungen und dienten dazu, den Stellenwert der Massenmedien im Leben der heutigen Jugend zu untersuchen.

Schon vorher hatte Gerhard Wissner sich im Rahmen seines Soziologie-Studiums an der (damals noch) GH Kassel mit den Offenen Kanälen beschäftigt und seine Magisterarbeit im Februar 1993 abgegeben: „Bürger machen Fernsehen - Offene Kanäle und ihre Nutzer" beruht auf insgesamt 32 Gesprächen mit Nutzerinnen und Nutzern, davon 16 des Offenen Kanals Berlin, neun des Offenen Kanals Kassel und sieben des Offenen Kanals Worms.

Die fünfte und - unseres Wissens - letzte Magisterarbeit zum Offenen Kanal Kassel legte Beate Kneißler im Juni 1994 der Kasseler Universität GhK vor. Selbst Produzentin im Offenen Kanal seit Anfang 1993 (und in den Jahren 1994/95 erste und bis dahin einzige „Sendehelferin" in der ansonsten männlich besetzten Riege der ehrenamtlichen Sendeabwickler), befaßte sie sich in der im Rahmen ihres Studiums der Politik erarbeiteten Magisterarbeit „Der Offene Kanal Kassel" sowohl mit den Erwartungen der sendeverantwortenden Nutzerschaft als auch mit den Anfang der 80er Jahre formulierten Zielen und Erwartungen an Offene Kanäle.

In einer Hausarbeit, die hier nicht unerwähnt bleiben soll, hatte sich Beate Kneißler im Sommersemester 1993 mit der Nutzergruppe der in Kassel lebenden Migranten beschäftigt und deren Aktivitäten im Offenen Kanal untersucht. Im Ergebnis stellte sie dabei fest, daß der Partizipation von Migranten am öffentlichen Kommunikationsprozeß durch die Nutzung des Offenen Kanals eine bislang unterschätzte integrierende Bedeutung zukommt.

4 Stand der Forschung: Zuschauerbefragungen zu Offenen Kanälen

In der Forschung über Offene Kanäle werden umfassende Zuschauerstudien bislang kaum durchgeführt. Die Untersuchungen konzentrieren sich nahezu ausschließlich auf die Produzenten in Offenen Kanälen. Die wenigen vorhandenen Analysen zur Außenwirkung - wobei hier Diplom-, Magister- und ähnliche Arbeiten außer acht bleiben - beziehen sich im Wesentlichen auf die Ermittlung des Bekanntheitsgrades und der Reichweite Offener Kanäle und nehmen durchgängig nur einen marginalen Stellenwert in Untersuchungen über Offene Kanäle ein. Das Gleiche gilt auch für die Forschungsprojekte zur allgemeinen Mediennutzung während der Kabelpilotprojekte. Akzeptanz- und Rezeptionsstudien datieren beinahe ausnahmslos aus der Anfangsphase Offener Kanäle in Deutschland aus Ludwigshafen/Vorderpfalz, Berlin und Dortmund.

So bilanzieren Gellner/Tiersch: „Über die Zuschauer läßt sich nach dem gegenwärtigen Stand der Forschung am wenigsten sagen."[19] Zum Zeitpunkt der hier vorgelegten Untersuchung gibt es keine Studie, die sich intensiv mit dem Nutzungsverhalten der Zuschauer befaßt, vertiefend nach den Motiven für die Nutzung des Offenen Kanals fragt und die Zuschauer ausführlich hinsichtlich ihres allgemeinen Fernsehverhaltens analysiert. „Die Akzeptanz Offener Kanäle wird vereinzelt in allgemeinen Mediennutzungs- und bewertungsstudien erhoben, ohne daß allerdings notwendige Differenzierungen vorgenommen werden beziehungsweise aufgrund der geringen Fallzahlen vorgenommen werden können", bemängelt Otfried Jarren[20]. Rezeptionsdaten liegen nur aus Einzelstudien vor.

Die folgende Darstellung gibt zunächst einen Überblick über Zuschauerstudien zu Offenen Kanälen und faßt Ergebnisse der ersten und letzten Studien zusammen. Im Anschluß daran wollen wir Gründe für den Mangel an Zuschauerstudien aufzeigen, um dann den Blick auf dieses unerforschte Potential zu schärfen. Das scheint uns insbesondere im Hinblick auf die Entwicklung und Perspektiven Offener Kanäle in den nächsten Jahren von ausgesprochen großer Bedeutung.

Im Rahmen der Kabelpilotprojekte Ludwigshafen/Vorderpfalz und Dortmund werden in den Jahren 1985/86 erstmals Daten über die Zuschauer Offener Kanäle gewonnen. Eine beim Institut für Demoskopie Allensbach in Auftrag gege-

---

[19] Landeszentrale für private Rundfunkveranstalter (LPR) Rheinland-Pfalz (Hrsg.): „Offene Kanäle in Rheinland-Pfalz - Ergebnisse empirischer Forschung", Ludwigshafen 1993, S. 35.
[20] Hamburgische Anstalt für neue Medien (Hrsg.): „Bürgermedium Offener Kanal - Der Offene Kanal Hamburg aus der Sicht von Nutzern und Experten", Berlin 1994, S. 20.

bene Studie gibt Aufschluß über die Akzeptanz des Offenen Kanals Ludwigshafen/Vorderpfalz in der Bevölkerung. So geben bei einer im Jahr 1985 durchgeführten Befragung 13,9 Prozent von 669 befragten Personen in Kabelhaushalten an, den Offenen Kanal mehrmals im Monat oder öfter zu sehen. Im Jahr 1986 steigt diese Zahl bei 1203 befragten Personen in Kabelhaushalten auf 20,5 Prozent.[21] Damit verzeichnet der Offene Kanal Ludwigshafen im Abstand von einem Jahr „eine leichte Ausweitung des Zuschauerkreises".[22]

In ihrem „Abschlußbericht an die Landesregierung Rheinland-Pfalz" konstatiert die Wissenschaftliche Begleitkommission zum Versuch mit Breitbandkabel in der Region Ludwigshafen/Vorderpfalz in der Gruppe der Befragten, die den Offenen Kanal mehrmals im Monat oder häufiger eingeschaltet haben, doppelt so viele Personen mit „starkem regionalen Interesse" (ca. 26 Prozent) wie solche mit „geringem regionalen Interesse" (ca. 13 Prozent). Auf eine sehr geringe Akzeptanz stoßen demgegenüber die Unterhaltungsangebote des Offenen Kanals, da weniger als 1 Prozent aller Befragten angeben, im Offenen Kanal „beste Unterhaltung" zu finden.[23] Das sei, so der Bericht weiter, möglicherweise ein Hinweis darauf, „daß die lokal-regional bezogenen Angebote im Offenen Kanal einen vergleichsweise größeren Anklang beim Publikum gefunden haben."

Ebenfalls mit Beginn der Kabelpilotphase geht im Sommer 1985 der Offene Kanal Dortmund auf Sendung. Daten über die Sehbeteiligung ermittelt die wissenschaftliche Begleitkommission für das Dortmunder Pilotprojekt im Jahr 1986. Danach wird die Einschaltquote des Offenen Kanals bei unter einem bis zu drei Prozent vermutet. 9360 Geräte waren zu diesem Zeitpunkt an den Versuch angeschlossen. Die mit dem FAT-Meßsystem registrierten Daten belaufen sich am 29.6.86 auf 1,7 Prozent der 3769 eingeschalteten Fernsehgeräte. Nach Einschätzung der wissenschaftlichen Begleitkommission erfahren höhere Nutzungen „offensichtlich Programme, die unterschiedliche Themen und Darstellungsformen zusammenfassen und damit Ansätze einer Programmstruktur erkennen lassen. Höhere Einschaltquoten gibt es aber auch für Beiträge, die eine Mehrzahl von Bürgern in einem lokalen Ereignis zeigen."[24]

Neuere Daten über die Zuschauer Offener Kanäle erstellt 1990 das FORSA-Institut für den Offenen Kanal Berlin, 1991 die Stiftung zur Förderung gemein-

---

[21] Grundheber, Horst: „Das Experiment der Offenen Kanäle" in: Wissenschaftliche Begleitkommission zum Versuch mit Breitbandkabel in der Region Ludwigshafen/Vorderpfalz: Die Fernsehsysteme im dualen Rundfunksystem, S. 369.
[22] Ebd. S. 369.
[23] Wissenschaftliche Begleitkommission zum Versuch mit Breitbandkabel in der Region Ludwigshafen/Vorderpfalz: „Abschlußbericht an die Landesregierung Rheinland-Pfalz", S.475.
[24] Presse- und Informationsamt der Landesregierung Nordrhein-Westfalen (Hrsg.): „Der Offene Kanal im Kabelpilotprojekt Dortmund", Düsseldorf 1987, S.131.

nützigen privaten Rundfunks in Rheinland-Pfalz und 1993 die Landeszentrale für private Rundfunkveranstalter (LPR) Rheinland-Pfalz.

In Berlin, der Stadt mit dem größten Kabelnetz in Europa, liegt der Bekanntheitsgrad des Offenen Kanals demnach unter den Haushalten mit Kabelanschluß bei 18 Prozent. Die Tagesreichweite des Offenen Kanals Fernsehen beträgt 3 Prozent.[25]

Über die Zuschauer des Offenen Kanals Ludwigshafen gewinnen Landwehrmann/Jäckel ebenfalls Anfang der 90er Jahre Informationen. Sie vergleichen Ergebnisse aus der Begleitforschung zum Kabelpilotprojekt Ludwigshafen/Vorderpfalz mit neueren Daten zum Offenen Kanal Ludwigshafen.[26] Landwehrmann/Jäckel vermuten, daß der Bekanntheitsgrad „damals größer gewesen ist als heute." Veränderungen ergeben sich hier allerdings nur bei der Befragung von Nicht-Teilnehmern am Kabelfernsehen. Bei den Kabelteilnehmern liegt der Bekanntheitsgrad des Offenen Kanals nach wie vor zwischen 80 und 90 Prozent.

Von 1407 befragten Kabelteilnehmern geben, laut Landwehrmann/Jäckel, im Sommer 1990 noch 54 Prozent an, den Offenen Kanal nie gesehen zu haben. Sowohl 1986 als auch 1990 schalten ihn 10 Prozent der Kabelteilnehmer mindestens einmal in der Woche ein, sendetäglich sehen ihn 1 Prozent. Soziodemographische Auffälligkeiten bei den Zuschauern zeigen sich kaum. Lediglich hinsichtlich der Bildung der Befragten läßt sich feststellen, daß nur 3 Prozent der Abiturienten den Offenen Kanal mindestens einmal in der Woche einschalten. Alter und Geschlecht spielen bei der Nutzung des Offenen Kanals kaum eine Rolle. Das lokale Interesse hat demgegenüber stärkeren Einfluß: So schalten 19 Prozent der sehr stark am lokalen Fernsehen Interessierten den Offenen Kanal mindestens einmal in der Woche ein. Und Befragte, die insgesamt mehr fernsehen, schalten auch den Offenen Kanal häufiger ein.

Anfang 1993 wurden in Rheinland-Pfalz 1786 Personen in Orten mit Offenen Kanälen befragt, davon 82 Prozent aus verkabelten Haushalten. Diese Zuschauerstudie ist Bestandteil einer umfassenden Untersuchung mit Produzenten, Gemeindevertretern und Zuschauern sowie von Inhalten in 17 Offenen Kanälen in Rheinland-Pfalz.[27] Gefragt nach der Sehbeteiligung, den Inhalten, den Produzenten und den Informationsangeboten der Offenen Kanäle liegt damit

---

[25] Medien Bulletin 6/91: „Volkseigener Rundfunk".
[26] Landwehrmann, Friedrich/Jäckel, Michael: „Kabelfernsehen - Von der Skepsis zur Akzeptanz", München 1991, S. 156 ff.
[27] Landeszentrale für private Rundfunkveranstalter (LPR) Rheinland-Pfalz (Hrsg.): „Offene Kanäle in Rheinland-Pfalz - Ergebnisse empirischer Forschung", Ludwigshafen 1993.

eine erste Zuschauerstudie vor, die über die Messung von Reichweiten und Sehbeteiligung hinausgeht. Der Bekanntheitsgrad beläuft sich hier auf 68 Prozent in Orten, die über einen Offenen Kanal verfügen, das entspricht 74 Prozent der verkabelten Haushalte.

Die sendetägliche Reichweite unter den verkabelten Fernsehzuschauern, die mindestens an jedem 3. Sendetag den Offenen Kanal sehen, liegt im Durchschnitt der 17 untersuchten Offenen Kanäle bei rund 12 Prozent. Da nicht jeder Offene Kanal in Rheinland-Pfalz täglich sendet, sollten die Befragten selbst einschätzen, ob sie den Offenen Kanal an jedem, jedem zweiten, jedem dritten Sendetag, seltener oder nie sehen. Die durchschnittliche Sehdauer beträgt 37 Minuten und hängt, so die Studie, stark vom Alter der Zuschauer ab: Sie steigt mit zunehmendem Alter. Darüber hinaus sind die Sehgewohnheiten vom Beruf der Befragten abhängig. Arbeitslose und Hausfrauen sehen am meisten Offenen Kanal, Schüler und Studenten am wenigsten. Rund ein Drittel von 1785 Zuschauern kennt Produzenten im Offenen Kanal.

Danach befragt, wodurch sie vom Offenen Kanal erfahren haben, geben 41 Prozent von 1200 Personen das Fernsehprogramm des Offenen Kanals an, 33 Prozent Freunde und Bekannte und 24 Prozent die Zeitung. Bei den Themeninteressen der Zuschauer rangiert Sport an erster Stelle (47 Prozent), gefolgt von Umwelt/Natur (43 Prozent) und Musik (39 Prozent).

Da die Studie an verschiedenen Orten mit einem Offenen Kanal in Rheinland-Pfalz durchgeführt wurde, sind die Daten folglich Mittelwerte. Im einzelnen, also von Ort zu Ort, differieren die Ergebnisse teilweise stark.[28] So müssen die Aussagen über die Zuschauer verallgemeinernd bleiben; spezifische Besonderheiten im Nutzungsverhalten der Zuschauer eines einzelnen Offenen Kanals werden punktuell hervorgehoben.

Zusammenfassend betrachtet besteht in der Forschung über Offene Kanäle eine Forschungslücke hinsichtlich der Zuschauer. Ist das Interesse der Forschung in den Anfangsjahren Offener Kanäle mit der Neugier an den neuen medialen Partizipationsmöglichkeiten und damit an den Produzenten in Offenen Kanälen verbunden, so ist der Mangel an neueren Zuschauerstudien klärungsbedürftig.

„Jeder kann senden. Keiner hört zu."[29] Dieses „Dilemma der Offenen Kanäle in der Bundesrepublik"[30] wurde angesichts der neugewonnenen medialen Aktiv-

---

[28] a. a. Ort, S. 203 ff.
[29] DIE ZEIT, 11. November 1988: „Jeder kann senden. Keiner hört zu."

bürger lange Zeit in den Hintergrund gedrängt. Die zweifellos unbestrittenen Erfolge Offener Kanäle durch die Einbindung von Bürgern in das Fernsehgeschehen kompensierten gleichzeitig eine latente Angst vor negativen Ergebnissen hinsichtlich der Akzeptanz beim Publikum. Formuliertes Erfolgskriterium für Offene Kanäle ist „zunächst einmal die Akzeptanz auf der Produktionsseite", so die Expertengruppe Offener Kanal.[31] Und, so folgert die EOK weiter: „Wenn die vorhanden ist, ergibt sich zwangsläufig Akzeptanz an den Bildschirmen."

Nach mehr als vierzehnjähriger Erfahrung mit Offenen Kanälen in Deutschland muß heute kritisch hinterfragt werden, ob sich diese angenommene „zwangsläufige Akzeptanz" tatsächlich zwangsläufig ergibt, wenn man einmal über den Kreis der Produzenten hinaussieht. Um so mehr geht es heute um den aufgeschlossenen Umgang mit den Rezipienten, um den Blick in die Augen des Zuschauers. Detaillierte Analysen über dessen Akzeptanz und Rezeption des Offenen Kanals werden zukünftig verstärkt in den Mittelpunkt der Betrachtung rücken, wenn es um die Bedeutung und die Legitimation Offener Kanäle in Deutschland im nächsten Jahrzehnt geht.

Fehlende Geldmittel können für den Mangel an Zuschauerstudien nur sekundär als Erklärung herangezogen werden. Vielmehr ist nach wie vor eine latente Scheu zu vermuten vor einem Satz des Fernsehpublikums, der da mehrheitlich lauten könnte: "Nein, wir schalten den Offenen Kanal nicht ein." Die Forschung brächte es ans Tageslicht.
Forschungen über Offene Kanäle haben die Funktion, Sachverhalte zu analysieren und dabei auch die Daseinsberechtigung Offener Kanäle zu überprüfen. Offene Kanäle können ihre Legitimationsgrundlage verlieren, wenn eine zu geringe Akzeptanz in der Bevölkerung festgestellt würde. Denn die Kriterien für den Erfolg Offener Kanäle werden fälschlicherweise, aber leider immer noch an dem zentralen Erfolgsmaßstab für Fernsehprogramme gemessen - den Einschaltquoten.

Sieht ihn niemand, produzieren die Produzenten zwar immer noch für sich selbst und ihre spezifische Zielgruppe, aber nach landläufiger Meinung dennoch ins Leere, weil nicht in die Masse und auch nicht für die professionelle Fernsehkritik. Der Offene Kanal wäre dann kein Medium für alle, sondern allenfalls ein vor sich hin rotierender Selbstläufer, dessen Legitimation zwangsläufig in Frage gestellt werden muß. Deshalb ist für den Offenen Kanal von entscheidender Bedeutung, in welchem Maß er wahrgenommen wird, in welchem Maß er gese-

---

[30] Medien Bulletin 6/91: „Volkseigener Rundfunk".
[31] Expertengruppe Offener Kanal: „Offene Kanäle auf dem Prüfstand: Votum der Experten", in: DGB-medien dienst 1/1994.

hen wird. Die Gefahr, die hier in der Zuschauerforschung über Offene Kanäle liegt, bietet gleichzeitig eine Chance: Das Wissen über den Zuschauer.

Insofern ist eine Analyse über die Akzeptanz eines Offenen Kanals auch heute noch, vierzehn Jahre nach dem Start des ersten Offenen Kanals, ein durchaus wagemutiges Unternehmen. Eines, dem sich unser Forschungsprojekt stellen will im Sinne der Idee Offener Kanäle: „Fernsehen von Bürgern für Bürger" zu sein.

5 Das Projekt:
Wer sieht wann was warum im Offenen Kanal Kassel?

5.1 Das Erkenntnisinteresse

Nach rund sechsjähriger Sendepraxis und dauerhaft vielen Nachfragen aus dem Kreis der Produzenten wie auch der interessierten Öffentlichkeit wollen wir mit dieser Studie Antworten auf die gestellten Fragen geben und ein Zuschauerfeedback ermitteln. Dabei liegt unser Hauptaugenmerk auf folgenden Punkten:

- Zum einen besteht großes Interesse an Daten über Zuschauer, um die Akzeptanz des Offenen Kanals Kassel in der Bevölkerung einschätzen und beurteilen zu können. Dabei geht es neben der Rezeption durch die Zuschauer auch ganz konkret um die Beurteilung des Offenen Kanals sowie die Motive zu seiner Nutzung.

- Die Frage nach der Reichweite der Offenen Kanäle und die nach der Beurteilung durch die Rezipienten sind bei den Entscheidungsgremien nicht nur dann von Bedeutung, wenn es um die Einrichtung weiterer Offener Kanäle in Hessen geht.

- Auf einer zweiten Ebene interpretieren wir die Ergebnisse im Hinblick auf die schon 1980 formulierten Hauptziele Offener Kanäle in Deutschland, die da lauten: „... das öffentliche Leben im Lokalbereich auf eine neue Weise zu beleben und das Spektrum der Meinungen zu wichtigen kommunalen Fragen zu erweitern", also die „Qualifizierung der lokalen Kommunikation".[32]

- Nachdem die medienpädagogische Funktion und Arbeitsweise Offener Kanäle inzwischen unbestritten sind, überprüfen wir am Beispiel des Offenen Kanals Kassel, ob die Bürgersender die ihnen ursprünglich angedachte Funktion innerhalb der lokalen Kommunikation mit Schwerpunkt auf der Rezipientenseite erfüllen.[33]

- Wir verzichten in unserer Studie sehr bewußt auf die damit verknüpften Interpretationshilfen, die von der Expertengruppe Offener Kanal zu Beginn der 80er Jahre benannt wurden, um eine aufgeschlossene, unabhängige Deu-

---

[32] Bundeszentrale für politische Bildung (Hrsg.): „Der Offene Kanal - Kriterien für ein Bürgermedium", Bonn 1980, S. 30.
[33] Die Kritikfähigkeit gegenüber den Massenmedien durch die Produktion eigener Sendungen im Offenen Kanal bzw. die Stärkung der kommunikativen Kompetenz gegenüber den Massenmedien ist als medienpädagogische Leistung Offener Kanäle inzwischen allgemein anerkannt.

tung der Aussagen von Zuschauern auch gegenüber dem Leser zu gewährleisten. Dies geschieht vor allem im Hinblick auf eine unter Umständen notwendige Neuinterpretation dieser Grundidee Offener Kanäle und auf eine gegebenenfalls notwendige Ergänzung der genannten Zielsetzungen. Die vorliegende Akzeptanzuntersuchung gibt insofern Anstöße für den theoretischen Diskurs über Offene Kanäle in Deutschland.

„Wer sieht wann was warum im Offenen Kanal Kassel?" Unter diesem Titel gilt es, die Akzeptanz des Lokalsenders bei den Zuschauern zu untersuchen. Dabei hatte der erste Teil dieser Studie, die Telefonbefragung, folgende Zielsetzung: Die Zuschauer des Offenen Kanals sollten befragt werden, *wie sie auf den Offenen Kanal aufmerksam geworden sind, wie häufig sie ihn sehen und warum sie ihn einschalten.*

Im zweiten Teil der Studie, der Haushaltsbefragung, standen vier Bereiche im Forschungsinteresse, die sich ganz intensiv mit den Zuschauern des Offenen Kanals befassen. Dabei handelt es sich um Fragen *zum Offenen Kanal im Detail, zur Lokalität, zur allgemeinen Mediennutzung und zur Soziodemographie der Befragten.*

5.2 Die Telefonbefragung

5.2.1 Die Fragestellung

„Wer sieht wann was warum?" lautet der Titel des Forschungsprojekts, und damit ist das Forschungsinteresse kurz und bündig beschrieben. Der Offene Kanal Kassel sendet seit 1992 und hat sich als lokale Einrichtung etabliert. Eine hohe Anzahl von Anrufen in Live-Sendungen, Nachfragen nach nochmaliger Ausstrahlung von Sendebeiträgen oder nach Kopien davon sind Indizien dafür, daß der Offene Kanal Kassel nicht nur von den Nutzern, sondern auch von den Zuschauern angenommen wird.

Nun wird aus den Reihen der Versammlung der LPR Hessen, aber vor allem aus der Öffentlichkeit, seit Jahren und immer häufiger nach der Reichweite und der Beurteilung des Offenen Kanals durch die Rezipienten gefragt. Bisher konnten auf solche Anfragen keine hinreichenden Antworten gegeben werden, denn Erkenntnisse über die Akzeptanz bei den Zuschauern liegen für Kassel gar nicht und, wie in Kapitel 4 beschrieben, für andere Offene Kanäle nur in sehr geringem Maße vor.

Die zentralen Fragestellungen einer ersten Befragung - der Telefonbefragung - hatten sich an dieser Ausgangslage zu orientieren. Dabei war es von grundlegendem Interesse, zunächst einmal den Bekanntheitsgrad des Offenen Kanals in der Bevölkerung zu bestimmen.

Die Ermittlung des *Bekanntheitsgrades* und die Formen der *Kenntnisnahme*, die *Reichweite* und die *Motive* sowie die *Zeiten* für die Nutzung des Offenen Kanals Kassel standen im Mittelpunkt des Forschungsinteresses. Im weiteren sollte die *allgemeine Fernsehnutzung* der Zuschauer analysiert werden.

Über diese Fragen hinaus sollten auch spezifische soziodemographische Unterschiede hinsichtlich der Rezipienten und deren Nutzung des Offenen Kanals erarbeitet werden, um herauszufinden, ob Nutzungs- und Zuschauertypologien abgeleitet werden können. Und um herauszufinden, ob es den häufig nachgefragten „typischen OK-Zuschauer" vielleicht doch wirklich gibt.

5.2.2 Die Methode

Um Antworten auf diese Fragestellungen finden zu können, mußte - in einem ersten Schritt - eine Methode bestimmt werden, mit deren Hilfe Informationen über die Akzeptanz und Rezeption des Offenen Kanals in der Bevölkerung herauszufinden sind. Die repräsentative Telefonbefragung wurde als die hierfür am besten geeignete gewählt.

Im Vergleich zu einer persönlichen oder postalischen Umfrage bietet eine Telefonumfrage einige Vorteile, die für unser Forschungsprojekt in dieser Phase relevant erschienen:

- geringer Zeitbedarf
- relativ hohe Antwort- und Abschlußraten
- geringe Kosten im Vergleich zu persönlichen Umfragen.[34]

Außerdem besteht für die Befragten bei einem Telefoninterview, im Unterschied zu einer postalischen Umfrage, die Möglichkeit des Nach- und Rückfragens, und im Vergleich zu einer persönlichen Umfrage konnten wir die telefonischen Befragungen durchführen, ohne ein großes Fremdpersonal-Kontingent einsetzen zu müssen.

Zur Repräsentativität einer Telefonumfrage kann die Aussage getroffen werden, daß sich aufgrund der Telefondichte in der Bundesrepublik Deutschland von mittlerweile über 90 Prozent aller Haushalte keine wesentliche Problematik ergibt. Jedenfalls dann nicht, wenn keine speziellen Bevölkerungsgruppen - wie zum Beispiel Studenten, sozial Schwache oder Migranten - im Mittelpunkt einer Untersuchung stehen, die möglicherweise eine geringere Telefondichte aufweisen, als es dem Durchschnitt der Bevölkerung entspricht.[35] Dies ist in der vorliegenden Untersuchung nicht der Fall.

5.2.3 Das Instrument: Der Fragebogen

Der für die Telefonbefragung konzipierte standardisierte Fragebogen[36] (vgl. Kapitel 10.1 „Der Fragebogen zur Telefonbefragung") läßt sich in vier Teile untergliedern:

---

[34] Frey, James H./Kunz, Gerhard/Lüschen, Günther: „Telefonumfragen in der Sozialforschung: Methoden, Techniken, Befragungspraxis", Opladen 1990, S. 29, 33, 39.
[35] Ebd., S. 15 f, S. 35 f.
[36] Damit bei der Auswertung der Telefonbefragung die Antworten aller Befragten verglichen werden konnten, mußten für alle Befragten gleiche Bedingungen gelten. „Das Mittel, durch das die Standardisierung der sozialen Situation hergestellt werden soll, ist der Fragebogen, der mehr oder weniger detailliert regelt, wie die recht einseitige Unterhaltung zwischen dem Interviewer und dem Befragten ablaufen soll." Aleman, Heine von: „Der Forschungsprozeß - Eine Einführung in die Praxis der empirischen Sozialforschung", Stuttgart 1977, S. 209.

- Mit Frage 1 zur Bekanntheit des Offenen Kanals wird der Fragenkatalog eröffnet. Außerdem ist in diese Frage eine kurze Erläuterung zum Offenen Kanal integriert, die zur Verhinderung möglicher Mißdeutungen durch die Befragten dient.

- Die Fragen 2, 3, 4 und 6 erkunden, wie die Befragten auf den Offenen Kanal aufmerksam geworden sind, ob sie ihn schon einmal eingeschaltet haben und - falls ja - wie oft sie ihn normalerweise sehen. Weiterhin geht es um Gründe, den Offenen Kanal einzuschalten oder nicht einzuschalten.

- Bei Frage 5 geht das Forschungsinteresse über die Erkenntnis der Akzeptanz des Offenen Kanals Kassel hinaus. Hier wird danach gefragt, wann ferngesehen wurde, welche Sender ausgewählt wurden und anderes mehr, um eventuelle Zusammenhänge zwischen Offener-Kanal-Nutzung und dem allgemeinen Fernsehverhalten herauszufinden.

- Mit den Fragen 7 bis 14 werden soziodemographische Daten zu den Befragten erhoben.

Der Fragebogen besteht überwiegend aus geschlossenen Fragen mit mehreren Antwortvorgaben. Offene Fragen werden nur dann gestellt, wenn die Antwortkategorien nicht alle Aspekte erfassen können.

Der Umfang des Fragebogens sollte in einem solchen Rahmen bleiben, daß ein Telefoninterview in zehn bis zwölf Minuten abgeschlossen werden konnte; dieser Zeitrahmen wird allgemein als unbedenklich angesehen.[37]

5.2.4 Der Pretest

Im Rahmen eines Pretests - einer Voruntersuchung zur Erprobung von Verständlichkeit, Logik und Praktikabilität des Fragebogens - wurden zwanzig Personen anhand der ursprünglichen Vorlage interviewt. Dabei stellte sich heraus, daß bei mehreren Fragen und Interviewanweisungen Änderungen sowohl inhaltlicher als auch struktureller Art notwendig waren. Insgesamt allerdings bewährte sich die Grundstruktur des Instruments, und auch die Zeitvorgabe zur Durchführung der Interviews konnte eingehalten werden.

---

[37] Frey, James H./Kunz, Gerhard/Lüschen, Günther: „Telefonumfragen in der Sozialforschung: Methoden, Techniken, Befragungspraxis", Opladen 1990, S. 146.

5.2.5 Die Stichprobe

Die Zielvorgabe bestand darin, 1.000 Interviews abzuschließen, um 1.000 Fragebögen auswerten zu können. Die Grundgesamtheit für die Telefonumfrage stellten alle verkabelten Haushalte in Kassel und den sieben Umlandgemeinden dar (Stand 31. März 1996: 73.929). Auf der Grundlage der detaillierten Straßenverkabelungsdatei der Telekom Kassel wurde eine Gesamtdatei von insgesamt knapp 100.000 Telefonnummern mit Namen erstellt, die sich aus den Telefonanschlüssen verkabelter Straßen in Kassel und den Umlandgemeinden ergab. Aus dieser wurden per Zufallsverfahren 1.983 Haushalte/Telefonnummern gezogen.

Für die Auswahl eines zu Befragenden innerhalb eines berechtigten, also verkabelten Haushalts wurde die Geburtsmethode (auch Geburtstags-Auswahl-Methode)[38] gewählt; sie ist eine reine Zufallsauswahl. Gefragt wurde nach der Person im Alter von mindestens vierzehn Jahren, die als nächste Geburtstag haben wird. Diese in den letzten Jahren immer häufiger eingesetzte Methode hat den Vorteil der sehr einfachen Handhabung. Eine Beeinträchtigung der Stichprobenqualität ist deshalb zwar theoretisch denkbar, aber praktisch wohl nie zutreffend.[39]

5.2.6 Die Durchführung

Die Telefonbefragung wurde am 15. Juli 1996 begonnen und am 16. September 1996 beendet. In diesen drei Monaten wurden 1.001 Telefoninterviews abgeschlossen, wobei ein Interview nicht zur Auswertung herangezogen werden konnte, da versehentlich das im Vorfeld bestimmte Mindestalter von vierzehn Jahren für die befragte Person nicht zutraf. Bei einer Anzahl von 428 Verweigerern, 206 abgebrochenen Kontaktversuchen, 232 Anschlüssen ohne Kabel, 58 Telefonnummern ohne Anschluß, 28 Haushalten ohne Fernsehgerät und 30 von den Interviewern aus verschiedenen Gründen abgebrochenen Gesprächen ergibt sich, bei verbleibenden 1.665 berechtigten Teilnehmern, eine Antwortrate von 60,1 Prozent und eine Abschlußrate von 52 Prozent.[40] Diese Werte liegen unter den Ergebnissen anderer Studien. So ergeben sich zum Beispiel bei einer

---

[38] Ebd., S. 80.
[39] Ebd., S. 81.
[40] Die Antwortrate ist die Zahl der abgeschlossenen Interviews bzw. Fragebögen dividiert durch die Zahl der berechtigten Teilnehmer einer Stichprobe.
Die Abschlußrate ist die Zahl der abgeschlossenen Interviews bzw. Fragebögen dividiert durch die Stichprobe.
Frey, James H./Kunz, Gerhard/Lüschen, Günther: „Telefonumfragen in der Sozialforschung: Methoden, Techniken, Befragungspraxis", Opladen 1990, S. 37 f.

Telefonumfrage in Nordrhein-Westfalen aus 1984 Werte von 67,2 Prozent und 61 Prozent als Antwort- und Abschlußrate.[41]

Für diese Unterschiede gibt es folgende Erklärungsansätze:

- Die ermittelten Werte von 60,1 Prozent und 52,0 Prozent sind „ehrliche Angaben"; es wurden also keine Ersatznummern für „ausgefallene" Telefonnummern herangezogen.
- Die Telefonumfrage fand zum Teil in der Zeit der hessischen Sommerferien (sechs von dreizehneinhalb Wochen) und der Austragung der Olympischen Sommerspiele statt, weshalb die Erreichbarkeit der ausgewählten Haushalte deutlich schlechter war als zu „normalen" Zeiten.
- Insgesamt geringer und damit schlechter werdende Raten in den letzten Jahren[42].

Auch die sich für unsere Telefonumfrage ergebende Verweigerungsrate von 29,9 Prozent[43] scheint, bei oberflächlicher Betrachtung, ungünstiger zu sein als die Verweigerungsraten anderer Telefonbefragungen, bei denen Werte von 21,9 bis 28 Prozent erreicht wurden[44]. In unserem Ergebnis sind aber - im Unterschied zu den geringer erscheinenden Verweigerungsraten anderer Telefonumfragen - auch die „stillen Verweigerer" enthalten, die zwar nicht explizit verweigerten, aber Terminabsprachen nicht einhielten oder aber nach dem ersten Kontakt nicht mehr erreichbar waren. Während der Durchführung der Interviews mußte eine Frage (Frage 4/v19, vgl. Kapitel 10.1 "Der Fragebogen zur Telefonbefragung") aus der Befragung herausgenommen werden, denn es zeigte sich, daß diese Frage von vielen Befragten nicht im erwarteten Sinne verstanden wurde. Da diese Schwierigkeit, trotz Pretest, unvorhergesehen auftrat, wurde sie von den Interviewern unterschiedlich angegangen oder gar nicht wahrgenommen, so daß bei dieser Frage gleiche Bedingungen für die Befragten nicht mehr gegeben waren.

---

[41] Ebd., S. 39.
[42] Ebd., S. 40.
[43] Die Verweigerungsrate ist die Zahl der Verweigerer dividiert durch die Zahl der berechtigten Teilnehmer, mit denen ein persönlicher Gesprächskontakt tatsächlich zustande kam.
Ebd., S. 40.
[44] Ebd., S. 41 f.

5.3 Die Haushaltsbefragung

5.3.1 Die Fragestellung

Bei der ersten, der telefonischen Befragung, standen der Bekanntheitsgrad, die sendetägliche Reichweite, die Häufigkeit des Einschaltens und die Gründe dafür im Zentrum der Untersuchung (vgl. Kapitel 5.2.1 „Die Fragestellung"). Das Anliegen der zweiten Befragung (Face-to-Face-Befragung) ging darüber hinaus: Hier sollten - als zentrales Forschungsinteresse - tiefergehende Erkenntnisse über die Nutzung des Offenen Kanals durch die Zuschauer gewonnen sowie Wertungen und Beurteilungen über den Offenen Kanal von den Zuschauern abgefragt werden.

Dabei war es von Interesse, vermutete Zusammenhänge zwischen der Nutzung des Offenen Kanals sowie der Beurteilung über den Offenen Kanal durch die Zuschauer mit deren lokaler Gebundenheit, dem lokalen Informationsbedürfnis sowie der lokalen Mediennutzung auf Abhängigkeiten zu untersuchen. Es galt also, das „Typische" an Zuschauern des Offenen Kanals herauszufinden - wenn es existierte. Darüber hinaus sollte die Bedeutung des Offenen Kanals in der lokalen Medienlandschaft betrachtet werden.

5.3.2 Die Methode

Wie oben angeführt, konzentriert sich das Forschungsinteresse für die zweite Befragung - in Übereinstimmung mit dem Titel des Forschungsprojekts („Wer sieht wann was warum?") - auf die Zuschauer des Offenen Kanals Kassel. Insofern ist die zweite Befragung in Form einer Fallstudie angelegt. Eine Fallstudie zeichnet sich dadurch aus, daß sie sich auf die Beschreibung von typischen Einzelfällen konzentriert. In unserem Fall ist das Typische, das Gemeinsame der für die Face-to-Face-Befragung als Stichprobe ausgewählten Personen, daß sie alle schon mindestens einmal den Offenen Kanal eingeschaltet haben; ob sie ihn eher selten oder täglich sehen, hatte für die Auswahl keine Bedeutung. Die Bezeichnung „typisch" ist hier also sehr weit gefaßt, dennoch ist das gemeinsame Merkmal eindeutig von den anderen Fällen abzugrenzen.

Auch diese zweite Umfrage wurde in der Form eines standardisierten Interviews (vgl. Kapitel 5.2.2 „Die Methode") durchgeführt, damit für alle Befragten die gleichen Bedingungen gelten konnten. Aufgrund des Umfangs und der Komplexität des Fragebogens (vgl. Kapitel 5.3.3 und 10.2 „Das Instrument: Der Fragebogen") wurden die Interviews als direkte persönliche Gespräche geplant. Allein schon die Gesprächsdauer von etwa einer Stunde sprach gegen die Methode eines Telefoninterviews[45]. Weiterhin wäre es bei dieser Art von Befragung nicht möglich gewesen, die verschiedenen angewandten Arten von Beantwortungshilfen einzusetzen. Eine postalische Befragung kam aufgrund hierbei nicht möglicher Nach- bzw. Rückfragen ebenfalls nicht in Frage. Zwar ist eine persönliche Umfrage im Vergleich zu einer postalischen oder telefonischen die teuerste Möglichkeit der Datenerhebung[46]; aber aufgrund der überschaubaren Stichprobengröße und des eng begrenzten Einzugsgebiets der Stichprobenteilnehmer blieb der Aufwand für eine Face-to-Face-Befragung in einem vertretbaren Rahmen. Diese zweite Befragung erhebt aufgrund der Auswahl und des Umfangs der Stichprobe (n=100) nicht den Anspruch auf Repräsentativität.

5.3.3 Das Instrument: Der Fragebogen

Zentrales Element des für die Face-to-Face-Befragung konzipierten, standardisierten Fragebogens (vgl. Kapitel 10.2 „Der Fragebogen mit Anlagen zur Haushaltsbefragung") ist der Fragenblock zum Offenen Kanal Kassel (Fragen 16 bis 41). Dieser Fragenblock thematisiert unter anderem

- die Nutzung des Offenen Kanals durch die Rezipienten; so wurde z.B. abgefragt, ob sich das Nutzungsverhalten der Zuschauer des Offenen Kanals verändert hat, und - wenn ja - warum (Frage 17),
- die Informationsquellen der Zuschauer zu Sendungen des Offenen Kanals (Frage 19),
- das Wissen der Zuschauer über den Offenen Kanal, z.B. über die genauen Zeiten der Ausstrahlung der Sendebeiträge (Frage 23),
- Präferenzen der Zuschauer zu bestimmten Sendungen und Genres des Offenen Kanals und deren Beurteilung (Fragen 25, 26),
- die Beurteilung des Offenen Kanals durch die Zuschauer, auch im Vergleich zu anderen lokalen Medien (Frage 34 in Verbindung mit Frage 33).

Einen wichtigen Stellenwert nimmt auch der Fragenblock ein, der sich mit der lokalen Eingebundenheit und dem lokalen Informationsbedürfnis der Zuschauer des Offenen Kanals beschäftigt. Über den Erkenntniswert der Antworten auf einzelne Fragen hinaus sollte unter Verknüpfung dieses Fragenblocks mit dem über den Offenen Kanal versucht werden, das „Typische" an den Zuschauern des Offenen Kanals herauszufinden.

---

[45] Frey, James H./Kunz, Gerhard/Lüschen, Günther: „Telefonumfragen in der Sozialforschung: Methoden, Techniken, Befragungspraxis", Opladen 1990, S. 146.
[46] Ebd., S. 29 u. 30.

Bezüglich der lokalen Eingebundenheit (Fragen 1 bis 5) wurde unter anderem danach gefragt, ob die Zuschauer des Offenen Kanals gerne in Kassel leben und inwieweit sie sich an ihren Wohnort gebunden fühlen (Fragen 4 und 5). Auch aus Frage 6 lassen sich Rückschlüsse über die lokale Eingebundenheit ziehen, vorrangig aber sollte mit dieser Frage das Freizeitverhalten der Zuschauer des Offenen Kanals untersucht werden.

Das lokale Informationsbedürfnis wurde mit den Fragen 13, 14 und 15 erfaßt. Mit Frage 14 sollte herausgefunden werden, welche Themen den Befragten bei einer Berichterstattung über ihren Wohnort wichtig sind.

Die allgemeine Fernsehnutzung der 100 ausgewählten Zuschauer des Offenen Kanals wurde mit den Fragen 7 bis 11 abgefragt. Eine Prioritätenbildung zwischen den Medien Fernsehen, Radio und Zeitung sollten die Befragten bei Frage 12 erbringen.

Unter Zuhilfenahme der Fragen 42 bis 46 wurden weitergehende soziodemographische Daten gewonnen. Auch diese sollten dazu dienen, den „typischen Zuschauer" des Offenen Kanals zu ermitteln.

Der standardisierte Fragebogen besteht vorwiegend aus geschlossenen Fragen mit mehreren Antwortvorgaben; offene Fragen wurden nur dann gestellt, wenn die Antwortkategorien nicht alle Aspekte erfassen konnten oder persönliche Begründungen oder Beurteilungen der Befragten erwünscht waren.

Bei den komplexen Fragen (6, 9, 10, 11, 14, 15, 23 und 34) wurden von den Interviewern methodische Hilfsmittel wie Listen, Aufstellungen, Ablageblätter und Karten (vgl. Kapitel 10.2 „Der Fragebogen mit Anlagen zur Haushaltsbefragung") eingesetzt, um einerseits den befragten Personen die Beantwortung der Fragen zu erleichtern und um andererseits im Sinne der Fragestellung eindeutige Antworten zu erhalten. Für die Durchführung eines Face-to-Face-Interviews wurde eine Zeiterfordernis von rund einer Stunde veranschlagt.

5.3.4   Der Pretest

Im Rahmen des für die Face-to-Face-Befragung durchgeführten Pretests wurden zehn Personen interviewt. Der für die Befragung konzipierte Fragebogen sowie die dafür vorbereiteten methodischen Hilfen bewährten sich dabei so gut, daß dieser Fragebogen - von einigen wenigen gestalterischen Verbesserungen abgesehen - unverändert als Erhebungsinstrument eingesetzt werden konnte.

Auch die Zeitvorgabe von rund einer Stunde für ein abgeschlossenes Interview erwies sich als realistisch.

5.3.5 Die Stichprobe

Die Grundgesamtheit für die Face-to-Face-Befragung stellten all diejenigen Personen dar, die bei der Telefonbefragung angegeben hatten, den Offenen Kanal schon mindestens einmal eingeschaltet zu haben (Frage 3/v14) und uns dabei auch die Erlaubnis erteilten, sie zum Thema Offener Kanal noch einmal anzurufen (Frage 15/v58). Diese Bedingungen treffen auf 657 Personen zu. Aus dieser Grundgesamtheit wurden per Zufallsverfahren 300 Telefonnummern gezogen, die den Interviewern zur Verfügung standen, um 100 Face-to-Face-Befragungen durchführen zu können.

5.3.6 Die Durchführung

Die Befragung wurde vom 11. November 1996 bis zum 22. Januar 1997 durchgeführt.

Insgesamt wurden 298 Haushalte kontaktiert, bis die angestrebte Anzahl von 100 abgeschlossenen Interviews erreicht war. Nicht bereit zu einem Face-to-Face-Interview waren 97 der angerufenen Zielpersonen, 101 konnten nicht erreicht werden oder wollten zu diesem Zeitpunkt keine Vereinbarung treffen, wofür einige der angerufenen Personen - durchaus nachvollziehbar - den „Streß der Vorweihnachtszeit" als Grund angaben. Unmittelbar nach einer telefonischen Interviewvereinbarung wurden den zu Befragenden Terminbestätigungen zugeschickt, um die Verbindlichkeit und die Bedeutsamkeit dieser Absprache zu unterstreichen. Wohl deshalb gab es kaum Terminverschiebungen oder gar Absagen; fast alle getroffenen Vereinbarungen wurden eingehalten.

Der Fragebogen samt zugehöriger methodischer Hilfen erwies sich als ausgesprochen praktikabel, von den Interviewten wurden die Fragen als verständlich und eindeutig aufgefaßt. An den wenigen Stellen, an denen Schwierigkeiten auftraten, konnten sie von den Interviewern unmittelbar aufgelöst werden. Veränderungen oder Streichungen von Fragen mußten nicht vorgenommen werden. Auch die während der Vorbereitungsphase veranschlagte und durch die Pretests bestätigte Zeitvorgabe von rund einer Stunde für ein abgeschlossenes Interview wurde in der konkreten Befragungspraxis als Normwert bestätigt.

Die Interviewer hatten den Eindruck, daß die befragten Personen den doch recht umfangreichen Fragenkatalog sehr konzentriert und mit viel Geduld beantworteten. Ein Drängen auf schnelle Beendigung eines Interviews oder ein Abbruch eines solchen ist nicht zu konstatieren. Dies spricht für die Ernsthaftigkeit, mit der die Probanden sich dieser Aufgabe widmeten, und ist auch ein deutlicher Hinweis darauf, daß bei vielen Befragten ein Mitteilungsbedürfnis über den Offenen Kanal bestand oder besteht.

6 Die Ergebnisse

6.1 Die Telefonbefragung

6.1.1 *Die Beschreibung der Stichprobe*

Aus den demographischen Angaben (vgl. Kapitel 6.1.1.3 Übersicht 1 sowie Kapitel 9.1 Tabelle 1) werden zur Erarbeitung möglicher Zuschauertypologien drei Variablen eingehender beschrieben: Das Alter, das Geschlecht und der Bildungsabschluß der Befragten. Diese drei Variablen sollen im Mittelpunkt der soziodemographischen Betrachtung stehen, denn sie lassen vermuten, daß sie großen Einfluß auf das Nutzungsverhalten der Zuschauer des Offenen Kanals haben.

6.1.1.1 *Das Alter*

Das durchschnittliche Alter der Befragten betrug im Untersuchungszeitraum 49,5 Jahre. Das Durchschnittsalter aller Einwohner des Sendegebiets des Offenen Kanals (ab 14 Jahre) beträgt 46,4 Jahre. Damit liegt das durchschnittliche Alter der von uns befragten Personen um etwas über drei Jahre höher.

Schaubild 1
Alter der Befragten

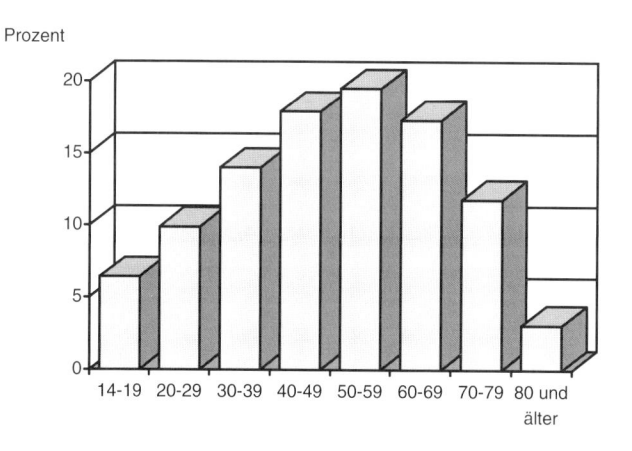

n=977

Die Altersgruppe der 50- bis 59jährigen ist mit 19,5 Prozent am stärksten vertreten (vgl. Schaubild 1). Es folgen mit abnehmendem Anteil die 40- bis 49jährigen (17,9 Prozent), die 60- bis 69jährigen (17,3 Prozent), die 30- bis 39jährigen (14,0 Prozent), die 70- bis 79jährigen (11,8 Prozent) und die 20- bis 29jährigen (10,0 Prozent). Die älteste (80 Jahre und älter) und die jüngste Altersgruppe (14 bis 19 Jahre) haben mit 3,1 Prozent und 6,4 Prozent den geringsten Anteil. Zu ihrem Alter wollten 23 der 1000 Befragten keine Angabe machen.

6.1.1.2 Das Geschlecht

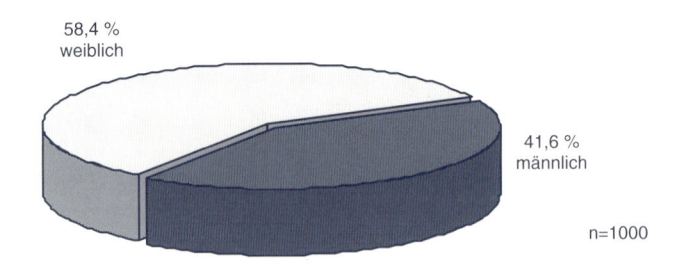

**Schaubild 2
Geschlecht der Befragten**

58,4 %
weiblich

41,6 %
männlich

n=1000

Die befragten Personen sind zu 58,4 Prozent weiblichen und zu 41,6 Prozent männlichen Geschlechts (vgl. Schaubild 2). Die Frauenquote ist - bezogen auf deren Anteil von 51,3 Prozent im Sendegebiet des Offenen Kanals [47] - hoch. Dabei muß allerdings berücksichtigt werden, daß sich der Frauenanteil von 51,3 Prozent auf die Gesamtbevölkerung des Ausstrahlungsgebietes des Offenen Kanals bezieht, wohingegen die Grundgesamtheit unserer Stichprobe nur die verkabelten Haushalte des Sendegebietes des Offenen Kanals erfaßt. Dennoch kann ein Erklärungsansatz für den höheren Frauenanteil an unserer Stichprobe gegeben werden: Der Prozentsatz der berufstätigen Frauen ist noch immer geringer als der der Männer[48], und somit war bei den alleinlebenden und bei den alleinerziehenden Personen eine bessere telefonische Erreichbarkeit der Frauen gegeben.

---

[47] vgl. Kapitel 9.1 Tabelle 2.
[48] Von den Erwerbstätigen waren im April 1996 in der Bundesrepublik Deutschland 57,55 Prozent männlich und 42,45 Prozent weiblich. Quelle: Statistisches Bundesamt, Wiesbaden.

6.1.1.3 Die Bildung

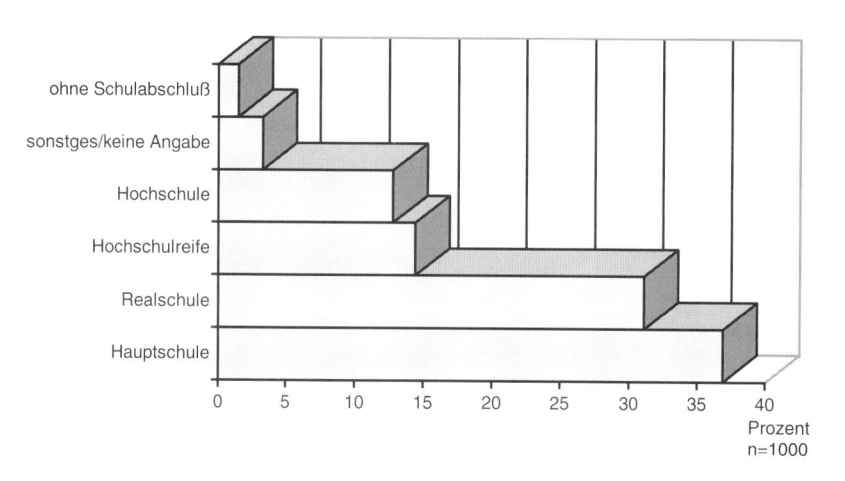

**Schaubild 3
Bildungsabschluß der Befragten**

(Balkendiagramm mit folgenden Kategorien und ungefähren Prozentwerten:
- ohne Schulabschluß
- sonstges/keine Angabe
- Hochschule
- Hochschulreife
- Realschule
- Hauptschule

x-Achse: 0 bis 40 Prozent, n=1000)

Zum Zeitpunkt der Telefonbefragung besaßen 36,9 Prozent der befragten Personen den Hauptschulabschluß[49]. Sie stellen damit die größte Bildungsgruppe innerhalb der Stichprobe dar. Den Realschulabschluß hatten 31,1 Prozent der Befragten erworben, 14,4 Prozent die Hochschulreife und 12,8 Prozent einen Hochschulabschluß. Ohne Schulabschluß waren zum genannten Zeitpunkt 1,5 Prozent der Personen unserer Stichprobe, 3,3 Prozent machten keine Angabe bzw. nannten sonstige Abschlüsse, die nicht eindeutig zugeordnet werden können. Bezogen auf die Bildungsstruktur der Stadt Kassel läßt sich feststellen, daß der Anteil der sogenannten höherwertigen Bildungsabschlüsse (Realschule, Hochschulreife, Hochschule) in der Stichprobe überrepräsentiert ist. Demgegenüber sind Personen mit Hauptschulabschluß in geringerer Zahl vertreten[50].

---

[49] Unter der Bezeichnung *Hauptschule* sind all die Personen zusammengefaßt, die den Volks- und Hauptschulabschluß besitzen; unter *Realschule* diejenigen, mit mittlerer Reife oder gleichwertigem Abschluß. Personen mit Fachhochschulreife oder Hochschulreife werden unter *Hochschulreife* geführt, die mit Fachhochschul- oder Hochschulabschluß unter *Hochschule*.
[50] Auf die Angabe von Vergleichszahlen wird an dieser Stelle verzichtet, da die Betrachtung der Bildungsstruktur der Stichprobe gegenüber der der Stadt Kassel in bezug auf die Räumlichkeit (Kassel und die sieben Umlandgemeinden - nur Stadt Kassel), auf die Altersgrenze (Stadt Kassel: nur bis 65 Jahre) und bezüglich der Aktualität der Daten nur bedingt aussagefähig ist.

Übersicht 1
Soziodemographie - Telefonbefragung
(Angaben in Prozent)

Alter (n=977)

Durchschnittsalter = 49,5 Jahre

14 bis 19 Jahre	6,4
20 bis 29 Jahre	10,0
30 bis 39 Jahre	14,0
40 bis 49 Jahre	17,9
50 bis 59 Jahre	19,5
60 bis 69 Jahre	17,3
70 bis 79 Jahre	11,8
80 Jahre und älter	3,1

Geschlecht (n=1000)

weiblich	58,4
männlich	41,6

Bildung (n=1000; recodiert)

kein Schulabschluß	1,5
Hauptschule	36,9
Realschule	31,1
Hochschulreife	14,4
Hochschule	12,8
sonstiges/keine Angabe	3,3

Familienstand (n=1000)

ledig	21,4
verheiratet	60,5
zusammenlebend	0,8
geschieden	6,1
verwitwet	10,6
keine Angabe	0,6

Im Haushalt der Befragten lebende Personen (n=1000)

1 Person	22,2
2 Personen	40,6
3 Personen	18,2
4 Personen	13,5
5 Personen	3,0
6 Personen	0,8
7 Personen	0,5
keine Angabe	1,2

Staatsangehörigkeit (n=1000)

deutsch	95,2
andere	4,4
keine Angabe	0,4

Erwerbstätigkeit (n=1000)

erwerbstätig	44,0
nicht erwerbstätig	54,8
keine Angabe	1,2

Erwerbstätige (n=440)

Auszubildende	3,3
Arbeiter	9,3
Facharbeiter	9,3
einfache/mittlere Angestellte/Beamte	52,7
leitende Angestellte/Beamte	7,5
Selbständige/Freiberufler	13,3
sonstiges	1,5
keine Angabe	3,1

Nicht Erwerbstätige (n=548)

Schüler/Umschüler/Studenten	13,6
Wehr-/Zivildienstleistende	0,5
Arbeitslose	6,6
Hausfrauen/-männer	22,9
Rentner	51,2
sonstiges	2,3
keine Angabe	2,9

6.1.1.4 Beziehung von Alter, Geschlecht und Bildung

Weitere charakteristische Merkmale der Stichprobe lassen sich ermitteln, wenn die Kernvariablen untereinander (vgl. Kapitel 9.1 Tabelle 1) in Verbindung gesetzt werden. Verfährt man auf diese Weise mit den demographischen Angaben Alter und Geschlecht, so ergeben sich allerdings keine signifikanten Besonderheiten.

Im Gegensatz dazu ergeben sich - erwartete - signifikante Auffälligkeiten ($p=0.000$) für die Kreuzung von Schul- oder Bildungsabschluß mit dem Alter der Befragten. Einen Hauptschulabschluß haben vor allem ältere Personen ab 50 Jahren: In diesen vier Altersgruppen (50 bis 59, 60 bis 69, 70 bis 79 und 80 Jahre und älter) liegt deren Anteil zwischen 43,3 Prozent und 49,7 Prozent, wohingegen der Anteil der Personen mit Realschulabschluß in diesen Altersgruppen nur zwischen 13,3 Prozent und 29,6 Prozent liegt. Bei den jüngeren Menschen ist der Hauptschüleranteil deutlich geringer. Besonders hervorzuheben ist die Altersgruppe der 20- bis 29jährigen, bei der die Hauptschüler nur zu 14,4 Prozent vertreten sind.

Der Anteil an Realschülern in den Altersgruppen der unter 50jährigen liegt zwischen 34,9 Prozent und 40,2 Prozent und somit deutlich höher als in den Altersgruppen der über 50jährigen. Personen mit Hochschulreife als höchstem Bildungsabschluß sind vor allem in der Altersgruppe der 20- bis 29jährigen stark vertreten (34,0 Prozent). Bei den 30- bis 39jährigen beträgt der Anteil noch 21,9 Prozent und liegt dann bei den folgenden Altersgruppen mit Ausnahme der 50- bis 59jährigen (nur 5,8 Prozent) um die 10 Prozent. Relativ konstant ist der Anteil der Personen mit einem Hochschulabschluß innerhalb der verschiedenen Altersgruppen: Er beträgt zwischen 11,2 Prozent und 16,2 Prozent; nur bei den über 80jährigen ist diese Gruppe mit 26,7 Prozent überdurchschnittlich stark vertreten. Hierbei ist allerdings zu berücksichtigen, daß die Altersgruppe der über 80jährigen von nur dreizehn Personen gebildet wird.

Auch bei der Kreuzung der Kernvariablen Bildung und Geschlecht ergeben sich eindeutige Signifikanzen ($p=0.000$): Innerhalb der Geschlechtergruppen sind die höchsten Bildungsabschlüsse (Hochschulreife, Hochschule) bei den Männern deutlich stärker vertreten. Liegt die Verteilung beim Bildungsabschluß Hauptschule noch auf gleichem Niveau (39,6 Prozent zu 38,2 Prozent), so sinkt der Männeranteil beim Realschulabschluß auf 25,1 Prozent, während der Frauenanteil mit 38,1 Prozent konstant bleibt. Dafür aber beträgt der Anteil derjenigen, die die Hochschulreife als höchsten Bildungsabschluß erworben haben, bei den Männern 16,5 Prozent zu 14,1 Prozent bei den Frauen, und der Anteil der Personen, die einen Hochschulabschluß besitzen, ist bei den Männern mit 18,8 Prozent fast doppelt so groß wie bei den Frauen mit 9,6 Prozent (vgl. Kapitel 9.1 Tabelle 1).

6.1.1.5 Der Familienstand

Verheiratete stellen mit 60,5 Prozent die größte Gruppe. Weitere 21,4 Prozent der Befragten waren zum Zeitpunkt der Befragung ledig, 10,6 Prozent verwitwet und 6,1 Prozent geschieden. Lediglich 0,8 Prozent der Personen unserer Stichprobe gaben an, zusammenlebend zu sein, 0,6 Prozent wollten keine Angaben zu ihrem Familienstand machen.

6.1.1.6 Die Haushaltsgröße

Die zu zweit lebenden Personen bilden mit 40,6 Prozent die stärkste Gruppe, gefolgt von den Alleinlebenden mit 22,2 Prozent. Als drittgrößte Gruppe innerhalb unserer Stichprobe sind diejenigen zu benennen, die zu dritt in einem Haushalt leben (18,2 Prozent). Mit zunehmender Anzahl der im Haushalt lebenden Personen nimmt deren Anteil an der Stichprobe ab (vier Personen: 13,5 Prozent, fünf Personen: 3,0 Prozent, sechs Personen: 0,8 Prozent, sieben Personen: 0,5 Prozent). Zu diesem soziodemographischen Aspekt gaben 1,2 Prozent der Befragten keine Auskunft.

6.1.1.7 Die Staatsangehörigkeit

Nur knapp jeder zwanzigste Befragte (4,4 Prozent) war zum Befragungszeitpunkt ausländischer Staatsbürger, 95,2 Prozent waren Deutsche. Vier Personen gaben zu ihrer Staatsangehörigkeit keine Auskunft. Im Sendegebiet des Offenen Kanals beträgt der Anteil der ausländischen Bürger 11,7 Prozent. Dabei ist allerdings zu bedenken, daß sich die 11,7 Prozent auf die gesamte Bevölkerung des Sendegebiets des Offenen Kanals beziehen, also auch - im Gegensatz zur Stichprobe - auf die nicht verkabelten Haushalte und auf die unter 14jährigen. Dennoch ist der deutlich geringere Anteil ausländischer Bürger an unserer Stichprobe auffällig.

Als wesentlicher Grund für diese Auffälligkeit sind Verständigungsschwierigkeiten zwischen zu Befragenden auf der einen und den Interviewern auf der anderen Seite anzusehen, die vornehmlich mit ausländischen Mitbürgern auftraten. So wurden die meisten der 30 abgebrochenen Interviews (vgl. Kapitel 5.2.6 „Die Durchführung") von seiten der Interviewer beendet, weil die deutschsprachliche

Kompetenz der zu Befragenden nicht für eine hinreichende Befragung ausreichte. Zudem mußten schon im Vorfeld eines Interviewversuches Telefonate abgebrochen werden, weil die Deutschkenntnisse der Angerufenen nicht ausreichten, um den Eingangstext für die Befragung (vgl. Kapitel 10.1 „Der Fragebogen zur Telefonbefragung") zu verstehen.

6.1.1.8 Die Erwerbstätigkeit

Von den 1.000 befragten Personen gaben 44,0 Prozent an, erwerbstätig zu sein, und 54,8 Prozent, nicht erwerbstätig zu sein; 1,2 Prozent wollten zu diesem soziodemographischen Aspekt keine Angabe machen. Ohne diese zwölf Personen ergibt sich eine Verteilung von 44,5 Prozent Erwerbstätigen und 55,5 Prozent nicht Erwerbstätigen. Damit liegt der Anteil der Erwerbstätigen unserer Stichprobe unter dem der Bundesrepublik[51], was sich aber wiederum hauptsächlich damit erklären läßt, daß es für die Interviewer bei der Gruppe der Alleinlebenden leichter war, nicht erwerbstätige Personen zu kontaktieren als erwerbstätige.

Die größte Gruppe innerhalb der 440 Erwerbstätigen stellen mit 52,7 Prozent die einfachen/mittleren Angestellten/Beamten, weitere 13,3 Prozent gaben an, selbständig bzw. freiberuflich tätig zu sein. Gleich stark vertreten sind Arbeiter und Facharbeiter mit jeweils 9,3 Prozent, und 7,5 Prozent der erwerbstätigen Personen gaben an, leitende Angestellte/Beamte zu sein. Zum Zeitpunkt der Telefonbefragung waren 3,3 Prozent der Erwerbstätigen Auszubildende, 1,5 Prozent gaben sonstige Tätigkeiten an, während 3,1 Prozent der Befragten zu diesem soziodemographischen Aspekt keine Angabe machen wollten.

Von den 548 nicht erwerbstätigen Personen sind die Rentner mit 51,2 Prozent die stärkste Gruppe, die Hausfrauen/Hausmänner haben mit 22,9 Prozent den zweitgrößten Anteil. Schüler/Umschüler/Studenten sind zu 13,6 Prozent an den nicht Erwerbstätigen vertreten, 6,6 Prozent waren zum Zeitpunkt der Telefonbefragung arbeitslos. Auf sonstige Angaben entfielen 2,3 Prozent der Nennungen; 0,5 Prozent gaben an, Zivil- oder Wehrdienstleistende zu sein, und 2,9 Prozent der Befragten wollten zu diesem Punkt keine Angabe machen.

Auffallend ist der geringe Prozentsatz an Arbeitslosen, denn deren Anteil von 6,6 Prozent an den nicht Erwerbstätigen, respektive 3,7 Prozent an der Stichprobe, liegt deutlich unter den Werten für die Stadt (17,4 Prozent) bzw. für die

---

[51] Der für die Bundesrepublik Deutschland geltende Vergleichswert für das Jahr 1996 beträgt 52,28 Prozent. Quelle: Statistisches Bundesamt, Wiesbaden.

Stadt und den Kreis Kassel (14,4 Prozent).[52] Hier liegt die Vermutung nahe, daß mehr als 3,7 Prozent der befragten Personen arbeitslos waren, jedoch den vermeintlichen 'Makel' Arbeitslosigkeit gegenüber den Interviewern nicht zugeben wollten.

Zusammenfassung: In der vorliegenden Stichprobe sind alle Altersgruppen vertreten. Frauen sind deutlich überrepräsentiert, der Hauptschulabschluß stellt die größte Bildungsgruppe dar. Je älter die Befragten sind, desto geringer ist der Bildungsgrad. Männer haben überwiegend einen höheren Schulabschluß. Die Altersverteilung bei den Geschlechtern ist ausgewogen.

6.1.2 Der Bekanntheitsgrad des Offenen Kanals

Die Bekanntheit des Offenen Kanals Kassel ist Indiz für den Erfolg des Mediums an sich, aber auch für die geleistete Öffentlichkeitsarbeit. Daher ist nicht nur von Interesse, bei wieviel Befragten der Offene Kanal Kassel bekannt ist, sondern auch, durch welche Informationsquellen sie auf ihn aufmerksam geworden sind.

Eine Betrachtung der Medienlandschaft im Kasseler Raum zeigt sehr schnell, daß die vorhandenen lokalen Informationsangebote für die Bürger sehr begrenzt sind. So gibt es nur eine einzige Tageszeitung vor Ort, die im gesamten nordhessischen Raum durch ihre Monopolstellung konkurrenzlos ist. Daneben gibt es einige kostenlos erscheinende Zeitschriften und Anzeigenblätter, die teils öffentlich ausliegen, teils in die Haushalte verteilt werden. Aufgrund dieser Medienstruktur ergeben sich auch für den Offenen Kanal Kassel nicht sehr viele Möglichkeiten, über verschiedene Printmedien eine breitere Öffentlichkeit zu erreichen.

Alle Interviewten wurden zunächst danach gefragt, ob sie schon einmal etwas vom Offenen Kanal Kassel gehört haben. Im Falle einer Zustimmung sollten mögliche Mißverständnisse durch eine Kontrollfrage ausgeräumt werden. Hier wurden die Befragten aufgefordert, den Offenen Kanal zu erklären, um beispielsweise Verwechslungen mit anderen Medien gleich zu Beginn des Gesprächs zu vermeiden. Darüber hinaus lieferten die Antworten Auskunft darüber, welche Informationen über den Offenen Kanal in der Bevölkerung bekannt sind.

Überraschenderweise zeigen die Ergebnisse, daß der Offene Kanal Kassel einen ausgesprochen hohen Bekanntheitsgrad in der Kasseler Bevölkerung genießt. Über 90 Prozent (90,4 Prozent) der von uns befragten Personen in verka-

---

[52] Stand: Ende Juli 1996. Quelle: Hessische Allgemeine, Nr. 181, 6.8.1996.

belten Haushalten haben schon einmal vom Offenen Kanal Kassel gehört und können auf Nachfrage erklären, was der Offene Kanal Kassel ist (vgl. Schaubild 4). Genannt werden in diesem Zusammenhang beispielsweise die kostenlose Beratung für Videoproduktionen, die Möglichkeit für jeden Bürger, Sendungen zu produzieren und auszustrahlen, und das Verbot von Werbung.

Schaubild 4
Bekanntheit des Offenen Kanals Kassel allgemein

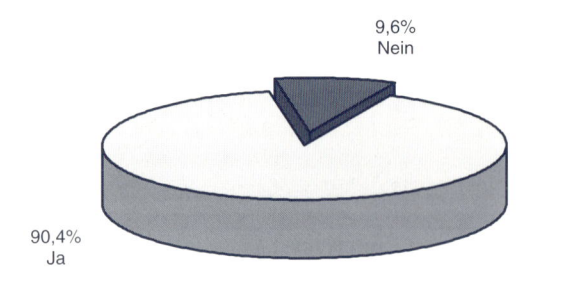

9,6% Nein

90,4% Ja

n=1000

Hinsichtlich soziodemographischer Merkmale ergeben sich hier zum Teil signifikante Unterschiede (vgl. Schaubild 5 und Kapitel 9.1 Tabelle 3): So ist der Bekanntheitsgrad des Offenen Kanals Kassel bei Männern (93,3 Prozent) leicht höher als bei Frauen (88,4 Prozent).

Schaubild 5
Bekanntheit des Offenen Kanals Kassel nach Geschlechtern

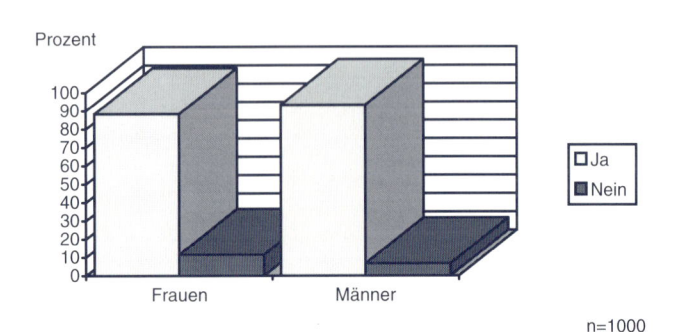

Prozent

Frauen   Männer

☐ Ja
■ Nein

n=1000

Abweichungen zeigen sich auch bei den einzelnen Bildungsgruppen (vgl. Schaubild 6). Der Offene Kanal ist insbesondere bei Personen mit Realschulabschluß (93,6 Prozent) und Abitur (94,4 Prozent) sehr bekannt, bei Hochschul- (89,8 Prozent) und Hauptschulabsolventen (88,1 Prozent) hingegen etwas weniger.

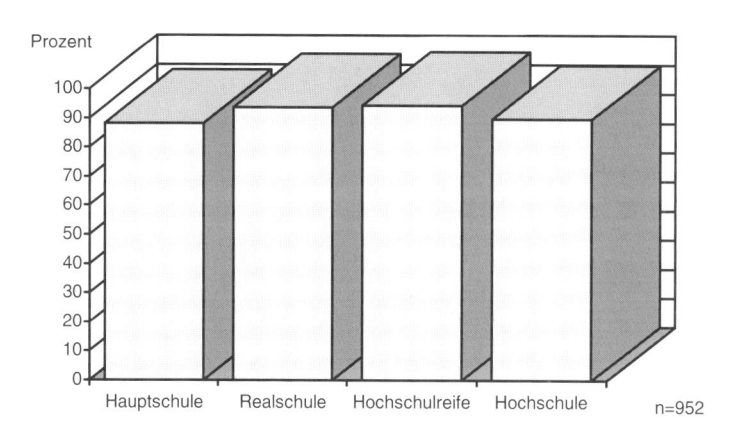

Schaubild 6
Bekanntheit des Offenen Kanals Kassel nach Bildungsgruppen

Auffällig ist, daß Erwerbstätige den Offenen Kanal in weitaus höherem Maß kennen. Die Differenz zu den nicht Erwerbstätigen beträgt knapp zehn Prozentpunkte. 95,7 Prozent der Erwerbstätigen kennen den Offenen Kanal, aber nur 85,7 Prozent der nicht Erwerbstätigen in den verkabelten Haushalten.

Ebenso spielt das Alter eine Rolle (vgl. Schaubild 7). Der Bekanntheitsgrad in den Altersgruppen von 30 bis 39 Jahren und von 40 bis 49 Jahren liegt mit 95,6 und 97,1 Prozent am höchsten und weicht deutlich vom Durchschnitt (90,9 Prozent) ab. Mit zunehmendem Alter (ab 50 Jahren) sinkt der Bekanntheitsgrad des Offenen Kanals bei den Befragten.

**Schaubild 7
Bekanntheit des Offenen Kanals Kassel nach Alter**

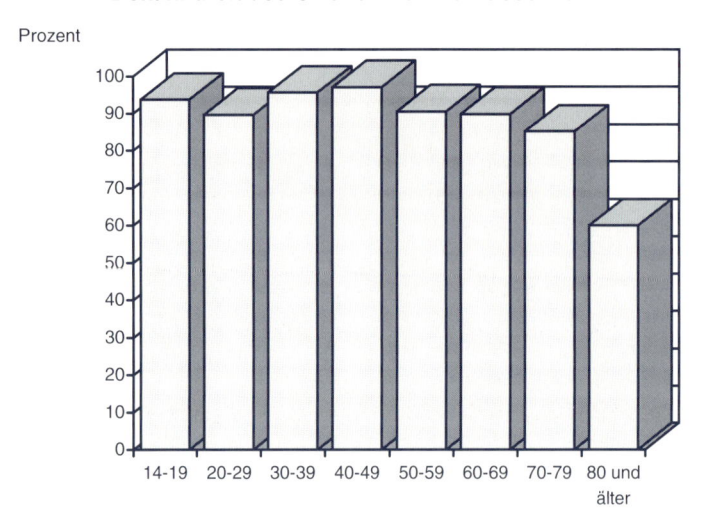

Prozent

[Balkendiagramm mit Altersgruppen: 14-19, 20-29, 30-39, 40-49, 50-59, 60-69, 70-79, 80 und älter; n=977]

Zusammenfassung: Trotz der geringen Werbemöglichkeiten, die der Offene Kanal Kassel innerhalb der lokalen Medienlandschaft hat, genießt er einen ausgesprochen hohen Bekanntheitsgrad in der Bevölkerung. Am bekanntesten ist der Offene Kanal eher bei Personen zwischen 30 und 49 Jahren: Bei Männern, Realschulabsolventen, Abiturienten und Erwerbstätigen. Er hat folglich ein Bekanntheitsdefizit bei jüngeren und älteren Mitbürgern sowie bei Frauen. Dies entspricht der Zusammensetzung der Nutzerschaft des Offenen Kanals. Hier kann ein Kausalzusammenhang zwischen dem nutzerspezifischen Angebot und der Rezipientenschaft angenommen werden. Wenn die defizitären Nutzergruppen verstärkt Sendungen produzierten, also dazu bewegt werden könnten, sich am Offenen Kanal zu beteiligen, würden möglicherweise Sendeformen und Themen präsentiert, die das spezifische Interesse genau dieser Rezipientengruppen wecken. Das könnte dazu führen, daß der Offene Kanal in diesen Gruppen bekannter würde, als er ohnehin schon ist.

6.1.3 Die Möglichkeiten der Kenntnisnahme

Für den Offenen Kanal bieten sich drei Möglichkeiten, eine breitere Öffentlichkeit zu erreichen. Zunächst einmal ist in diesem Zusammenhang das Programm des Offenen Kanals zu nennen. Im Untersuchungszeitraum, wie von Anfang an, sendet der Offene Kanal täglich, außerhalb seiner „Programmzeit", rund um die Uhr Informationstafeln. Sie geben Auskunft über die Regeln und Nutzungsbedingungen sowie kurze Hinweise auf die einzelnen Sendebeiträge. Von 18 bis 22 Uhr strahlt der Offenen Kanal Bürgerbeiträge aus und wiederholt sie ab 22 Uhr. Die gesamten Sendungen der Woche werden noch einmal am Wochenende wiederholt. Die Befragten haben also die Möglichkeit, sowohl durch gesendete Informationstafeln als auch durch das Bürgerprogramm selbst vom Offenen Kanal Kenntnis zu nehmen.

Die lokale Tagespresse ist ebenfalls Informationsträger für den Offenen Kanal. So erscheint seit 1992 im Lokalteil der Tageszeitung täglich das Programm des Offenen Kanals, seit Anfang 1996 mit einer kurzen Inhaltsangabe zu den einzelnen Sendebeiträgen. Darüber hinaus veröffentlichen lokale Zeitschriften Berichte über den Offenen Kanal, über Produzenten und Filmbeiträge (vgl. dazu auch Kapitel 3.6 „Die Öffentlichkeitsarbeit" und Kapitel 3.7 „Die Resonanz in den Medien").

Schließlich kann die interpersonelle Kommunikation bei der Kenntnisnahme des Lokalmediums Offener Kanal von Bedeutung sein. So wurden diese drei Möglichkeiten der Kenntnisnahme in die Antwortkategorien aufgenommen. Außerdem konnten die Befragten in einer vierten Kategorie andere Möglichkeiten der Kenntnisnahme nennen.

Wie die Analyse der Daten zeigt, sind die meisten Befragten (62,9 Prozent) beim Durchschalten auf den Offenen Kanal aufmerksam geworden (vgl. Kapitel 9.1 Tabelle 3). Angesichts der Auskünfte, die die Befragten zum Offenen Kanal geben konnten, muß sich der größte Teil der Befragten beim Lesen der Tafeln über den Offenen Kanal informiert haben (vgl. dazu auch Kapitel 3.6 „Die Öffentlichkeitsarbeit"). Insofern wirken das Programm und die Sendetafeln selbst als vorrangiges Werbeforum für den Offenen Kanal (vgl. Schaubild 8).

Daneben tragen die Tagespresse und andere lokale Printmedien (Anzeigenblätter u.ä.) zur Bekanntheit des Offenen Kanals bei. 51,0 Prozent haben in der Zeitung über den Offenen Kanal gelesen.

Die interpersonelle Kommunikation spielt darüber hinaus eine wesentliche Rolle, den Offenen Kanal in der Bevölkerung bekannt zu machen. So haben 35,7 Prozent durch andere Menschen vom Offenen Kanal gehört. Gerade für das lokale Medium Offener Kanal ist es also von Bedeutung, daß man über ihn spricht in der Stadt. Weitere 18,5 Prozent der Befragten gaben andere Informationsquellen an. Durch Personen, die in einer Sendung mitgewirkt haben, beim Einprogrammieren, durch Vereine und durch die Schule sind dabei die häufigsten Nennungen. Auch hier ist aus den Antworten zu schließen, daß interpersonelle Kommunikation für die Kenntnisnahme des Offenen Kanals eine Rolle spielt.

Schaubild 8
Kenntnisnahme des Offenen Kanals Kassel

durchgeschaltet

durch andere

Zeitung

andere Gründe

0 5 10 15 20 25 30 35 40 45 50 55 60 65
Prozent
n=904

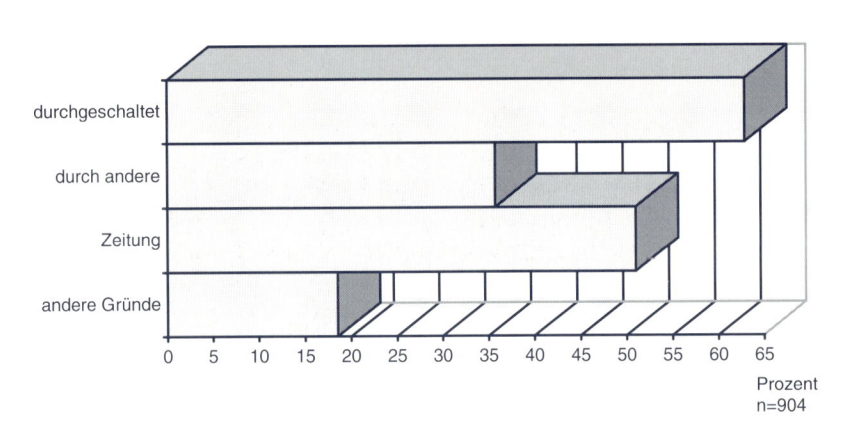

Auffälligkeiten ergeben sich auch hier, wenn man die Kenntnisnahme des Offenen Kanals in Beziehung zu soziodemographischen Aspekten setzt. Während alle Befragten beim Durchschalten gleichermaßen auf den Offenen Kanal Kassel aufmerksam wurden unabhängig von Geschlecht, Alter, Bildung und Beruf, zeigen sich hinsichtlich der Kenntnisnahme durch die Zeitung, durch andere Menschen und durch andere Möglichkeiten gravierende Unterschiede (vgl. Schaubilder 9 und 10).

Schaubild 9
Kenntnisnahme des Offenen Kanals Kassel nach Geschlecht

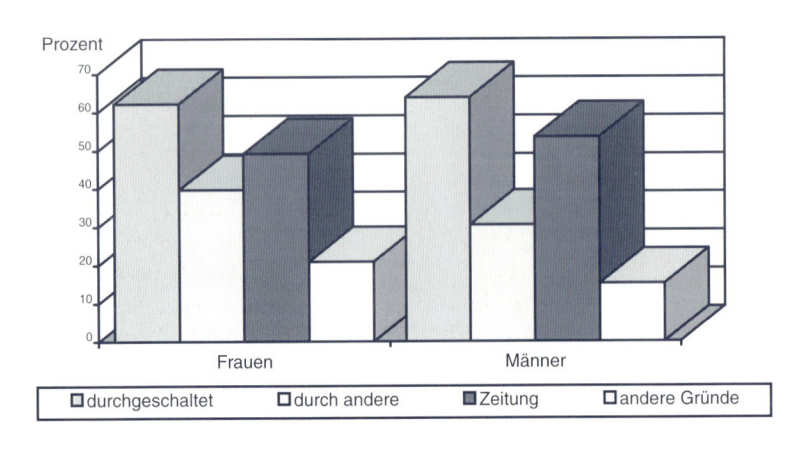

Prozent

Frauen   Männer

☐ durchgeschaltet   ☐ durch andere   ■ Zeitung   ☐ andere Gründe

n=904

78

Schaubild 10
Kenntnisnahme des Offenen Kanals Kassel nach Alter

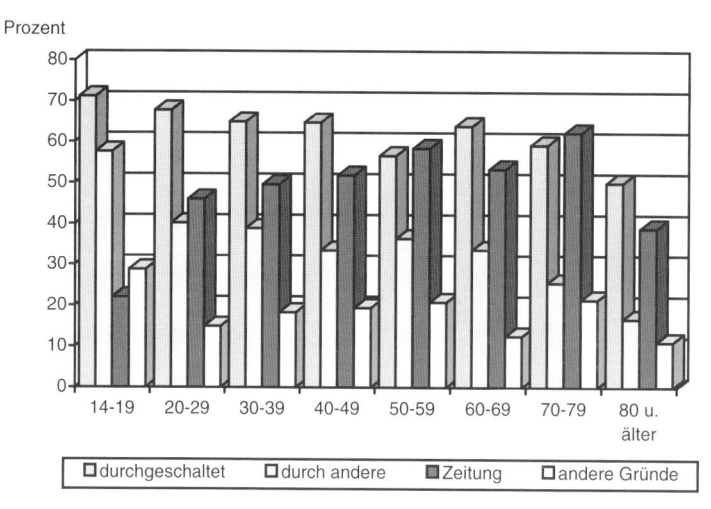

Prozent

[Balkendiagramm mit Altersgruppen 14-19, 20-29, 30-39, 40-49, 50-59, 60-69, 70-79, 80 u. älter; Kategorien: durchgeschaltet, durch andere, Zeitung, andere Gründe]

n=888

Hier zeigen sich ebenfalls Zusammenhänge zwischen den Angaben älterer Menschen (ab 50 Jahren), die ausgesprochen oft die Zeitung als Informationsquelle nannten, und Rentnern, die häufig durch die Zeitung vom Offenen Kanal erfuhren. Zugrunde gelegt werden kann, daß sich Menschen im Pensionsalter mehr durch die Zeitung als durch soziale Kontakte informieren. Dementsprechend sind sie auch in hohem Maß durch die Zeitung auf den Offenen Kanal aufmerksam geworden. Unterschiede ergeben sich, wenn man einerseits die hohe Prozentzahl der Hausfrauen (51,3 Prozent) betrachtet, die in der Zeitung vom Offenen Kanal gelesen haben, und andererseits die hohe Prozentzahl der Frauen, die durch andere Menschen auf den Offenen Kanal Kassel aufmerksam wurden. Da bei dieser Frage Mehrfachantworten möglich waren, mag das ein Erklärungsgrund sein.

Jüngere haben in deutlich höherem Maß durch andere Menschen vom Offenen Kanal Kassel gehört (57,6 Prozent bei den 14- bis 19jährigen und 40,2 Prozent bei den 20- bis 29jährigen) als ältere Befragte (ab 30 Jahren). Gespräche über den Offenen Kanal sind auch für Frauen von größerer Bedeutung. So liegt der Anteil der Frauen, die durch andere Menschen vom Offenen Kanal gehört haben, bei 39,7 Prozent, bei Männern hingegen nur bei 30,5 Prozent.

Interessante Unterschiede zeigen sich auch zwischen der Gruppe der Erwerbstätigen und der Gruppe der nicht Erwerbstätigen: Schüler und Studenten haben mit 56,5 Prozent in sehr hohem Maß das erste Mal durch andere Menschen vom Offenen Kanal Kassel gehört. Das korrespondiert mit den Angaben der 14- bis 29jährigen, die ebenfalls sehr häufig durch andere Menschen vom Offenen Kanal erfuhren. Dabei ist davon auszugehen, daß sich jüngere Menschen stärker durch persönliche Kontakte austauschen, daß Zeitungen erst mit steigendem Alter als Informationsquelle genutzt werden. Ebenso sind die Ergebnisse bei Schülern und Studenten auf größere soziale Kontakte dieser Gruppe zurückzuführen. Demgegenüber haben sehr wenige Arbeitslose (23,5 Prozent) und Rentner (28,1 Prozent) durch andere Menschen vom Offenen Kanal gehört. Angesichts der eher geringen sozialen Kontakte in diesen beiden Gruppen sind die Werte nicht überraschend.

Andere Gründe, wodurch sie auf den Offenen Kanal Kassel aufmerksam wurden, geben vorwiegend Frauen an (20,9 Prozent). Die Differenz zu den Angaben der Männer (15,2 Prozent) beträgt hier 5,7 Prozentpunkte.

Zusammenfassung: Der hohe Bekanntheitsgrad ist in erster Linie auf das Programmangebot des Offenen Kanals zurückzuführen: Der Offene Kanal wirkt und wirbt für sich selbst. So sind 62,9 Prozent beim Durchschalten durch die Programme auf den Offenen Kanal Kassel aufmerksam geworden. Daneben trägt die Tageszeitung bedeutend zur Bekanntheit des Offenen Kanals bei: 51 Prozent haben in der Zeitung oder in einer anderen Veröffentlichung zum ersten Mal über den Offenen Kanal Kassel gelesen. Eine weitere wesentliche Rolle spielen Gespräche unter Bürgern: Der Offene Kanal hat sich in der Stadt herumgesprochen; durch andere Menschen sind 35,7 Prozent auf den Offenen Kanal Kassel aufmerksam geworden.

Die allgemein altersbedingte Mediennutzung und das geschlechtsspezifische Sozialverhalten spiegeln sich auch in der Form des Kennenlernens wider: So sind ältere Menschen, Rentner und Hausfrauen besonders stark vertreten unter den Personen, die durch die Zeitung vom Offenen Kanal erfuhren. Jüngere Personen, Schüler, Studenten und Frauen sind demgegenüber sehr häufig in der Gruppe anzutreffen, die mit anderen Menschen über den Offenen Kanal sprechen und so auf ihn aufmerksam wurden. Der Bildungsabschluß hat keinen signifikanten Einfluß auf die Form der Kenntnisnahme des Offenen Kanals.

Diese Ergebnisse zeigen, daß durch eine gezielte Öffentlichkeitsarbeit bestimmte Zielgruppen konkret angesprochen werden können. Ist es geplant, ein Projekt oder bestimmte Aus- und Weiterbildungsmaßnahmen für ältere Menschen öffentlich bekannt zu machen, sollte auf eine Veröffentlichung in den lokalen Printmedien besonderer Wert gelegt werden. Dies trifft ebenso auf spezielle Angebote für Arbeitslose zu.

Maßnahmen und Projekte, die sich an jüngere Menschen oder auch speziell an Schüler, Studenten oder Auszubildende richten, sollten durch ausliegendes Schriftmaterial oder Informationsveranstaltungen beworben werden.

6.1.4   Die Rezeption der Sendungen

Nachfragen sowohl von den Produzenten im Offenen Kanal als auch von außenstehenden Personen richteten sich immer wieder auf die Einschaltquote des Offenen Kanals Kassel. Nun ist eine derartige Untersuchung nur im Rahmen einer von der Gesellschaft für Konsumforschung (GfK) durchgeführten Messung möglich. Um aber dennoch ein Bild davon zu bekommen, wie viele Menschen den Offenen Kanal einschalten und wie häufig er gesehen wird, werden entsprechende Fragen gestellt. Von den Personen, die den Offenen Kanal kennen, haben ihn 84,0 Prozent schon einmal eingeschaltet (vgl. Schaubild 11 und Kapitel 9.1 Tabelle 4). Das entspricht 75,9 Prozent aller Befragten in verkabelten Haushalten.

Schaubild 11
Nutzung des Offenen Kanals Kassel

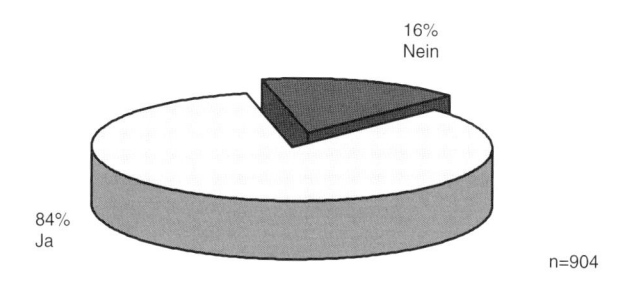

16%
Nein

84%
Ja

n=904

Deutlich mehr Männer als Frauen schalten den Offenen Kanal ein (90,4 Prozent gegenüber 79,1 Prozent). Diese Differenz von rund 11 Prozent ist höchst signifikant (p = 0.000) und deutet darauf hin, daß bei Männern ein größeres Interesse am Offenen Kanal vorhanden ist.

Schaubild 12
Geschlechtsspezifische Nutzung des Offenen Kanals Kassel

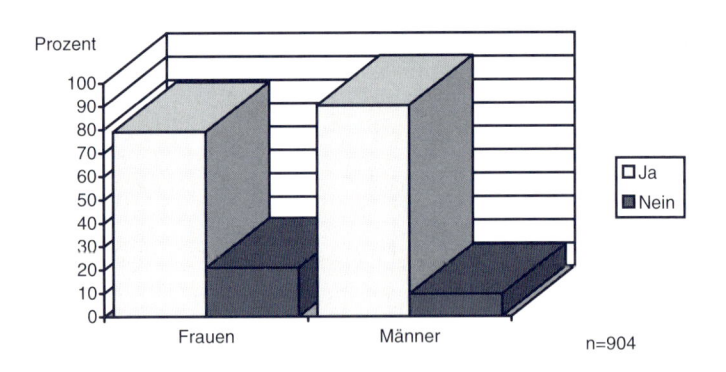

□ Ja
■ Nein

n=904

Hinsichtlich des Alters und der Bildung ergeben sich hier keine gravierenden Abweichungen:

Schaubild 13
Altersspezifische Nutzung des Offenen Kanals Kassel

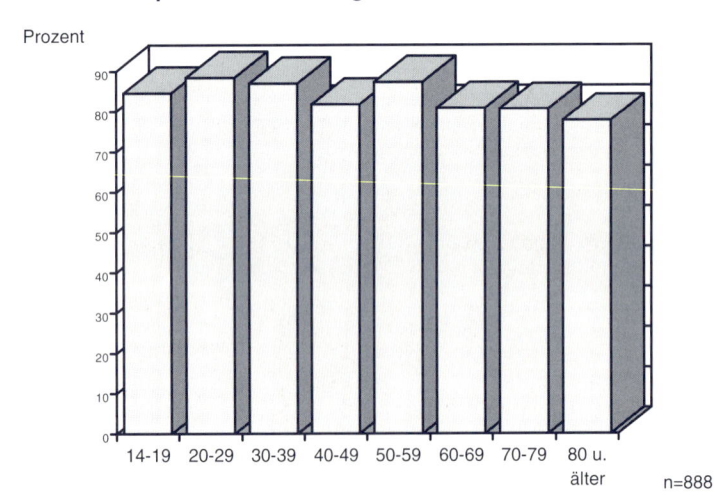

n=888

Schaubild 14
Nutzung des Offenen Kanals Kassel nach Bildungsabschluß

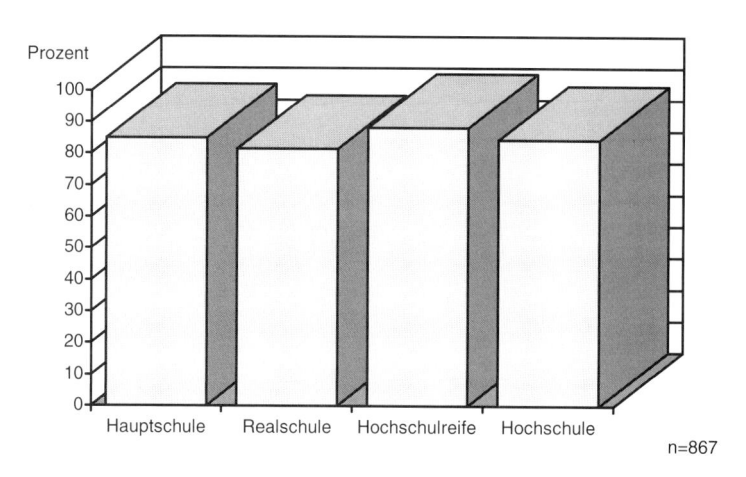

Hauptschule Realschule Hochschulreife Hochschule

n=867

Unterschiede zeigen sich erst, wenn man die Zuschauer hinsichtlich der Intensität ihrer Nutzung des Offenen Kanals differenziert (vgl. Schaubild 15 und Kapitel 9.1 Tabelle 4).

Hinsichtlich der Nutzungsintensität sollten die Befragten selbst einschätzen, wie oft sie den Offenen Kanal normalerweise sehen. Innerhalb von fünf Antwortkategorien, die von „täglich" bis zu „seltener als einmal im Monat" reichten, konnten die Befragten eine Einordnung vornehmen.

Schaubild 15
Nutzungsintensität des Offenen Kanals Kassel

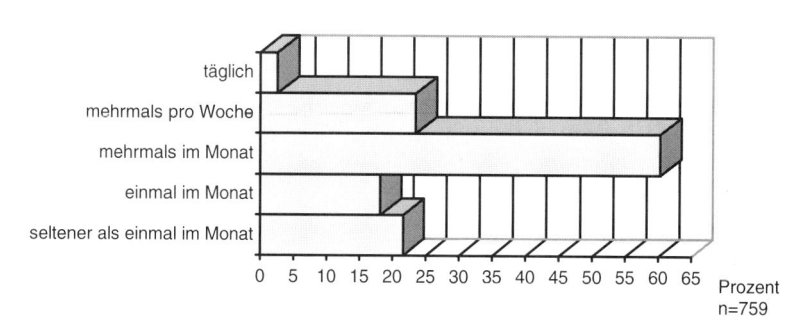

n=759

60,3 Prozent der Zuschauer sehen den Offenen Kanal mehrmals im Monat oder häufiger. Zu den Vielsehern[53], also zu den Personen, die den Offenen Kanal mehrmals pro Woche oder täglich einschalten, zählen 23,5 Prozent. 2,6 Prozent sehen ihn täglich. Die Zahl der Wenigseher bzw. der Personen, die den Offenen Kanal einmal im Monat oder seltener einschalten, beträgt 39,7 Prozent. 18,1 Prozent sehen ihn einmal im Monat, und 21,6 Prozent sehen ihn seltener. Die meisten Zuschauer schalten den Offenen Kanal normalerweise mehrmals im Monat (36,8 Prozent) ein, das heißt durchschnittlich oft (vgl. Schaubild 15).

Abweichungen ergeben sich hinsichtlich des Geschlechts und der Bildung (vgl. Schaubilder 16 und 17).

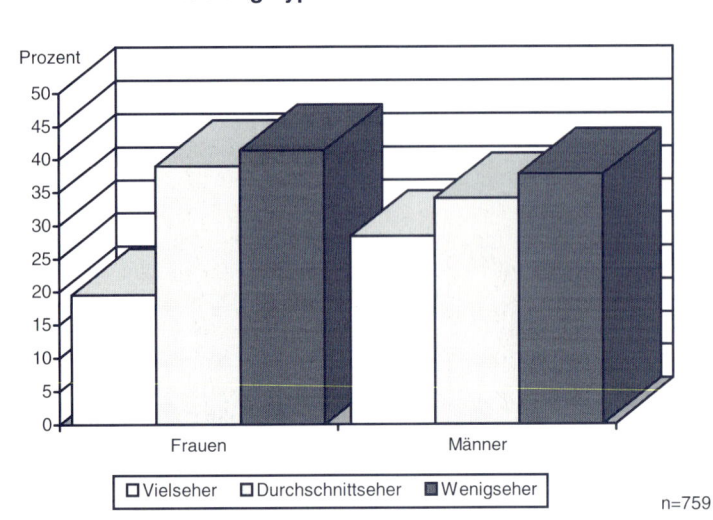

Schaubild 16
Nutzungstypen nach Geschlecht

Zuschauer des Offenen Kanals sind eher unter den Männern zu finden als unter den Frauen (vgl. Kapitel 9.1 Tabelle 4). Hinzu kommt, daß Männer den Offenen Kanal signifikant häufiger sehen. Bei den Männern ist der Anteil der Vielseher mit 28,3 Prozent deutlich größer als der Anteil der Frauen mit 19,6 Prozent. Etwa 8 Prozent mehr Männer als Frauen sehen den Offenen Kanal also täglich

---

[53] Unter dem Begriff „Vielseher" sind Personen subsumiert, die den Offenen Kanal Kassel „normalerweise täglich" oder „normalerweise mehrmals pro Woche" sehen. Als „Durchschnittseher" werden im folgenden Befragte bezeichnet, die den Offenen Kanal „normalerweise mehrmals im Monat" sehen. Unter der Kategorie „Wenigseher" sind alle Personen zusammengefaßt, die den Offenen Kanal „normalerweise einmal im Monat" oder „seltener" sehen.

oder mehrmals in der Woche. Zu den Durchschnitt- und Wenigsehern hingegen gehören in höherem Maße Frauen (Durchschnittseher: 39,0 Prozent vs. 34,2 Prozent; Wenigseher: 41,4 Prozent vs. 37,7 Prozent).

Auch zwischen dem Bildungsstand und der Nutzungsintensität ist ein Zusammenhang festzustellen (vgl. Kapitel 9.1. Tabelle 4): Je höher die Bildung, desto seltener sehen die Befragten den Offenen Kanal. Akademiker schalten am häufigsten einmal im Monat ein (42,3 Prozent). Während 27,3 Prozent der Hauptschulabsolventen zu den Vielsehern zählen, sind es bei den Akademikern lediglich 19,6 Prozent und bei Abiturienten gar nur 18,4 Prozent. Demgegenüber zählen 48,3 Prozent der Befragten mit Hochschulreife zu den Wenigsehern.

**Schaubild 17
Nutzungstypen nach Bildung**

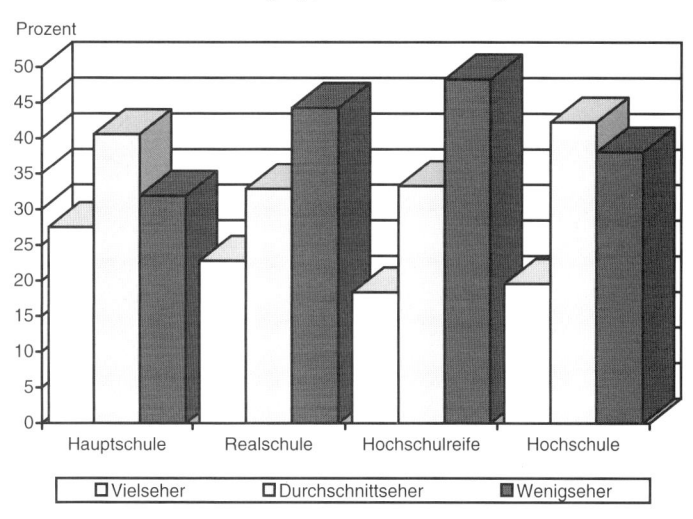

n=730

Hinsichtlich des Alters und der Intensität der Nutzung des Offenen Kanals ergeben sich keine Auffälligkeiten.

Schaubild 18
Nutzungstypen nach Altersgruppen

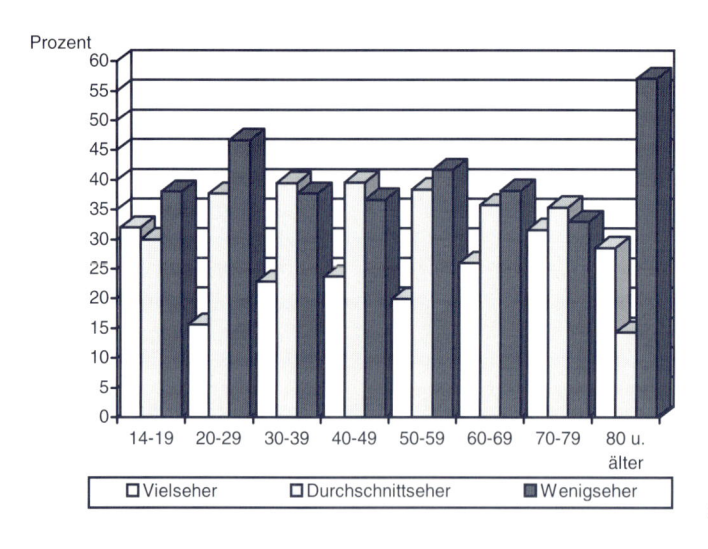

Prozent

[Balkendiagramm: Altersgruppen 14-19, 20-29, 30-39, 40-49, 50-59, 60-69, 70-79, 80 u. älter; Kategorien: Vielseher, Durchschnittseher, Wenigseher]

n=748

Zusammenfassung: Grundsätzlich gibt es keinen „typischen Zuschauer" des Offenen Kanals. Gesehen wird der Offene Kanal von einem breiten Publikum unabhängig von Alter, Bildung, Beruf und Geschlecht. 84 Prozent haben den Offenen Kanal schon einmal eingeschaltet. Allerdings lassen sich folgende Tendenzen hinsichtlich der Intensität der Nutzung feststellen:

- Männer schalten den Offenen Kanal eher ein und sehen ihn auch häufiger als Frauen.
- Mit zunehmendem Bildungsabschluß nimmt die Nutzung des Offenen Kanals ab. Dies deckt sich allerdings mit der habitualisierten allgemeinen Fernsehnutzung in der Bevölkerung. Mit zunehmender Bildung nimmt die Reichweite des Fernsehens grundsätzlich ab.[54]

Zu den Vielsehern zählen insgesamt 23,5 Prozent, zu den Durchschnittsehern 36,8 Prozent und zu den Wenigsehern 39,7 Prozent.

---

[54] vgl. Kiefer, Marie-Luise: Massenkommunikation 1995. In: Media Perspektiven 5/1996, S. 234 - 248.

6.1.5 Die Motive, den Offenen Kanal einzuschalten

Welche Gründe gibt es für die Befragten, den Offenen Kanal einzuschalten? Der Offene Kanal ist Bürgerfernsehen, das Programm wird nicht von professionellen Journalisten, Schauspielern, Moderatoren und Redakteuren gestaltet, sondern von Laien. Das technische Equipment liegt unter dem Standard der „großen" Rundfunkstudios. Dementsprechend sind auch die Sendungen in ihrer Ton- und Bildqualität nicht immer so deutlich und scharf wie im gewohnten Fernsehprogramm. Nutzer, die sich als Moderatoren, Schauspieler und Medientechniker gebaren, haben eine ganz andere Herangehensweise an die Produktion von Sendungen als ihre Berufskollegen. Alles, was entsteht, basiert vorwiegend auf der Aneignung von Kenntnissen und Fertigkeiten durch Probieren, Wiederholen, Andersmachen und nochmal Probieren.

Darin liegen - und dieser Vergleich muß gezogen werden, weil der Offene Kanal ein Programm unter vielen anderen ist, weil er ein Medium innerhalb der lokalen Medien ist - Vor- und Nachteile. Sendungen im Offenen Kanal Kassel bekommen dadurch eine andere, eine eigene Note. Dementsprechend muß sich bei den Zuschauern auch eine andere, eine besondere Motivation einstellen, dieses Programm zu sehen. Diese Motive sollten mit einem Fragenkatalog erfaßt werden. Die Antwortmöglichkeiten orientieren sich an spezifischen Aspekten, die den Offenen Kanal ausmachen - und die sich zum Teil auch in den Regeln und Richtlinien für Offene Kanäle niedergeschlagen haben (vgl. Schaubild 19).

- Zum einen ist der Offene Kanal ein *lokales Programm*. Das heißt, er kann nur in Kassel und in den sieben Umlandgemeinden empfangen werden. Sendeberechtigt sind nur Personen, die im Sendegebiet des Offenen Kanals leben. Ob der lokale Bezug für die Zuschauer eine Rolle spielt bei der Auswahl des Programms, sollte anhand der Antwortkategorie „Ich möchte ein Programm aus Kassel für Kassel sehen" geprüft werden.

- Der zweite Aspekt ist der eines Programms, das von Laien gestaltet wird. Die Produzenten sind Privatpersonen, ganz normale Bürger aus Kassel. *Jeder Bürger kann senden*. Der Zugang für „gesetzliche Vertreter oder Bedienstete von Rundfunkveranstaltern und Rundfunkanstalten, staatliche und kommunale Behörden und Mitglieder ihrer Organe sowie politische Parteien und Wählergruppen" ist nicht erlaubt.[55] Inwieweit das ein Beweggrund für die Nutzung des Programms ist, sollte sich anhand der Antwortkategorie

---

[55] Gesetz über den privaten Rundfunk in Hessen in der Fassung vom 25. Januar 1995: Sechster Abschnitt „Offener Kanal und nichtkommerzieller lokaler Hörfunk", § 39 Abs.1 (Nutzungsbedingungen); vgl. Kapitel 11 „Die rechtlichen Grundlagen".

zeigen: „Ich möchte ein Programm sehen, das von Menschen wie du und ich gemacht ist."

- Schließlich wurde danach gefragt, ob Zuschauer Interesse haben, selbst *in das Programmgeschehen einzusteigen* („Ich möchte mich an Sendungen beteiligen"), oder ob sie Produzenten sind („Ich bin selbst Produzent von Sendebeiträgen"). Für beide Gruppen gab es darüber hinaus die Antwortmöglichkeit „Ich möchte Anregungen für eigene Sendungen bekommen."

- Ein Ziel Offener Kanäle ist es, den Zuschauer zum Wechsel aus seiner passiven Konsumentenrolle in die aktive Produzentenrolle zu bewegen. Und sicherlich ist bei den Zuschauern ein zusätzliches Nutzerpotential vorhanden. Konkret ging es um die Frage, ob Sendungen im Offenen Kanal dazu *animieren, selbst zu produzieren*. Ausgangsüberlegung dabei war: Wenn jemand den Offenen Kanal einschaltet, um sich an Sendungen telefonisch oder auf anderem Wege zu beteiligen, dann deutet das auch auf eine hohe Aktionsbereitschaft hin. Und es bestätigt das Vorhaben, die Trennlinie zwischen Konsument und Produzent aufzuheben und hier einen fließenden Übergang zu schaffen.

- Über die Teilnahme am Fernsehen hinaus zielt die Antwortmöglichkeit „Ich schalte den Offenen Kanal ein, weil ich jemanden kenne, der bei Sendungen mitmacht." Der Offene Kanal könnte sich hier in seiner Spezifität beweisen, weil er eine Verflechtung zwischen den an Sendungen Beteiligten und den Zuschauern schafft. Der *persönliche Bezug* ist also hierbei von Bedeutung - eine Beziehung, wie sie im professionellen Bereich fast undenkbar ist.

Die Sendungen des Offenen Kanals stehen schließlich in einer weiteren Antwortkategorie im Mittelpunkt der Motivationsanalyse. Die Zuschauer wurden gefragt, ob sie eine bestimmte Sendung oder Sendereihe im Offenen Kanal gerne sehen. Die populärsten Sendungen des Offenen Kanals sollten hierdurch näher bestimmt werden. Verknüpft damit ist die Vermutung, daß Zuschauer die Sendungen gezielt auswählen und konzentriert schauen.

Schaubild 19
Motive zur Nutzung des Offenen Kanals Kassel

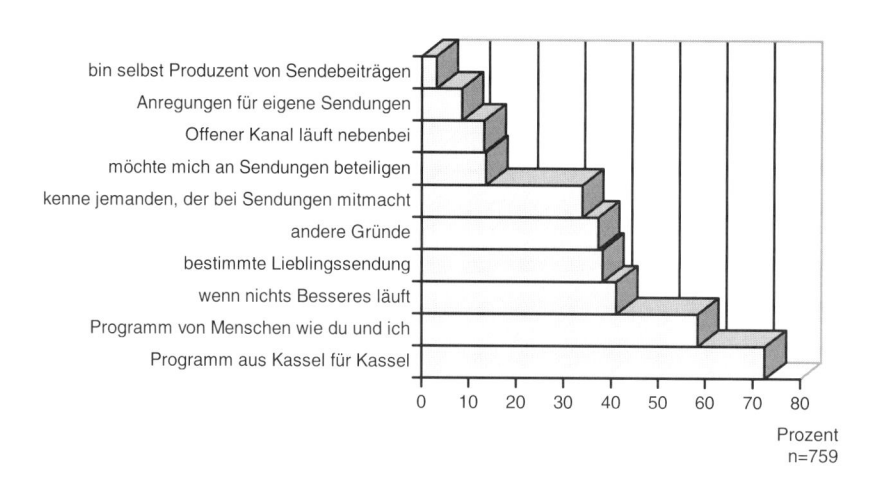

- bin selbst Produzent von Sendebeiträgen
- Anregungen für eigene Sendungen
- Offener Kanal läuft nebenbei
- möchte mich an Sendungen beteiligen
- kenne jemanden, der bei Sendungen mitmacht
- andere Gründe
- bestimmte Lieblingssendung
- wenn nichts Besseres läuft
- Programm von Menschen wie du und ich
- Programm aus Kassel für Kassel

0   10   20   30   40   50   60   70   80
Prozent
n=759

Die gegenteilige Annahme manifestiert sich in den Antwortkategorien: Ich schalte den Offenen Kanal ein, „wenn auf den anderen Programmen nichts Besseres läuft", und „ich lasse den Offenen Kanal nebenbei laufen."

Die Tatsache, daß es sich beim Offenen Kanal um ein lokales Medium handelt, ist für die Nutzung von zentraler Bedeutung (vgl. Kapitel 9.1 Tabellen 5 bis 8). Knapp drei Viertel (72,5 Prozent) der Zuschauer schalten den Offenen Kanal ein, weil sie „ein Programm aus Kassel für Kassel" sehen möchten. Dieser Grund wird mit steigendem Alter häufiger genannt und ist für 14- bis 19jährige fast unbedeutend.

Die persönliche, unprofessionelle Form des Programms („ein Programm von Menschen wie du und ich") wird von 58,4 Prozent der Befragten besonders geschätzt. Frauen nennen dieses Motiv weitaus häufiger als Männer (64,5 Prozent Frauen gegenüber 51,4 Prozent Männer). Ihnen ist offensichtlich die persönliche Programmgestaltung wichtig. Mit steigendem Bildungsabschluß sinkt das Interesse an einem „Programm von Menschen wie du und ich" kontinuierlich ab. So sagen nur 46,4 Prozent der Akademiker, daß sie den Offenen Kanal aus diesem Grund einschalten. Bei den Hauptschülern hingegen ist die Anzahl der Nennungen am höchsten (66,3 Prozent).

Wenn auf den anderen Programmen nichts Besseres läuft, schalten immerhin 41,1 Prozent den Offenen Kanal ein. Damit ist dieses Motiv auf Rang drei zu finden. Am häufigsten sind hier die 14- bis 19jährigen vertreten (62,0 Prozent), am seltensten die 40- bis 49jährigen. Diese Verteilung bei den Altersgruppen korrespondiert mit den häufigen Nennungen bei Auszubildenden (73,1 Prozent) und den geringen Nennungen bei leitenden Angestellten (28,0 Prozent). Es läßt den Schluß zu, daß leitende Angestellte gezielt das Programm des Offenen Kanals auswählen, während gerade Jugendliche quasi „aus der Not" auf den Offenen Kanal umschalten. Die anderen Altersgruppen bewegen sich dazwischen.

Mehr als ein Drittel der Zuschauer (38,2 Prozent) schalten den Offenen Kanal ein, weil sie eine bestimmte Sendung gerne sehen. Mit steigendem Alter schalten die Befragten den Offenen Kanal eher ein, weil sie eine bestimmte Sendung gerne sehen. Daraus läßt sich wieder auf eine gezielte Auswahl des Programms schließen. Konkret den Titel der von ihnen jeweils gern gesehenen Sendung benennen konnten 40,3 Prozent der Zuschauer. Alle anderen gaben Themen- und Genrebezeichnungen an. Die Antworten wurden zunächst in neun thematisch gegliederte Hauptgruppen zusammengefaßt. Im weiteren entstand eine „Hitliste" der beliebtesten Sendungen bei den Zuschauern. Hier rangiert die Sendung mit dem Kasseler Oberbürgermeister als Gesprächsgast „OB Live - Das aktuelle Stadtgespräch" mit Abstand (11,9 Prozent) an erster Stelle, gefolgt von der Informationssendung „Medizin transparent" (5,1 Prozent). An dritter Stelle stehen das „Eishockey-Magazin" und fremd- oder zweisprachige Sendungen (2,4 Prozent bzw. 2,1 Prozent).

Letzteres ist ein ausgesprochen interessantes Ergebnis für den Offenen Kanal Kassel. Es zeigt, daß die Produktionen ausländischer Produzenten beim Publikum gut ankommen, und widerlegt gleichzeitig die Kritik an "ausländischen" Sendungen im Offenen Kanal. Offensichtlich ist hier doch ein Publikumsinteresse vorhanden. In diesem Zusammenhang sei noch einmal daran erinnert, daß der Anteil der Nichtdeutschen an den 1.000 Befragten nur 4,4 Prozent beträgt.

Auch der persönliche Kontakt zu Produzenten oder an Sendungen beteiligten Personen ist für die Nutzung des Programms von Bedeutung. Immerhin kennt ein Drittel (33,9 Prozent) der Zuschauer jemanden, der bei Sendungen mitmacht.

13,3 Prozent der Zuschauer möchten sich an Sendungen beteiligen und schalten deshalb den Offenen Kanal ein. Das ist eine erstaunlich hohe Zahl. Insofern kann man annehmen, daß hier ein zusätzliches Nutzerpotential in der Bevölkerung schlummert. Es deutet darauf hin, daß das Produktions- und Nutzervolumen des Offenen Kanals Kassel bei weitem noch nicht ausgeschöpft ist. Besonders ausgeprägt ist dieser Wunsch in den Altersgruppen zwischen 14 und 39 Jahren.

Männer möchten sich eher an Sendungen beteiligen als Frauen (16,6 Prozent und 11,3 Prozent). Da der öffentliche Raum traditionell stärker den Männern vorbehalten ist und von ihnen genutzt wird, mag das ein Grund sein, warum Frauen dieses Motiv weniger angeben.

Ein kleine Gruppe der befragten Zuschauer produziert selbst im Offenen Kanal (3,2 Prozent). Sehr hoch ist darunter die Zahl der 14- bis 19jährigen mit 12,0 Prozent. An zweiter Stelle rangiert hier die Gruppe der 30- bis 39jährigen mit 6,1 Prozent. Diese Werte sind allerdings nicht signifikant.

Weitere 13,3 Prozent lassen den Offenen Kanal nebenbei laufen. Bei dieser Gruppe zeigen sich keine Unterschiede hinsichtlich der Soziodemographie.

Zusammenfassung: Die Motive, den Offenen Kanal Kassel einzuschalten, divergieren stark zwischen den verschiedenen Alters-, Bildungs- und Berufsgruppen und dem Geschlecht der befragten Zuschauer. „Ein Programm aus Kassel für Kassel" möchten die meisten Zuschauer sehen (72,5 Prozent). Mit steigendem Alter der Zuschauer gewinnt dieses Motiv größere Bedeutung dafür, den Offenen Kanal einzuschalten. Besonders Nichterwerbstätige, vor allem Rentner und Hausfrauen, geben diesen Grund am häufigsten an.

An zweiter Stelle rangiert die Antwort „Ich möchte ein Programm sehen, das von Menschen wie du und ich gemacht ist" (58,4 Prozent). Dieses Motiv trifft ausgesprochen oft für Frauen und Hauptschulabsolventen zu.

„Weil auf den anderen Programmen nichts Besseres läuft", nehmen ebenfalls viele Befragte zum Anlaß, den Offenen Kanal einzuschalten (41,1 Prozent). Die Gruppe der 14- bis 19jährigen und der Auszubildenden ist hier besonders stark vertreten.

Über ein Drittel der Zuschauer (38,2 Prozent) gibt an, eine bestimmte Sendung im Offenen Kanal gerne zu sehen. Mit zunehmendem Alter spielt dieser Grund eine gewichtigere Rolle.

Hervorzuheben ist, daß sich weitere 13,7 Prozent an Sendungen beteiligen möchten. Darunter befinden sich besonders Männer, Schüler, Studenten und Arbeitslose. Ausgeprägt ist dieser Wunsch in den jüngeren und mittleren Altersgruppen zwischen 14 und 49 Jahren, nimmt mit zunehmendem Alter ab, schnellt aber erneut bei den 60- bis 69jährigen in die Höhe (vgl. Kapitel 9.1 Tabellen 5 bis 8).

6.1.6 Die Gründe, den Offenen Kanal nicht einzuschalten

Neben dem Untersuchungsinteresse hinsichtlich der Nutzungsmotive war es von Interesse zu erfahren, warum der Offene Kanal nicht eingeschaltet wird[56]. Daher wurden die Personen, die den Offenen Kanal kennen, aber nicht einschalten, nach ihren Gründen hierfür gefragt.

Der häufigste Grund, den Offenen Kanal nicht einzuschalten, ist in einem Informationsdefizit zu sehen. Über die Hälfte der Nichtnutzer wissen zu wenig über den Offenen Kanal (52,4 Prozent) und schalten ihn daher nicht ein (vgl. Schaubild 20 und Kapitel 9.1 Tabellen 9 und 10). Bei 29,7 Prozent ist der Offene Kanal nicht im Fernsehgerät einprogrammiert. Explizit negative Kritik üben 25,5 Prozent der Nichtnutzer, indem sie angeben, daß sie das Programm des Offenen Kanals von vornherein als uninteressant einschätzen. Insbesondere Männer (45,9 Prozent) finden die Sendungen im Vergleich zu Frauen (18,5 Prozent) uninteressant. Allerdings sind die Frauen schlechter über das Programm informiert (39,3 Prozent) als die Männer (32,4 Prozent).

Von den 76 Befragten, die zu wenig über den Offenen Kanal wissen, geben trotz dieses Informationsdefizits 14,5 Prozent an, daß sie die Sendungen des Offenen Kanals uninteressant finden. Hier scheinen Vorurteile vorhanden zu sein, die insbesondere durch das Informationsdefizit entstehen. Wenn hingegen Nichtnutzer über den Offenen Kanal informiert sind, geben immerhin 39,1 Prozent an, daß sie die Sendungen uninteressant finden. Dem sich hier offenbar gewordenen Informationsdefizit kann durch intensivere Öffentlichkeitsarbeit entgegengewirkt werden. Ebenso sollte versucht werden, die informierte Gruppe der Nichtnutzer durch eine qualitativ bessere Öffentlichkeitsarbeit zu informieren.

Insgesamt zeigen die Daten, daß der Offene Kanal in den meisten Fällen aus Unkenntnis nicht eingeschaltet wird, selten aber aus Desinteresse oder Abneigung gegenüber den Sendungen.

Schaubild 20
Motive zur Nichtnutzung des Offenen Kanals Kassel

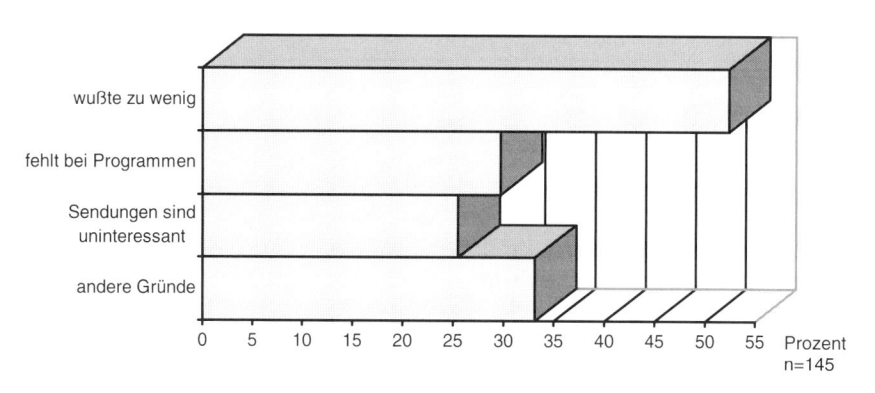

```
wußte zu wenig      |████████████████████████████████████████████████|
fehlt bei Programmen|██████████████████████|
Sendungen sind      |██████████████|
uninteressant
andere Gründe       |████████|
                    0   5  10  15  20  25  30  35  40  45  50  55   Prozent
                                                                    n=145
```

Zusammenfassung: Der Hauptgrund, den Offenen Kanal nicht einzuschalten, ist ein Mangel an Information. 52,4 Prozent von 145 Personen, die den Offenen Kanal kennen, aber nicht einschalten, geben dies als Hauptmotiv an.

6.1.7 Das sonstige Mediennutzungsverhalten

Neben dem Erkenntnisinteresse daran, wie intensiv der Offene Kanal als Fernsehprogramm genutzt wird, ist natürlich wichtig zu erfahren, wie sich die allgemeine Mediennutzung der Befragten darstellt. Im Mittelpunkt stand dabei vor allem, welche Programme neben dem Offenen Kanal gesehen werden.

Von den 1.000 befragten Personen haben 62,5 Prozent am Tag vor der Befragung ferngesehen. 80,5 Prozent dieses Fernsehpublikums haben zwischen 19.00 und 21.00 Uhr, 73,7 Prozent zwischen 21.00 und 23.00 Uhr ferngesehen (vgl. Kapitel 9.1 Tabellen 11 bis 16).

Insofern korrespondiert die Sendezeit des Offenen Kanals (18.00 bis 22.00 Uhr) mit der Hauptnutzungszeit der Befragten.

Zu den meistgenutzten Programmen zählen die öffentlich-rechtlichen Sender ARD (26,1 Prozent) und ZDF (23,1 Prozent). Im weiteren Verlauf folgen RTL (17,0 Prozent), SAT.1 (14,7 Prozent) und all die anderen Programme mit entsprechend niedrigerer Rate. Der Offene Kanal wurde von 2,4 Prozent aller Be-

---

[56] Die Zahl der Nennungen ist hier sehr gering. Die Zahl derer, die den Offenen Kanal kennen und nicht einschalten, umfaßt 145 von 1.000 Befragten.

fragten am Vortag genutzt. Die Nutzungszeit lag bei allen Personen, die am Vortag der Befragung den Offenen Kanal gesehen haben, in der Sendezeit des Offenen Kanals, so daß davon ausgegangen werden kann, daß die Befragten auch tatsächlich Sendungen gesehen haben und nicht die Informationstafeln des Offenen Kanals.

6.2 Die Haushaltsbefragung

6.2.1 Die Beschreibung der Stichprobe

Die soziodemographische Beschreibung der 100 Personen umfassenden Fallstudie der Face-to-Face-Befragung wird im Vergleich zu der Beschreibung der Stichprobe der Telefonbefragung deutlich kürzer gehalten, da die Face-to-Face-Befragung in Form einer Fallstudie durchgeführt wurde (vgl. Kapitel 5.3.2 „Die Methode") und somit nicht den Anspruch auf Repräsentativität erhebt (vgl. Übersichten 2 und 3 nach Kapitel 6.2.1.3).

6.2.1.1 Das Alter

Das durchschnittliche Alter der 100 Befragten betrug im Untersuchungszeitraum der Telefonbefragung 46,3 Jahre und liegt damit um 3,2 Jahre niedriger als das Durchschnittsalter der 1000 telefonisch befragten Personen. Innerhalb der Verteilung der Altersgruppen ergeben sich einige Verschiebungen. Dabei sind tendenziell eine Zunahme der Anteile der jüngeren und eine Abnahme der Anteile der älteren Altersgruppen erkennbar.

Die Altersgruppe der 40- bis 49jährigen ist mit 24 Personen am stärksten vertreten. Es folgen mit abnehmendem Anteil die 60- bis 69jährigen (20 Personen), die 30- bis 39jährigen (17 Personen), die 50- bis 59jährigen (16 Personen) und die 20- bis 29jährigen (9 Personen). Die jüngste und die älteste vertretene Altersgruppe haben mit jeweils 7 Personen den geringsten Anteil. Menschen, die 80 Jahre und älter sind, waren bei der Face-to-Face-Befragung nicht vertreten.

6.2.1.2 Das Geschlecht

Von den 100 befragten Personen sind 54 weiblichen und 46 männlichen Geschlechts. Somit liegt der Anteil der Männer um 4,4 Prozentpunkte höher als bei der Telefonbefragung.

6.2.1.3 Die Bildung

Im Vergleich zur Telefonbefragung hat sich bei der Face-to-Face-Befragung das Bildungsniveau deutlich nach oben verschoben. Der Anteil an Hauptschülern der 100 befragten Personen liegt mit 28,0 Prozent um 8,9 Prozentpunkte niedriger, der Anteil an Realschülern ist mit 37,0 Prozent um 5,9 Prozentpunkte höher. Die Hochschulreife haben 17,0 Prozent der Befragten (plus 2,2 Prozentpunkte), einen Hochschulabschluß 15,0 Prozent (plus 2,2 Prozentpunkte). Personen ohne Schulabschluß sind zu 2,0 Prozent bei der Stichprobe vertreten (plus 0,5 Prozentpunkte), einer der 100 Befragten nannte einen sonstigen Abschluß, der nicht eindeutig zugeordnet werden konnte.[57]

---

[57] Alle Angaben über die Bildungsabschlüsse der 100 in den Face-to-Face-Interviews befragten Personen wurden zum Zeitpunkt der Telefonbefragung erhoben, d.h., diese 100 Personen wurden bei der zweiten Befragung (Face-to-Face) nicht mehr nach ihrem Bildungsabschluß befragt. Selbiges gilt für alle soziodemographischen Angaben mit Ausnahme der neu ermittelten Daten über den Wohnort, die Konfession und das monatliche Haushaltsnettoeinkommen der Befragten.

Übersicht 2
Soziodemographie - Face-to-Face-Befragung
(Angaben in Prozent)

Alter (n=100)

Durchschnittsalter = 46,1 Jahre

14 bis 19 Jahre	7,0
20 bis 29 Jahre	9,0
30 bis 39 Jahre	17,0
40 bis 49 Jahre	24,0
50 bis 59 Jahre	16,0
60 bis 69 Jahre	19,0
70 bis 79 Jahre	7,0

Geschlecht (n=100)

weiblich	54,0
männlich	46,0

Bildung (n=100: recodiert)

kein Schulabschluß	2,0
Hauptschule	28,0
Realschule	37,0
Hochschulreife	17,0
Hochschule	15,0
sonstiges	1,0

Familienstand (n=100)

ledig	27,0
verheiratet	62,0
geschieden	5,0
verwitwet	6,0

Im Haushalt der Befragten lebende Personen (n=100)

1 Person	19,0
2 Personen	38,0
3 Personen	21,0
4 Personen	15,0
5 Personen	6,0
6 Personen	1,0

Staatsangehörigkeit (n=100)

deutsch	96,0
iranisch	1,0
kroatisch	1,0
niederländisch	1,0
schwedisch	1,0

Erwerbstätigkeit (n=100)

erwerbstätig	54,0
nicht erwerbstätig	45,0
keine Angabe	1,0

Erwerbstätige (n=54)

Auszubildende	3,7
Arbeiter	3,7
Facharbeiter	3,7
einfache/mittlere Angestellte/Beamte	55,5
leitende Angestellte/Beamte	9,3
Selbständige/Freiberufler	20,4
sonstiges	3,7

Nicht Erwerbstätige (n=46)

Schüler/Umschüler/Studenten	21,7
Arbeitslose	10,9
Hausfrauen/-männer	15,2
Rentner	50,0
keine Angabe	2,2

Übersicht 3
Soziodemographie - Face-to-Face-Befragung
Ergänzende soziodemographische Angaben
(Angaben in Prozent)

Wohnort (n=100)

Kassel	83,0
Baunatal	4,0
Niestetal	4,0
Fuldatal	3,0
Fuldabrück	2,0
Lohfelden	2,0
Vellmar	2,0

Konfession (n=100)

evangelisch	58,0
katholisch	20,0
konfessionslos	14,0
andere Konfession/ Glaubensrichtung	3,0
keine Angabe	5,0

Haushaltsnettoeinkommen (n=100)

bis zu 500.- DM	2,0
bis zu 1000.- DM	8,0
bis zu 2000.- DM	10,0
bis zu 3000.- DM	24,0
bis zu 4000.- DM	8,0
bis zu 5000.- DM	13,0
über 5000.- DM	12,0
keine Angabe	23,0

6.2.1.4 Die weiteren soziodemographischen Angaben

Familienstand: Verheiratete stellen mit 62 Personen die größte Gruppe innerhalb der 100 Befragten. Weitere 27 waren zum Zeitpunkt der Telefonbefragung ledig, sechs verwitwet und fünf geschieden.

Anzahl der im Haushalt lebenden Personen: Die zu zweit lebenden Personen bilden mit 38,0 Prozent die stärkste Gruppe, gefolgt von denjenigen, die zu dritt in einem Haushalt leben (21,0 Prozent). Als drittgrößte Gruppe innerhalb unserer Stichprobe sind die Alleinlebenden mit 19,0 Prozent zu benennen. Mit zunehmender Anzahl der im Haushalt lebenden Personen nimmt deren Anteil an der Stichprobe ab (vier Personen: 15,0 Prozent, fünf Personen: 6,0 Prozent, sechs Personen: 1,0 Prozent).

Staatsangehörigkeit: Von den 100 befragten Personen hatten zum Zeitpunkt der Telefonbefragung 96 die deutsche Staatsbürgerschaft, vier Personen waren ausländische Staatsbürger.

Berufliche Tätigkeit: Zum Zeitpunkt der Telefonbefragung gaben 54 Befragte an, erwerbstätig zu sein, 45 bezeichneten sich als nicht erwerbstätig. Ein Befragter wollte zu diesem soziodemographischen Aspekt keine Angabe machen. Die größte Gruppe innerhalb der 54 Erwerbstätigen stellen mit 55,5 Prozent die einfachen/mittleren Angestellten/Beamten, weitere 20,4 Prozent gaben an, selbständig bzw. freiberuflich tätig zu sein. Gleichstark vertreten sind Arbeiter, Facharbeiter und Auszubildende mit jeweils 3,7 Prozent, und 9,3 Prozent der erwerbstätigen Personen gaben an, leitende Angestellte/Beamte zu sein. Auf sonstige berufliche Tätigkeiten entfielen 3,7 Prozent der Nennungen.

Von den 46 nicht erwerbstätigen Personen sind die Rentner mit 50,0 Prozent die stärkste Gruppe, die Schüler/Umschüler/Studenten haben mit 21,7 Prozent den zweitgrößten Anteil. Die Hausfrauen/Hausmänner sind zu 15,2 Prozent bei den nicht Erwerbstätigen vertreten, 10,9 Prozent waren zum Zeitpunkt der Telefonbefragung arbeitslos. Zu diesem soziodemographischen Aspekt wollten 2,2 Prozent der Befragten keine Angabe machen.

Zusätzlich zu den in der Telefonbefragung ermittelten soziodemographischen Daten wurde während der Face-to-Face-Befragung noch der genaue Wohnort, die Konfession und das Haushaltsnettoeinkommen der 100 ausgewählten Personen abgefragt.

Wohnort: Zum Zeitpunkt der zweiten Befragung wohnten 83 der 100 befragten Personen in Kassel, je vier in Baunatal und Niestetal, drei in Fuldatal und je zwei in Fuldabrück, Lohfelden und Vellmar.

Konfession: Die Protestanten stellen mit 58 Personen die größte Gruppe innerhalb der 100 Befragten, es folgen die Katholiken mit 20 Nennungen. Als konfessionslos bezeichneten sich 14 Personen, dreimal wurden andere Konfessionen/Glaubensrichtungen genannt, und fünf Befragte wollten zu ihrer Konfession keine Angabe machen.

Haushaltsnettoeinkommen: Ein Einkommen in Höhe von 2.000 bis zu 3.000 DM wurde von 24 Personen angegeben und damit am häufigsten genannt. Es folgt die Gruppe derjenigen, die über ein Haushaltsnettoeinkommen von 4.000 bis 5.000 DM verfügen können (13 Personen). In abnehmender Anzahl wurden weiterhin genannt: über 5.000 DM (12 Personen), 1.000 bis zu 2.000 DM (10 Personen), 500 bis zu 1.000 DM und 3.000 bis zu 4.000 DM (jeweils acht Personen) und bis zu 500 DM (zwei Personen). Zu ihrem Haushaltsnettoeinkommen wollten 23 der 100 Befragten keine Angaben machen.

6.2.2   Das Freizeitverhalten und die Mediennutzung

Der Offene Kanal bzw. die Nutzung des Offenen Kanals ist eine von vielen Freizeitaktivitäten, denen die Befragten nachgehen können, und steht natürlich in einem direkten Zusammenhang zur allgemeinen Mediennutzung der Befragten. Beides soll in den folgenden Kapiteln etwas näher dargestellt werden.

6.2.2.1   Das Freizeitverhalten

Bereits bei der Betrachtung der Freizeitbeschäftigung der Befragten wird deutlich, daß Medien aller Art eine besondere Rolle spielen (vgl. Kapitel 9.2 Tabellen 17 und 18). Auf den ersten zehn Rangplätzen der Freizeitbeschäftigung sind sieben Medienaktivitäten angegeben. An erster Stelle steht das Zeitung lesen, gefolgt vom Fernsehen, Radio hören und Bücher lesen. Hinzu kommen das Hören von Schallplatten, CDs und Kassetten, Zeitschriften lesen und mit dem Computer spielen. Einzig die Beschäftigung mit Kindern und Tieren kann die Mediendominanz bei Freizeitaktivitäten der Befragten durchbrechen. Bei den Freizeitaktivitäten, die nicht täglich ausgeübt werden, sondern in unregelmäßigen Abständen, spielen auch aushäusige interkommunikative Tätigkeiten wie: sich mit Bekannten/Freunden treffen, spazierengehen, einen Ausflug/Besuch bei Verwandten machen, in ein Restaurant gehen etc. eine bedeutende Rolle.

Festhalten läßt sich, daß die Freizeitgestaltung der Befragten, zumindest die tägliche, sehr durch Mediennutzung geprägt ist. Dabei haben insbesondere die klassischen Medien wie Zeitung, Fernsehen und Radio eine herausragende Funktion.

6.2.2.2 Die allgemeine Fernsehnutzung

Wie in unserem heutigen Medienalltag üblich, ist das Fernsehen in der Freizeit der Befragten besonders wichtig. Obwohl 78 Prozent der Befragten angeben, daß sie täglich fernsehen, stufen nur 29 Prozent ihre tägliche Fernsehnutzung als sehr oft ein (vgl. Schaubild 21). Immerhin geben noch über die Hälfte der Befragten an, daß sie oft fernsehen. Der durchschnittliche Fernsehkonsum liegt bei knapp einem Drittel der Befragten zwischen zwei und drei Stunden pro Tag. Mehr als fünf Stunden täglich sehen 7 Prozent, weniger als eine Stunde 6 Prozent der Befragten fern.

**Schaubild 21
Allgemeine Fernsehnutzung/Fernsehkonsum**

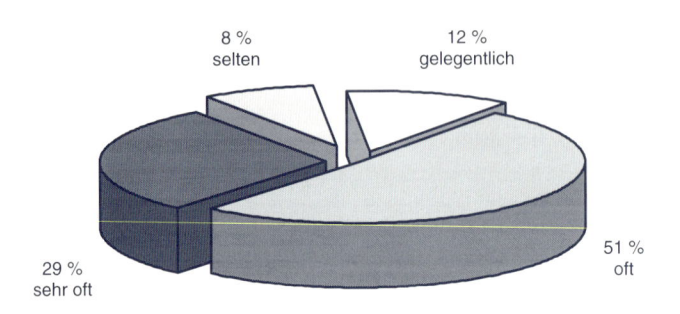

- 8 % selten
- 12 % gelegentlich
- 29 % sehr oft
- 51 % oft

n=100

Insgesamt sind es 40 Prozent der Befragten, die mehr als drei Stunden am Tag fernsehen, und 80 Prozent, die oft bzw. sehr oft fernsehen (vgl. Kapitel 9.2 Tabelle 19). Hinsichtlich der Soziodemographie läßt sich festhalten, daß ältere deutlich mehr fernsehen als junge Zuschauer. Dies trifft zwar nicht auf die Häufigkeit des Fernsehkonsums zu, jedoch auf die Konsumdauer. Von den 59jährigen und älteren verweilen 51,9 Prozent mehr als drei Stunden vor dem Fernsehapparat. In der Altersgruppe der 14- bis 29jährigen sind es lediglich 31,3 Prozent. Die Hauptsehdauer dieser Altersgruppe liegt zwischen zwei und drei Stunden. Diesen Zeitraum geben 43,8 Prozent der 14- bis 29jährigen an, wenn sie gefragt werden, wie lange sie im Durchschnitt fernsehen.

Schaubild 22
Durchschnittlicher Fernsehkonsum

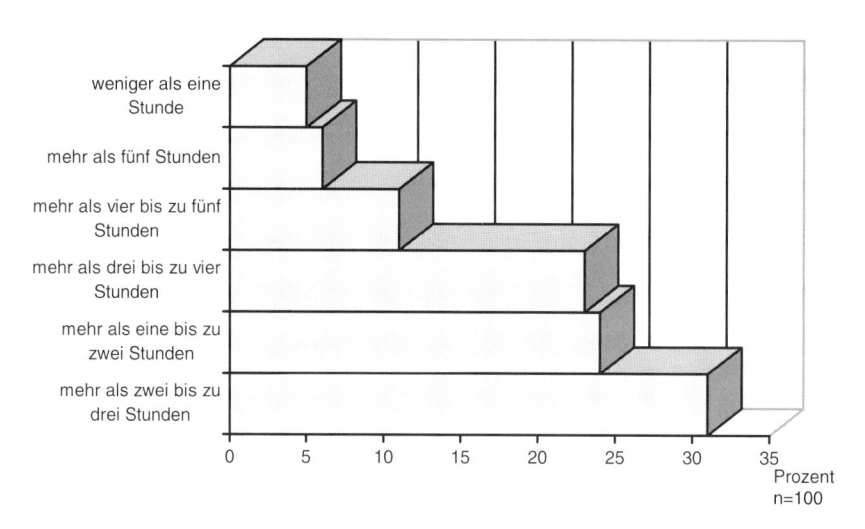

Kategorie	Prozent
weniger als eine Stunde	~7
mehr als fünf Stunden	~12
mehr als vier bis zu fünf Stunden	~24
mehr als drei bis zu vier Stunden	~26
mehr als eine bis zu zwei Stunden	~31
mehr als zwei bis zu drei Stunden	~32

n=100

Mit zunehmender Bildung nimmt der Fernsehkonsum deutlich ab (vgl. Kapitel 9.2 Tabelle 19). Eine Ausnahme bilden die Befragten mit Hochschulabschluß: Von ihnen geben 86,7 Prozent an, oft bzw. sehr oft fernzusehen, und 40 Prozent machen dies über einen Zeitraum von mehr als drei Stunden.

Die bevorzugten Sender der Befragten sind ARD, ZDF und Hessen 3 (vgl. Kapitel 9.2 Tabelle 20). Sie werden am häufigsten sehr oft genutzt: ARD 33 Prozent, ZDF 19 Prozent, Hessen 3 11 Prozent. Die privaten Programme RTL, SAT.1 und PRO 7 gehören zu den oft gesehenen und rangieren in der Nutzungsskala ebenfalls auf den vorderen Plätzen.

Der Offene Kanal muß den Vergleich mit den in Hessen verbreiteten Dritten Programmen der Nachbarländer (Nord 3, West 3, MDR) nicht scheuen. Im Gegenteil: Er rangiert bei der Nutzungshäufigkeit sogar teilweise vor den Dritten Programmen und den privaten Programmen VOX, Eurosport und DSF. So wird beispielsweise West 3 nur von 16 Prozent der Befragten oft gesehen, den Offenen Kanal nutzen demgegenüber 31 Prozent oft. Ebenfalls oft genutzt werden Nord 3 von 23 Prozent, MDR von 27 Prozent, VOX von 22 Prozent, Eurosport von 26 Prozent und DSF von 22 Prozent der Befragten.

Mit Hilfe einer Faktorenanalyse wurde die Vielzahl der Programme nach thematischen Ähnlichkeiten gebündelt. Das Ergebnis der Faktorenanalyse ergab fünf Faktoren (vgl. Kapitel 9.2 Tabelle 21):

Faktor 1 ist geprägt von Sendern, die ausschließlich dem privat-kommerziellen Programmangebot zugeordnet werden können (RTL, RTL 2, PRO 7, SAT.1, Super RTL, Kabel 1, VOX). Daher erhält er die Bezeichnung *Private Vollprogramme*.

Faktor 2 kann als *Die Dritten* bezeichnet werden, da er überwiegend Dritte Programme und solche beinhaltet, die diesen vom Charakter her ähnlich sind (Bayern 3, West 3, Nord 3, MDR, Hessen 3, 3sat, ARTE). In diesem Faktor findet sich der Offene Kanal Kassel wieder. Dies könnte schon darauf hindeuten, in welchem Spektrum der Mediennutzung, aber auch möglicherweise der Medieneinschätzung der Offene Kanal einzuordnen ist.

Faktor 3 erhält die Bezeichnung *Informationsprogramme*. In diesem Faktor liegen Programme, die überwiegend informierenden Charakter haben (CNN, BBC World, NBC, Super Channel, Euronews, n-tv). VH-1 nimmt hier eine besondere Position ein.

Faktor 4 ist geprägt von den beiden Sportprogrammen Eurosport und DSF und erhält daher die Bezeichnung *Sport*.

Faktor 5 ist der Faktor der klassischen öffentlich-rechtlichen Programme ARD und ZDF und erhält deshalb die Bezeichnung *Öffentlich-rechtliche Programme*.

Auf der Basis dieser Faktorenanalyse wurden Indizes gebildet, die
- die einzelnen Faktoren darstellen,
- die hinter den Faktoren stehenden Ausprägungen bündeln und
- eine Aussage darüber zulassen, ob die jeweiligen Programmformen nie, selten, oft oder sehr oft genutzt werden.

Im folgenden wird dargestellt, ob die Nutzung bestimmter Programmformen in direktem oder indirektem Zusammenhang zum allgemeinen Fernsehkonsum oder zu soziodemographischen Merkmalen steht.

Grundsätzlich werden private und öffentlich-rechtliche Programme erwartungsgemäß oft bzw. sehr oft genutzt (vgl. Kapitel 9.2 Tabelle 22). Öffentlich-rechtliche Programme werden von 88 Prozent der Befragten oft bzw. sehr oft gesehen, private Vollprogramme von 63 Prozent. Die Dritten Programme werden von 38 Prozent oft eingeschaltet. Eine sehr häufige Nutzung erfolgt hier allerdings nicht. Demgegenüber werden Informationsprogramme eher selten (68 Prozent) oder nie (28 Prozent) gesehen.

Mit steigendem Fernsehkonsum steigt vor allem die Nutzung der privaten und öffentlich-rechtlichen Programme. Die häufige bzw. sehr häufige Nutzung der öffentlich-rechtlichen Programme steigt bei Befragten, die sehr oft fernsehen, von 88 auf 93,1 Prozent. Dies entspricht einer Steigerung von 5,1 Prozent. Bei den privaten Vollprogrammen liegt die Steigerungsrate sogar bei 19,7 Prozent. Während von allen Befragten 63 Prozent angaben, private Vollprogramme oft bzw. sehr oft zu sehen, sind es bei den Fernsehnutzern, die sehr oft fernsehen, 82,7 Prozent.

Das gleiche Bild ergibt sich bei der Betrachtung der Nutzung einzelner Programmformen bezüglich der Dauer des Fernsehkonsums (vgl. Kapitel 9.2 Tabelle 23). Mit zunehmender Fernsehdauer nimmt die Häufigkeit der Nutzung öffentlich-rechtlicher und privater Vollprogramme zu.

Interessant ist die Betrachtung der Fernsehnutzung einzelner Programmformen hinsichtlich soziodemographischer Merkmale (vgl. Kapitel 9.2 Tabelle 24). Wobei allerdings auch in dieser Stichprobe keine gravierenden Überraschungen festgestellt wurden.

Mit zunehmendem Alter nimmt die Nutzung öffentlich-rechtlicher Programme deutlich zu. Die 59jährigen und älteren nutzen zu 96,3 Prozent oft bzw. sehr oft öffentlich-rechtliche Programme (vgl. Tabelle 23). Die jüngere Altersgruppe (14 bis 29 Jahre) favorisiert demgegenüber private Vollprogramme. In dieser Altersgruppe geben 81,3 Prozent an, daß sie private Vollprogramme oft bzw. sehr oft nutzen. Öffentlich-rechtliche Programme hingegen werden in dieser Altersgruppe nur von 62,6 Prozent oft bzw. sehr oft gesehen.

Bezüglich des Bildungsabschlusses fällt lediglich auf, daß Befragte mit Hochschulabschluß private Vollprogramme deutlich seltener nutzen als Befragte mit Hauptschulabschluß. Die Nutzung der sonstigen Programmformen ist in allen Bildungsgruppen annähernd gleich.

Wenn die Befragten fernsehen, sehen sie am häufigsten Nachrichtensendungen (vgl. Kapitel 9.2 Tabelle 25). Um festzustellen, welche Sendeformen die Befragten bei ihrer generellen Mediennutzung bevorzugen, haben wir sie gefragt, welche verschiedenen Arten von Fernsehsendungen sie sehr oft, oft, selten oder nie sehen. Nachrichtensendungen werden dabei unter der Rubrik sehr oft mit 59 Prozent am häufigsten genannt. Spielfilme/Fernsehfilme sehen 22 Prozent sehr oft, Sportübertragungen/Sportsendungen und Dokumentationen je 19

Prozent. Uninteressant sind anscheinend sowohl erotische Sendungen, die von 46 Prozent der Befragten nie gesehen werden, als auch Konzerte (33 Prozent) und musikalische Unterhaltungssendungen (26 Prozent).

Die Befragten nutzen das Fernsehen also zur Information über politische, gesellschaftliche und sportliche Ereignisse, zur tiefergehenden Information durch Dokumentationen und zur Unterhaltung in Form von Spielfilmen und Fernsehfilmen.

Auch hier haben wir mit Hilfe einer Faktorenanalyse die Vielzahl der Sendeformen in drei Faktoren gebündelt (vgl. Kapitel 9.2 Tabelle 26). Faktor 1 *Bildung/Ratgeber* umfaßt Sendungen zu Technik/Wissenschaft, Wirtschaftssendungen, Ratgeber- und Verbrauchersendungen sowie Dokumentationen. Der 2. Faktor *Unterhaltung* ist geprägt von Serien, Quiz- und Unterhaltungsshows, Spielfilmen/Fernsehfilmen und musikalischen Unterhaltungssendungen. *Information/Kultur* ist der 3. Faktor, in dem Regionalsendungen, Konzerte/Opern/Theaterstücke, Nachrichten und Kulturmagazine auftauchen.

Auch für diese Faktoren haben wir wieder Indizes gebildet, die im folgenden detailliert beschrieben werden.

Alle drei Sendeformen werden gleichermaßen genutzt, Informations- und Kultursendungen gegenüber den anderen Sendeformen marginal häufiger. Die Nutzung der einzelnen Genres erfolgt unabhängig von der Dauer und der Häufigkeit der TV-Nutzung (vgl. Kapitel 9.2 Tabellen 27 und 28).

Hinsichtlich der Soziodemographie ist allerdings festzustellen, daß Hochschulabsolventen das Medium Fernsehen im Unterschied zu Befragten mit Real- oder Hauptschulabschluß häufiger als Informationsquelle nutzen und seltener zur Unterhaltung (vgl. Kapitel 9.2 Tabelle 29). Für ältere Menschen hat das Fernsehen als Informationsquelle ebenfalls eine zentrale Bedeutung: Informations- und Kultursendungen werden von den ab 59jährigen zu 37 Prozent sehr oft und zu 55,6 Prozent oft gesehen.

Wenn Informationssendungen schon eine nicht unbedeutende Rolle in der Mediennutzung der Befragten spielen, ist auch von Interesse, welche Magazinsendungen wie häufig genutzt werden. Hierzu wurde den Interviewten eine Liste mit zehn Magazinsendungen vorgelegt, die zur Zeit der Befragung im Fernsehen liefen. Auskunft gegeben werden sollte darüber, ob sie die Sendungen sehr oft, oft, selten oder nie sehen. Auffällig ist vor allem die herausragende Bedeutung des „Weltspiegels" (vgl. Kapitel 9.2 Tabelle 30).

Von den Befragten gaben 12 Prozent an, den „Weltspiegel" sehr oft zu sehen. Damit liegt er deutlich über anderen Sendungen wie „Frontal" (8 Prozent), „Panorama", „Spiegel TV" und „Explosiv" (je 7 Prozent).

Auch hier wurde zur Datenverdichtung eine Faktorenanalyse durchgeführt, die zwei Faktoren hervorbrachte (vgl. Kapitel 9.2 Tabelle 31). Faktor 1 *Magazine privater Programme* umfaßt die fünf Magazine, die zum Befragungszeitraum in privaten Programmen ausgestrahlt wurden („Die Reporter", „Explosiv", „Stern-TV", „Akte 96" und „Spiegel TV"). Faktor 2 umfaßt entsprechend die fünf Magazine, die zum selben Zeitraum in den öffentlich-rechtlichen Programmen liefen („Weltspiegel", „Panorama", „Bonn direkt", „Frontal", „Fakt") und erhält daher die Bezeichnung *Magazine öffentlich-rechtlicher Programme.*

Die einzelnen Magazinformen werden von den Befragten gleichermaßen oft bzw. selten genutzt. Öffentlich-rechtliche Magazine sehen 36 Prozent oft bzw. sehr oft, private Magazine 41 Prozent. Mit zunehmender Dauer der Fernsehnutzung steigt auch die Nutzung der Magazinsendungen entsprechend (vgl. Kapitel 9.2 Tabellen 32 und 33). Dabei ist es irrelevant, ob es sich um private oder öffentlich-rechtliche Magazine handelt.

Allerdings zeigen sich soziodemographisch erwartungsgemäß deutliche Unterschiede bei der Nutzung der Magazinformen (vgl. Kapitel 9.2 Tabelle 34). Die öffentlich-rechtlichen Magazine werden mit zunehmendem Alter der Befragten häufiger gesehen als die privaten. Von den ab 59jährigen geben 55,5 Prozent an, daß sie öffentlich-rechtliche Magazine oft bzw. sehr oft sehen. Private Magazine sehen sie zu 22,2 Prozent oft; sehr oft sieht diese Magazine in dieser Altersgruppe niemand. Demgegenüber werden private Magazine oder Magazine privater Veranstalter von 56,3 Prozent der Befragten aus der Altersgruppe der 14- bis 29jährigen oft bzw. sehr oft gesehen; öffentlich-rechtliche Magazine hingegen in dieser Altersgruppe sehr selten oder nie. Nur 18,8 Prozent geben an, die Magazine der öffentlich-rechtlichen Sender oft gesehen zu haben oder zu sehen; sehr oft sieht sie keiner.

Um Zusammenhänge zwischen der Intensität der Mediennutzung, der Form der Mediennutzung und der Soziodemographie deutlicher herausstellen zu können, wurde eine Korrelationsanalyse zwischen den Variablen durchgeführt (vgl. Kapitel 9.2 Tabelle 36).

Signifikante Zusammenhänge zeigen sich zwischen der Intensität der Mediennutzung und der Nutzung von privaten Vollprogrammen, von Magazinsendungen der privaten Veranstalter und von Unterhaltungssendungen: Je intensiver die Mediennutzung, desto häufiger werden private Vollprogramme, die Magazine der privaten Programmanbieter und Unterhaltungssendungen gesehen. Erwartungsgemäß existiert auch ein signifikant starker Zusammenhang zwischen der Nutzung privater Vollprogramme und den Magazinen in diesen Programmen. Nicht sonderlich überraschend ist auch der stark signifikante Zusammenhang zwischen den Dritten Programmen und Informations-/Kultursendungen. Ein ähnlich starker, positiver Zusammenhang findet sich auch zwischen den Magazinen öffentlich-rechtlicher Programme und dem Interesse an oder der Nutzung von Bildungs- und Ratgeber- sowie Informations- und Kultursendungen: Je intensiver die Nutzung der Dritten Programme bzw. der Magazine öffentlich-rechtlicher Programme ausgeprägt ist, desto häufiger werden Bildungs- und Ratgebersendungen bzw. Informations- und Kultursendungen gesehen.

Nicht überraschend sind die Ergebnisse der Korrelationsanalyse zwischen den soziodemographischen Daten und der Mediennutzung. Mit steigendem Alter und steigender Bildung sinkt die Nutzung der privaten Vollprogramme. Bei steigendem Alter steigt dementsprechend die Nutzung der Dritten und der anderen öffentlich-rechtlichen Programme. Besonders augenfällig ist der signifikant positive Zusammenhang zwischen Alter und Informations- und Kultursendungen.
Durchweg läßt sich festhalten, daß mit zunehmendem Alter die Nutzung der Dritten Programme, der öffentlich-rechtlichen Programme, der Magazine öffentlich-rechtlicher Sender und Informations- und Kultursendungen zunimmt. Ebenfalls läßt sich auf einen Nenner bringen, daß mit zunehmender Bildung die Nutzung privater Vollprogramme, der Magazine und Unterhaltungssendungen signifikant abnimmt.

Um herauszufinden, ob die Viel- und Häufigseher des Offenen Kanals bei der allgemeinen Fernsehnutzung ein signifikant anderes Verhalten aufweisen, haben wir zwei Gruppen gebildet und bei der Namensgebung Schlagwörter benutzt: „Fans" und „Nicht-Fans" des Offenen Kanals Kassel. Zur Indexbildung dienten drei Variablen. Die „Fans" zeichnen sich aus durch Intensität und Dauer der Nutzung des Offenen Kanals sowie durch ihre Meinung, der Offene Kanal Kassel sei eine Bereicherung. Alle anderen sind der Gruppe der „Nicht-Fans" zugeordnet.

Der Fan des Offenen Kanals hebt sich insgesamt durch einen intensiven Fernsehkonsum hervor. Er sieht häufiger und länger fern als der Nicht-Fan des Offenen Kanals (vgl. Kapitel 9.2 Tabelle 37).

Vor allem sieht er private Vollprogramme häufiger, aber auch die Dritten und Sport. Von den Fans des Offenen Kanals geben 73,9 Prozent an, daß sie oft bzw. sehr oft private Vollprogramme sehen, 45,7 Prozent die Dritten und 37 Prozent die Sportprogramme. Nicht-Fans des Offenen Kanals nutzen die privaten Vollprogramme zu 53,7 Prozent, die Dritten zu 31,5 Prozent und die Sportprogramme zu 18,5 Prozent oft bzw. sehr oft. Lediglich die öffentlich-rechtlichen Programme werden von beiden Rezipientengruppen annähernd gleichermaßen genutzt.

Auch die Magazine der privaten Vollprogramme werden von den Fans des Offenen Kanals weitaus häufiger gesehen als von den Nicht-Fans (58,7 Prozent oft/sehr oft zu 25,9 Prozent). Die einzelnen Genres Bildung/Ratgeber, Unterhaltung und Information werden von den Fans des Offenen Kanals durchweg häufiger gesehen als von den Nicht-Fans.

Zusammenfassend läßt sich festhalten, daß der Fan des Offenen Kanals unabhängig vom Programmgenre oder der Informationsform ein intensiverer Nutzer des Mediums Fernsehen ist als der Nicht-Fan. Auffällig ist jedoch seine intensivere Nutzung der privaten Vollprogramme und der privaten Magazine. Allerdings hat er auch ein ausgeprägtes Interesse an den Genres Bildung/Ratgeber und Information.

Schaubild 23
Medienverzicht - 1. Rang

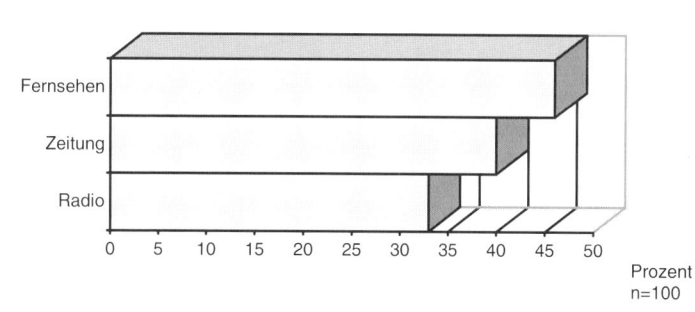

Die letzte unserer Fragen zur allgemeinen Mediennutzung forderte die Befragten auf, eine Prioritätenliste der Medien zu benennen, auf die sie, falls sie darauf verzichten müßten, am ehesten verzichten könnten. Das Ergebnis von Rang 1 zeigt Schaubild 23.

Bei der Analyse dieser Ergebnisse (vgl. Kapitel 9.2 Tabelle 38) stellt sich die Frage, ob die unterschiedliche Prioritätensetzung innerhalb der drei Ränge alters- oder bildungsbedingt ist oder aber eingefahrene Vorurteile auf den Kopf stellt: Wenn 46 Prozent aller Befragten, aber 50 Prozent der Hauptschulabolventen und knapp 52 Prozent der ab 59jährigen am ehesten auf das Fernsehen verzichten könnten, hingegen nur 26,7 Prozent der Hochschulabsolventen, dann zeigt sich hier ein unzweideutiger Zusammenhang zwischen Mediengewöhnung und Informationsgewöhnung. Das am schwersten verzichtbare Medium für die Gruppe der Jüngeren ist das Radio. Für die mittlere Altersgruppe und die der ab 59jährigen tritt die Zeitung an diese Stelle, und zwar mit steigender Gewichtung. Die Zeitung ist durchgängig auch in den Bildungsgruppen das am wenigsten verzichtbare Medium; bemerkenswert ist hier allerdings der große Prozentsatz von Hochschulabsolventen, die mit 53,3 Prozent zuerst auf das Radio verzichten könnten.

Zusammenfassung: Das Mediennutzungsverhalten fokussiert sich auf fünf Faktoren (Private Vollprogramme, Die Dritten, Informationsprogramme, Sport und Öffentlich-Rechtliche Programme).

Die Befragten sehen oft fern, durchschnittlich rund zweieinhalb Stunden und nutzen das Fernsehen vielseitig zur Unterhaltung, Information und Bildung bzw. Beratung.

Die Fans des Offenen Kanals heben sich durch einen intensiveren Fernsehkonsum hervor. Sie sehen häufiger und länger fern als die Nichtfans. Auf der Programmliste der Fans finden sich häufig private Vollprogramme, aber auch die Dritten und Sportsendungen. Der Fan hat ein ausgeprägtes Interesse an den Genres Bildung/Ratgeber und Information.

6.2.3 Die Lokalität

Zentrale Frage in der aktuellen Diskussion über Offene Kanäle ist die Bedeutung des Mediums innerhalb der lokalen Kommunikation. Die Zukunft Offener Kanäle könnte davon abhängen, „inwieweit es gelingt, eine Balance zwischen Einbindung in das lokale Kommunikationsgeschehen einerseits und Abhängigkeit von lokalen Einflüssen andererseits zu gewährleisten", so die Ausgangsthese auf dem „9. Hessischen Gesprächsforum Medien"[58]. Insofern ist es ein wichtiger Bestandteil unserer Befragung, neue Erkenntnisse zur Lokalität des Offenen Kanals zu gewinnen, die sowohl Anstöße bieten für den theoretischen Diskurs über Offene Kanäle als auch für ganz praxisnahe Erwägungen und Entscheidungen.

Im Fragekomplex „Lokalität" sollten konkret die lokale Gebundenheit, lokale Informationsbedürfnisse und die lokale Mediennutzung der Befragten analysiert

---

[58] Das Forum fand unter dem Titel „Empfängersender - Offene Kanäle in Hessen und im Bund" am 12.3.1997 im Rathaus Offenbach statt. Veranstalter waren die LPR Hessen, die Evangelische Medienakademie/cpa und die LPR in Rheinland-Pfalz.

und im Zusammenhang betrachtet werden. Wir vermuteten, daß die Bindung an den Wohnort Einfluß nehmen könnte auf lokale Informationsbedürfnisse. Lokale Informationsbedürfnisse, lokale Informationsdefizite und die Bindung an den Wohnort beeinflussen wiederum, so unsere These, die lokale Mediennutzung. Als weitere unabhängige Faktoren kamen die allgemeine Mediennutzung und die Soziodemographie in Betracht.

Unsere Ausgangshypothese lautete:
Grundsätzlich kann man davon ausgehen, daß mit zunehmender Bindung an den Wohnort auch das Bedürfnis nach Informationen über lokale Ereignisse zunimmt.

Zunächst befragten wir unsere Gesprächspartner nach der Dauer, die sie hier ohne Unterbrechung leben, nach guten Freunden und Verwandten in der Umgebung, nach einer eigenen Einschätzung zur persönlichen Wohnortbindung und nach den Freizeitaktivitäten. Die genannten Kriterien sollten Anhaltspunkte für die Bewertung *lokaler Eingebundenheit* bieten. In einem zweiten Schritt stand die Ermittlung von Daten über *lokale Informationsbedürfnisse und lokale Informationsdefizite* im Mittelpunkt der Betrachtung. Hier sollten die Befragten beurteilen, ob sie die Berichterstattung über ihren Wohnort in den Medien als ausreichend empfinden, und die entsprechenden Medien gegebenenfalls benennen. Thematische lokale Interessenschwerpunkte ermittelten wir durch eine Skalierungsfrage, bei der die Befragten von uns gebeten wurden, verschiedene Themen nach ihrer Wichtigkeit einzuordnen. Daran anschließend konnten die Befragten mit Hilfe einer Medienliste angeben, wie häufig sie lokale Medien nutzen, um sich über ihre Region zu informieren. Die Antworten umfaßten die Kategorien „sehr oft", „oft", „selten" und „nie" und sollten Aufschluß geben über die *Intensität lokaler Mediennutzung.*

6.2.3.1 Die lokale Gebundenheit

Über die Hälfte der Personen unserer Stichprobe ist aus anderen Orten nach Kassel zugezogen (53 Prozent). Mehr als ein Drittel lebt seit Geburt und ununterbrochen in Kassel (37 Prozent), seit Geburt, aber mit Unterbrechung tun dies 10 Prozent.

**Schaubild 24
Herkunft**

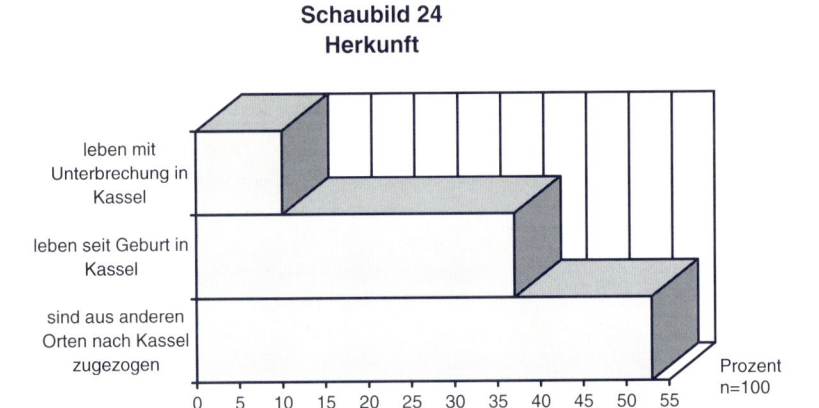

leben mit Unterbrechung in Kassel	
leben seit Geburt in Kassel	
sind aus anderen Orten nach Kassel zugezogen	

0 5 10 15 20 25 30 35 40 45 50 55

Prozent
n=100

Die Stichprobe ist insofern ausgewogen verteilt zwischen jenen Personen, die bedingt durch ihre Herkunft und ihrem Verweilen an einem Ort an ihren Wohnort gebunden sind, und jenen Personen, die neu in Kassel ankamen:

Detaillierter erfaßten wir die Dauer, die Befragte hier am Stück leben, verbunden mit der Bitte um die Angabe einer Jahreszahl. Danach leben die Befragten durchschnittlich seit 30 Jahren dauerhaft in Kassel. 92 Prozent gaben an, gute Verwandte oder Freunde in der Nähe zu haben, 8 Prozent verneinten dies. Die lokale Einbindung durch soziale Kontakte ist insofern bei fast allen Befragten gegeben.

**Schaubild 25
Soziale Bindungen**

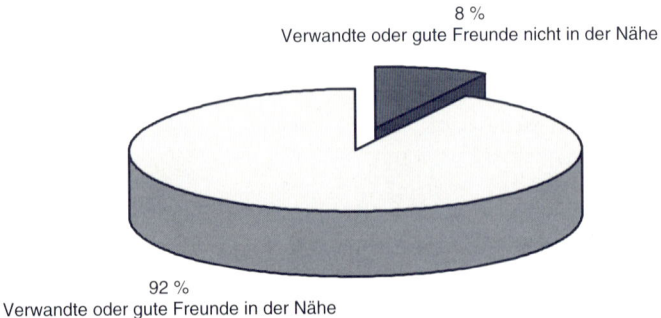

8 %
Verwandte oder gute Freunde nicht in der Nähe

92 %
Verwandte oder gute Freunde in der Nähe

n=100

Nach eigener Einschätzung leben 80 Prozent gerne hier und möchten nicht woanders leben, 84 Prozent fühlen sich an ihrem Wohnort „gebunden" (45 Prozent) bis „stark gebunden" (39 Prozent). „Eher weniger" (15 Prozent) oder „überhaupt nicht" (1 Prozent) gebunden fühlen sich immerhin 16 Prozent. Angesichts dieser Zahlen ist festzustellen, daß der überwiegende Teil der Befragten eine hohe Bindung an den Wohnort hat und sich mit dem lokalen Umfeld identifiziert.

**Schaubild 26
Verhältnis zum Wohnort**

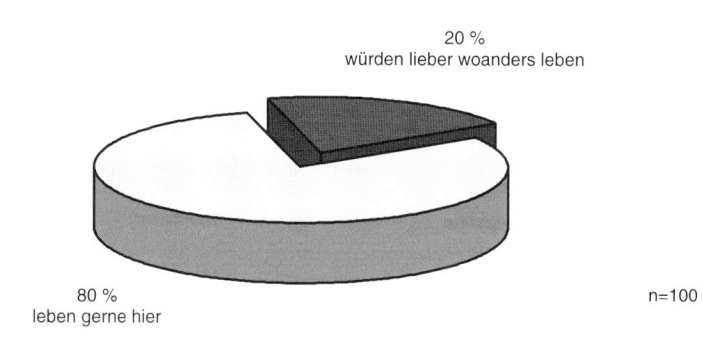

20 %
würden lieber woanders leben

80 %
leben gerne hier

n=100

Der hohe Anteil derer, die gerne hier leben und sich an ihrem Wohnort gebunden oder stark gebunden fühlen, ist vor dem Hintergrund zu sehen, daß mehr als ein Drittel der Befragten seit Geburt und ohne Unterbrechung in Kassel lebt (vgl. Schaubild 24).

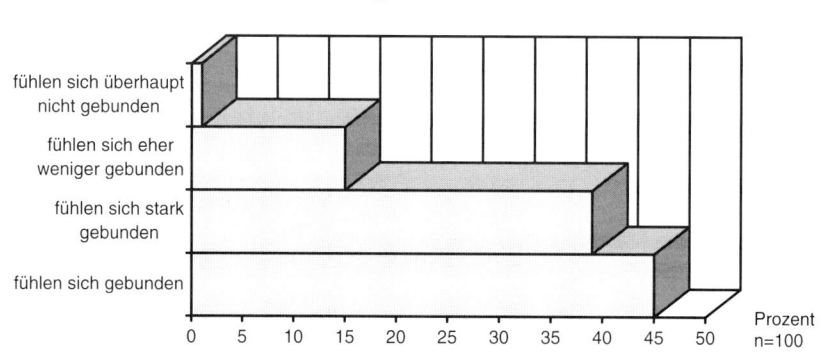

**Schaubild 27
Bindung an Wohnort**

fühlen sich überhaupt nicht gebunden
fühlen sich eher weniger gebunden
fühlen sich stark gebunden
fühlen sich gebunden

0   5   10   15   20   25   30   35   40   45   50

Prozent
n=100

Die lokale Eingebundenheit ist aber nicht geschlechts-, alters- und bildungsunabhängig, wie Tabelle 39 in Kapitel 9.2 zeigt. Eine deutlich stärkere lokale Eingebundenheit ist insbesondere bei Männern vorzufinden. Sie gaben mit über zehn Prozent häufiger als Frauen an, daß sie sich an ihren Wohnort „stark gebunden" fühlen. Diese geschlechtsspezifischen Werte relativieren sich erst, wenn man die Antwortkategorie „gebunden" hinzunimmt. Hier äußerten über 10 Prozent der Frauen häufiger, daß sie sich an ihren Wohnort „gebunden" fühlen. So ist zwar die lokale Eingebundenheit unabhängig vom Geschlecht allgemein sehr hoch, die persönliche Selbsteinschätzung variiert jedoch zwischen Männern und Frauen in der Intensität ihrer Bindung.

Die Wohnortbindung klafft deutlich bei den älteren (59 Jahre und älter) und jüngeren (14 bis 29 Jahre) Altersgruppen auf der einen Seite und der mittleren Altersgruppe (30 bis 59 Jahre) auf der anderen Seite auseinander. „Stark gebunden" sind die älteren Jahrgänge, an ihren Wohnort „gebunden" sind insbesondere die jüngeren Befragten. Auch hier ist bei allen Altersgruppen insgesamt eine hohe Wohnortbindung vorhanden, bei den mittleren Altersstufen ist sie jedoch am wenigsten ausgeprägt. Das heißt, die Personenzahl, die sich eher weniger an ihren Wohnort gebunden fühlt, ist hier am größten. Und Personen mit höherem Bildungsabschluß, also mit Hochschulreife oder Hochschulabschluß, sind nach eigenem Empfinden eher weniger an ihren Wohnort gebunden. Sie sind in den Kategorien „stark gebunden" und „gebunden" deutlich unterrepräsentiert.

Personen, die den Offenen Kanal „täglich" oder „mehrmals pro Woche" sehen, die sogenannten Vielseher, weisen eine höhere Wohnortbindung auf (vgl. Kapitel 9.2 Tabellen 40 und 41). 33,3 Prozent der Vielseher fühlen sich an ihren Wohnort „stark gebunden", 28,9 Prozent „gebunden". Bei den Wenigsehern, also den Personen, die den Offenen Kanal „einmal im Monat" oder „seltener" sehen, kehrt sich das Verhältnis zwischen starker und geringer Wohnortbindung um. Hier sind nur noch 23,1 Prozent an ihren Wohnort „stark gebunden", aber 31,3 Prozent „eher weniger gebunden". 31,1 Prozent fühlen sich immerhin noch „gebunden".

Deutlich ersichtlich wird hier ein Zusammenhang zwischen der lokalen Eingebundenheit der Befragten und der Nutzung des Offenen Kanals. Eine starke Wohnortbindung bzw. eine hohe Identifikation mit dem lokalen Umfeld führen offensichtlich eher dazu, den Offenen Kanal häufiger einzuschalten[59].

---

[59] Eine Recodierung der fünf Antwortvorgaben in die drei Kategorien zur Wohnortbindung: „stark gebunden" „gebunden" und „eher weniger gebunden" wurde vorgenommen.

Schaubild 28
Täglich ausgeübte Freizeitbeschäftigungen

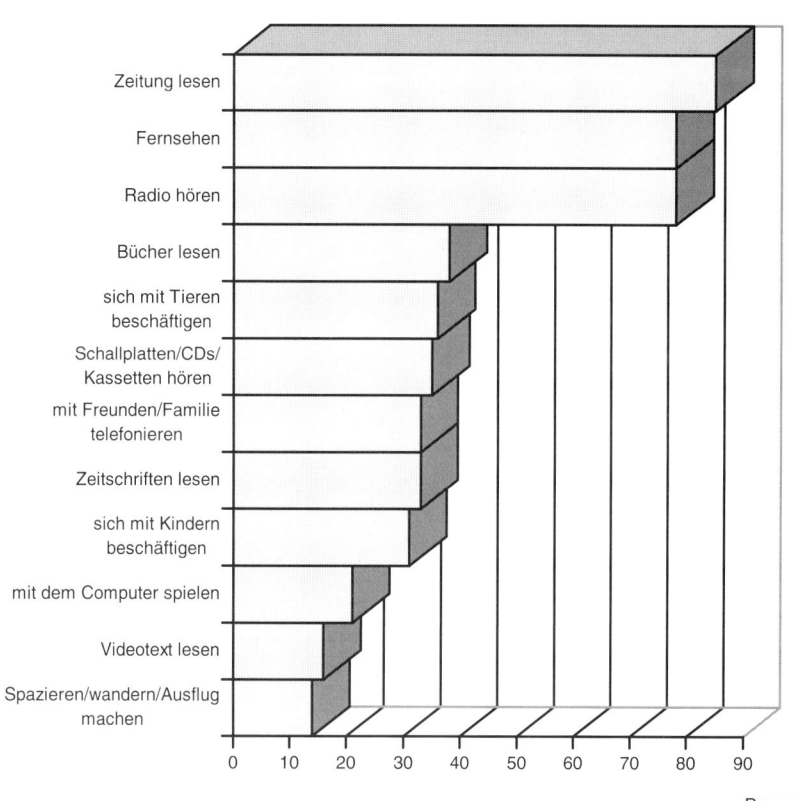

Zeitung lesen	
Fernsehen	
Radio hören	
Bücher lesen	
sich mit Tieren beschäftigen	
Schallplatten/CDs/Kassetten hören	
mit Freunden/Familie telefonieren	
Zeitschriften lesen	
sich mit Kindern beschäftigen	
mit dem Computer spielen	
Videotext lesen	
Spazieren/wandern/Ausflug machen	

Prozent
n=100

Anhand einer Liste mit Freizeitaktivitäten sollten die Befragten angeben, wie häufig sie verschiedenen Hobbies nachgehen. *Das* tägliche Hobby ist „Zeitung lesen" (84 Prozent), gefolgt von „fernsehen" und „Radio hören" (jeweils 78 Prozent). Deutlich herauskristallisiert und erneut bestätigt hat sich bei den Antworten, daß Medien die zentrale Rolle im Alltag überhaupt spielen. Zudem deutet sich hier aufgrund der hohen Mediennutzung ein großes Informationsbedürfnis an, das im folgenden eine Spezifizierung hin auf lokale Informationsbedürfnisse erfahren soll.

Zusammenfassung: Die Befragten sind annähernd zu gleichen Teilen nach Kassel gezogen bzw. leben seit Geburt oder mit Unterbrechungen hier. Fast alle haben gute Freunde oder Bekannte in Kassel. Folglich lebt der überwiegende Teil auch gerne in der Stadt und fühlt sich dort gebunden. Diese Bindung an den Wohnort ist allerdings bei den Fans des Offenen Kanals stärker als bei den Nichtfans.

6.2.3.2 Das lokale Informationsbedürfnis

Die Frage, ob sie die Berichterstattung über ihren Wohnort als ausreichend betrachten, bejahten 51 Prozent der Befragten. 24 Prozent vertraten die Auffassung, dies sei „je nach Thema" zutreffend. Weitere 25 Prozent befanden sie als „nicht ausreichend". Aus den Antworten geht hervor, daß drei Viertel der Befragten mit der lokalen Berichterstattung weitestgehend zufrieden sind und sich hinlänglich über lokale Themen informiert fühlen. Ein immerhin nicht geringer Anteil von einem Viertel übt allerdings Kritik und stellt hier einen Mangel am lokalen Informationsangebot fest (vgl. Kapitel 9.2 Tabelle 42).

Von den Befragten, die sich ausreichend oder je nach Thema ausreichend informiert fühlen, gaben 83,8 Prozent die Tageszeitung als hinlängliche Informationsquelle an, 39,2 Prozent nannten das Fernsehen, 32,4 Prozent das Radio und 12,2 Prozent lokale Anzeigenblätter. Die Kategorie Fernsehen haben wir speziell nach Angaben zum Offenen Kanal Kassel unterteilt, um herauszufinden, wie die Befragten die Berichterstattung über ihren Wohnort im Offenen Kanal beurteilen. Danach sagten 12,2 Prozent, daß sie im Offenen Kanal ausreichend oder je nach Thema über lokale Ereignisse informiert werden[60].

---

[60] Bei dieser offen gestellten Frage waren bis zu drei Antworten möglich, die bei der Auswertung recodiert wurden.

Schaubilder 29 und 30
Quantität lokaler Berichterstattung

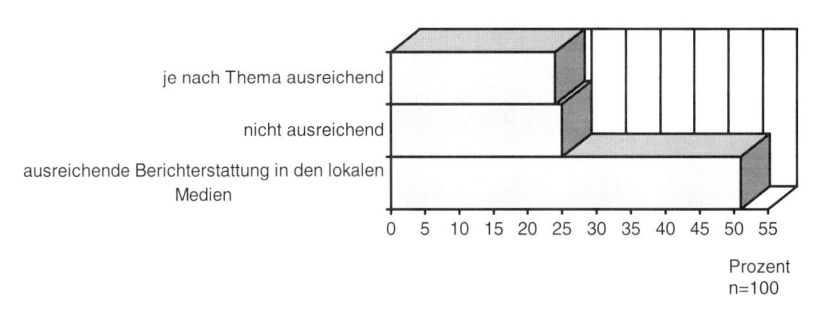

je nach Thema ausreichend

nicht ausreichend

ausreichende Berichterstattung in den lokalen Medien

0 5 10 15 20 25 30 35 40 45 50 55

Prozent
n=100

Ausreichende Berichterstattung über den Wohnort:

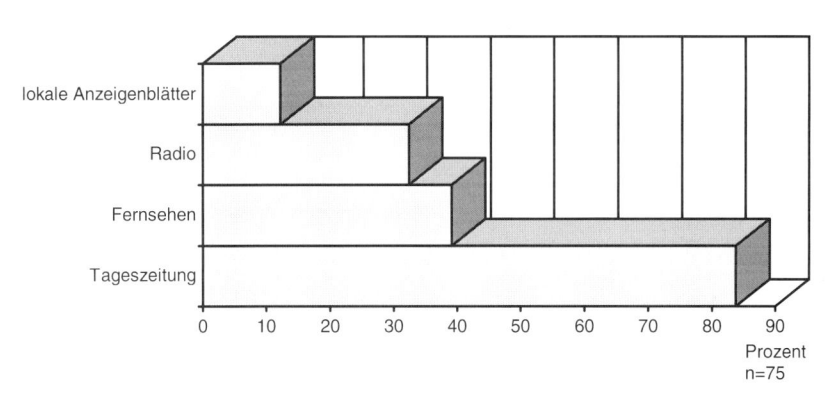

lokale Anzeigenblätter

Radio

Fernsehen

Tageszeitung

0   10   20   30   40   50   60   70   80   90

Prozent
n=75

Ein weiterer interessanter Aspekt ist, daß von den Befragten, die sich ausreichend oder je nach Thema ausreichend durch lokale Medien informiert fühlen (75 Prozent), die Vielseher des Offenen Kanals mit 16,7 Prozent den Offenen Kanal als ausreichend bzw. je nach Thema ausreichend informierendes Medium nennen. Bei den Durchschnitts- und Wenigsehern hingegen ist der Wert mit 10,8 und 10,5 um einige Prozentpunkte niedriger (vgl. Kapitel 9.2 Tabelle 43). Betrachtet man die lokale Gebundenheit der Befragten und ihre Bewertung der lokalen Berichterstattung, so zeigt sich, daß stark gebundene Personen überdurchschnittlich oft die lokale Berichterstattung als „nicht ausreichend" bemängeln. Dementsprechend bewerten Befragte mit geringer Wohnortbindung die Berichterstattung in den Lokalmedien überdurchschnittlich oft als „ausreichend". Offensichtlich besteht hier insgesamt eine Lücke in der lokalen Berichterstattung, denn immerhin ein Viertel der Befragten konstatiert hier einen eklatanten Mangel (vgl. Kapitel 9.2 Tabelle 44).

Dort, wo ein Mangel im lokalen Informationsangebot festgestellt wird, stellt sich zunächst die Frage, wie groß die Nachfrage ist. Wir ermittelten deshalb anhand von thematischen Vorgaben den Grad der Ausprägung an Informationsbedürfnissen. In weiteren Untersuchungsschritten analysierten wir dann durch offen gestellte Fragen, ob Themen, die für die Befragten von Interesse sind, in angemessener Form von den lokalen Medien behandelt werden und ob solche lokalen Themen im Offenen Kanal aufgegriffen werden (vgl. Kapitel 6.2.4.4 „Der Offene Kanal als lokales Medium").

Bevor die Darstellung der Ergebnisse folgen kann, müssen an dieser Stelle mit Verweis auf Kapitel 9.2. Tabellen 45 bis 53 zwei Begriffe eingeführt und erläutert werden, die wir gewählt haben, um subsumieren zu können: Der Begriff „lokale Hardinfo" steht für die nach ihrem Wichtigkeitsgrad abgefragten Themen lokalpolitische Ereignisse, lokalpolitische Persönlichkeiten, lokale Sportveranstaltungen, lokale Umweltfragen und lokale Veranstaltungen. Der Begriff der „lokalen Softinfo" steht für Alltägliches, lokale Filmprogramme, lokale Persönlichkeiten/Künstler, menschliche Ereignisse und soziale Einrichtungen[61].

Die größte Bedeutung bei lokalen Themen räumen 60 Prozent der Befragten „lokalen Umweltfragen" ein. Sie finden, dieses Thema sei in der Berichterstattung über ihren Wohnort „immer wichtig". An zweiter Stelle folgt das Thema „soziale Einrichtungen", das 54 Prozent für „immer wichtig" halten. Ein großes Interesse besteht schließlich auch an „lokalpolitischen Ereignissen", die 50 Prozent für sehr wichtig erachten. Auf das geringste Interesse stoßen demgegenüber „lokale Sportveranstaltungen". 33 Prozent sind der Meinung, dieses Thema sei für sie „nie wichtig". Dann folgen die Themen „lokale Filmprogramme" und „lokalpolitische Persönlichkeiten", die für 31 bzw. 21 Prozent unwichtig sind (vgl. Kapitel 9.2 Tabellen 45 bis 53).

(Exkurs: Einerseits völlig überraschend für uns ist das geringe Interesse an lokalen Sportereignissen. Andererseits läßt sich damit vielleicht erklären, weshalb der lokale Sport auch im Offenen Kanal Kassel im Vergleich zu allen anderen lokalen Themenbereichen unterrepräsentiert ist: Lokaler Fußball kommt, wie fast alle übrigen Sportarten, in Sendebeiträgen so gut wie gar nicht vor. Einzige Ausnahmen: Ein regelmäßiges „Judo Journal Kassel" in den Jahren 1994 und 1995 und das seit August 1993 bis zum Ende der Saison 1997/98 gelaufene „Eishockey-Magazin Kassel". Erst nach sechs Jahren Sendebetrieb startete im

---

[61] Dabei handelt es sich um Faktoren, die mittels einer Faktorenanalyse errechnet wurden.

Sommer 1998 als monatliche Sendung ein „Sport-Magazin", das über viele verschiedene lokale Sportereignisse berichtet.)

Aus der Berechnung eines Durchschnittswertes, in der allen drei Antwortkategorien, je nach Wichtigkeit, die Werte 1 bis 3 zugeordnet wurden, ergab sich folgende Rangskala: Die wichtigsten lokalen Themen sind lokale Umweltfragen, soziale Einrichtungen und lokale Veranstaltungen. Auf großes Interesse stoßen auch die Themen lokalpolitische Ereignisse, Alltägliches und menschliche Ereignisse. Lokale Filmprogramme, lokale Sportveranstaltungen, lokale und auch lokalpolitische Persönlichkeiten haben die geringste Bedeutung in der lokalen Berichterstattung. Das große Interesse, das bei dieser Frage fast allen lokalen Themen entgegengebracht wurde (die Werte in der Wichtigkeitsskala bewegten sich mit Ausnahme von vier Fällen immer über dem Durchschnittswert 2,24), läßt auf ein sehr hohes lokales Informationsbedürfnis schließen. Eine Übersicht über die Wichtigkeit verschiedener lokaler Themen bietet Schaubild 31[62].

Schaubild 31
Bedeutung lokaler Themen

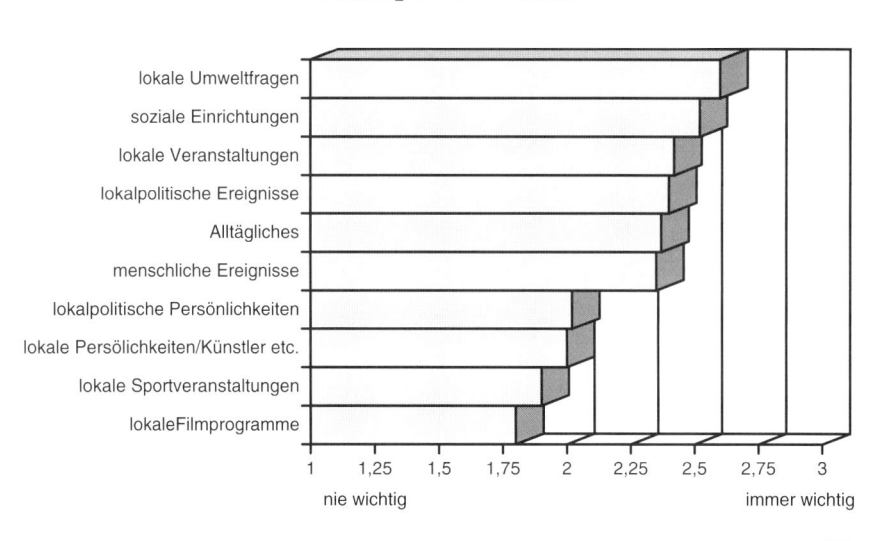

---

[62] Die Befragten sollten hier zu verschiedenen Themen angeben, ob sie diese Themen für eine Berichterstattung über ihren Wohnort für „immer wichtig", „manchmal wichtig" oder „nie wichtig" halten.

Mit Hilfe einer Indexbildung, bei der die Antworten in vier Kategorien verschiedener Ausprägung eingeordnet wurden, fanden wir heraus, daß sich Personen mit sehr großem Interesse an lokaler Berichterstattung (Ausprägung 4) häufig „nicht ausreichend" durch die lokalen Medien informiert fühlen (50 Prozent). 20 Prozent fühlen sich „je nach Thema ausreichend" informiert und 30 Prozent „ausreichend". Die Zahl der Befragten, die ein sehr geringes Interesse an lokaler Berichterstattung haben (Ausprägung 1), ist bei dieser Beurteilung lokaler Medien deutlich höher (75 Prozent). Nur 25 Prozent fühlen sich „nicht ausreichend" informiert:

Schaubild 32
Lokales Informationsbedürfnis/Informationsbefriedigung

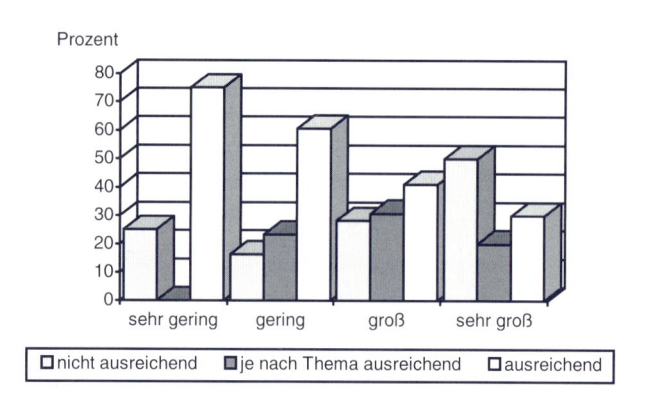

n=100

Zusammenfassend muß hier ein Defizit zwischen Angebot und Nachfrage im lokalen Informationsgefüge festgestellt werden. Ein Viertel der Befragten ist mit der lokalen Berichterstattung in den Medien unzufrieden und bemängelt sie als „nicht ausreichend". Immerhin 12,2 Prozent der Personen, die sich hinlänglich über ihren Wohnort durch die Medien unterrichtet fühlen, nannten den Offenen Kanal als Medium, das sie ausreichend informiert - wobei hier Mehrfachantworten möglich waren. Die Vielseher des Offenen Kanals sind hier am häufigsten vertreten. Gerade lokal stark gebundene Personen und Befragte mit einem ausgeprägten Interesse an vielen lokalen Themen konstatieren einen Mangel in der lokalen Berichterstattung. Insofern besteht in der lokalen Informationsvermittlung ein Ungleichgewicht zwischen Angebot und Nachfrage. Ist der Mangel, den immerhin 25 Prozent der Befragten beklagen, mit sozusagen selbstverschuldeter Nichtnutzung der lokalen Medienangebote erklärbar, frei nach dem Motto: Es gibt sie ja, aber ich habe sie nicht wahrgenommen und finde deshalb meine Interessen nicht angemessen vertreten? Dieser spannenden Frage gehen wir im nächsten Kapitel nach.

6.2.3.3 Die lokale Mediennutzung

Informationen über lokale Ereignisse beziehen die meisten Personen unserer Face-to-Face-Befragung aus dem Lokalteil der ortsansässigen Tageszeitung. „Sehr oft" nutzen dieses Medium 58 Prozent. Ein lokales Anzeigenblatt, das zweimal in der Woche kostenlos in die Haushalte im Verbreitungsgebiet geliefert wird, lesen 28 Prozent der Befragten sehr oft. Für 21 Prozent sind sowohl die „Hessenschau"[63] als auch das Amts- oder Gemeindeblatt häufigste Informationsquelle. Dann folgen die regionalen Radiosendungen des Hessischen Rundfunks (20 Prozent) und des Privatsenders Hit Radio FFH (13 Prozent) (vgl. Kapitel 9.2 Tabellen 54 bis 62).

6.2.4 Die Nutzung des Offenen Kanals Kassel

In diesem Kapitel geht es im einzelnen um die Nutzung des Offenen Kanals, um Informationen über den Offenen Kanal, um die Beurteilung von Sendungen und Sendeformen, um die Bedeutung des Offenen Kanals als lokales Medium und um eine Bewertung des Offenen Kanals. Dieser direkt auf den Offenen Kanal Kassel gerichtete Fragenkomplex sollte genaue Informationen über die Akzeptanz bei den Zuschauern geben.

Die *Nutzung des Offenen Kanals Kassel* ermittelten wir eingehend durch Fragen, die sich auf die Kontinuität der Nutzung und auf die Sehdauer bei Sendungen beziehen sowie auf eine möglicherweise gezielte Auswahl des Programms und auf eine Frequentierung des Wiederholungsprogramms. Über welche *Informationen* die Befragten verfügen, fragten wir konkret anhand der Informationstafeln, der Sendezeit und der Informationsquellen über den Offenen Kanal ab. Außerdem war hierbei von Interesse, ob die Befragten schon einmal direkten *Kontakt* zum Offenen Kanal Kassel hatten.

Daran anknüpfend erkundeten wir, wie einzelne Sendungen und Sendeformen beim Publikum ankommen, indem wir zur Bewertung einzelner regelmäßiger Sendungen und Genres aufforderten. Vertiefend fragten wir schließlich, ob eine Sendung schon einmal Ärger oder Freude ausgelöst hat, gegebenenfalls, was der Grund dafür war und was daraufhin eventuell unternommen wurde. Es ging

---

[63] „Hessenschau" ist die täglich um 19.30 Uhr im 3. Programm ausgestrahlte Regionalsendung des Hessischen Rundfunks/hessen fernsehen.

also in diesem Zusammenhang um die *Beurteilung von Sendungen und Sendeformen.*

Die Bedeutung des Offenen Kanals als lokales Medium erfaßten Fragen zu lokalen Themeninteressen, zur Bewertung der Aktualität, Ausführlichkeit und Glaubwürdigkeit anderer lokaler Medien bezüglich der genannten Themen und zum Interesse an lokalen Themen im Offenen Kanal.

Als einflußnehmende Variablen für die Nutzung des Offenen Kanals wurden soziodemographische Merkmale, lokale Gebundenheit, lokales Informationsbedürfnis, lokales Informationsdefizit, die Beurteilung des Offenen Kanals und die lokale Mediennutzung herangezogen. Daraus sollten Antworten auf die Frage gefunden werden, warum der Offene Kanal gesehen wird und von welchen Kriterien seine Nutzung abhängt. Abschließend baten wir um eine *Beurteilung des Offenen Kanals* bezüglich der Bekanntheit, der Produzenten und des Werbeverbots sowie um eine allgemeine Bewertung.

6.2.4.1 Das Rezeptionsverhalten

Gleich zu Beginn, als der Offene Kanal im Sommer 1992 auf Sendung ging, sah ihn ein großer Teil der Befragten zum ersten Mal (34 Prozent). Das verwundert nicht, ging der Offene Kanal 1992 doch als erstes Bürgerfernsehen in Hessen auf Sendung und genoß damit sicherlich einen attraktiven Neuigkeitswert in der Bevölkerung. In den ersten Jahren nach dem Sendestart schalteten die meisten Personen erstmals das Programm ein, der überwiegende Teil im Schnitt im Jahr 1993.

Differenziert nach den Einstiegsjahren waren es 19 Prozent im Jahr 1993, 11 Prozent im Jahr 1994 und 14 Prozent im Jahr 1995. Erst im Jahr 1996, im Jahr dieser Untersuchung, sank die Zahl der „Newcomer" unter den Zuschauern auf 3 Prozent.

Das heißt, der Offene Kanal ist den Befragten schon seit längerem bekannt, vor allem aus der Anfangsphase. Wenn man im weiteren bedenkt, daß 46,5 Prozent der Befragten den Offenen Kanal früher genauso oft eingeschaltet haben wie heute, läßt sich hier ein Stammpublikum ausmachen, das kontinuierlich von Beginn an dabei ist.

Schaubild 33
In diesem Jahr die erste Sendung im Offenen Kanal gesehen

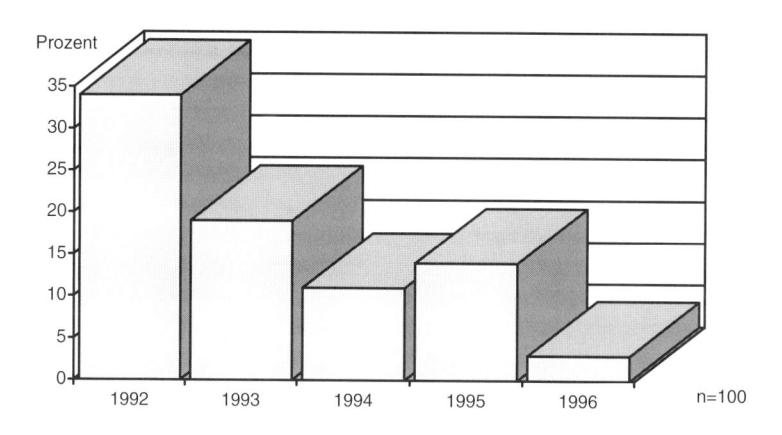

Über ein Drittel (34,3 Prozent) hat den Offenen Kanal früher seltener als heute gesehen (vgl. Schaubild 34).

Schaubild 34
Nutzungskontinuität des Offenen Kanals

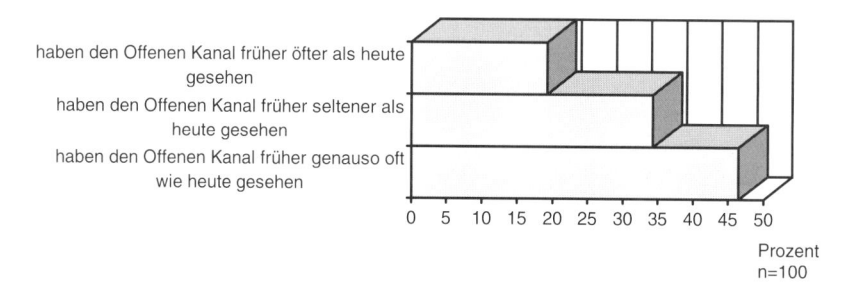

Als Gründe für diese Veränderung im Sehverhalten nannten die Zuschauer zum einen fehlende Informationen über den Offenen Kanal in der Anfangszeit und zum anderen das Programm, das heute besser und interessanter sei. Umgekehrt schauen heute immerhin 19,2 Prozent seltener Offenen Kanal als früher. Bei Nachfragen gaben darunter viele als Begründung ihr verloren gegangenes Interesse am neuen Medium an. Die Neugierde, „mal zu sehen, was da so läuft", hat insofern bei einem kleinen Teil der Zuschauerschaft abgenommen.

Insgesamt deuten diese Zahlen darauf hin, daß der Offene Kanal, neben der anfänglichen Neugier am neuen Medium, im Lauf der Jahre tatsächlich noch an Attraktivität hinzugewonnen hat.

Bestätigt wird diese Aussage dadurch, daß die Mehrheit der Zuschauer, nämlich 61 Prozent, die Sendungen des Offenen Kanals gezielt, also sehr bewußt und mit Interesse einschalten, wie Schaubild 35 zeigt:

**Schaubild 35
Gezielte Auswahl von Sendungen**

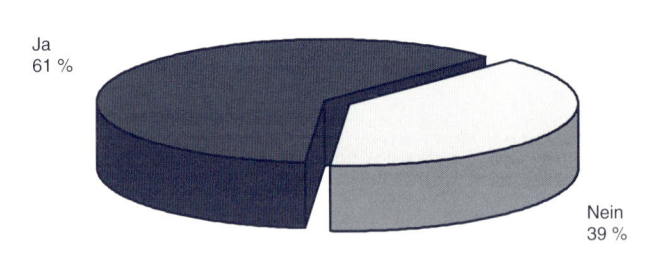

Ja
61 %

Nein
39 %

n=100

Vor diesem Hintergrund spielt das „Zapping" für die Nutzung des Programms nur eine untergeordnete Rolle. Allerdings ist davon auszugehen, daß unter den 39 Prozent, die den Offenen Kanal nicht gezielt und insofern zufällig einschalten, auch das „Zapping" Einfluß auf die Nutzung hat.

Auffällig ist, daß der Offene Kanal gerade im Jahr der Eröffnung vorwiegend ein männliches Publikum angezogen hat. So sahen 50 Prozent der befragten Männer 1992 zum ersten Mal den Offenen Kanal, wohingegen nur 20,4 Prozent Frauen im Eröffnungsjahr einschalteten. Interessante Verschiebungen ergeben sich dann wieder im Jahr 1995. Hier haben mit 20,4 Prozent überproportional viele Frauen die erste Sendung im Offenen Kanal gesehen, deutlich abweichend von den 6,5 Prozent Männern (vgl. Kapitel 9.2 Tabelle 63).

Mehrfach haben sich immerhin schon 19 Prozent der Befragten eine Sendung angeschaut. Der Offene Kanal strahlt eine Wiederholung der Sendungen täglich ab 22.00 und eine am Wochenende aus: Am Samstag ab 16 Uhr laufen die Sendebeiträge von Montag bis Mittwoch noch einmal, am Sonntag ab 16 Uhr die von Donnerstag und Freitag. Angesichts der oben genannten Werte ist festzustellen, daß die Wiederholungen des Programms auf eine angemessene Resonanz stoßen. Eindeutiger Favorit unter den am meisten gesehenen Wiederholungen sind die sogenannten Talkrunden. Viele Produzenten wählen diese

Sendeform, um mit Bürgern oder städtischer Prominenz ins Gespräch zu kommen.

Ein etwas weniger positives Bild ergibt sich allerdings, wenn man danach fragt, wie häufig die Sendungen von Anfang bis Ende gesehen werden. Hier sagen 38 Prozent, daß sie dies nur gelegentlich tun. 28 Prozent schauen häufig oder immer die ganze Sendung, und 34 Prozent schauen nur selten oder nie von Anfang bis Ende zu. Die Zuschauer beständig durch eine ganze Sendung „bei der Stange" zu halten, erweist sich demzufolge als nicht so einfach:

Schaubild 36
Sendungen wurden von Anfang bis Ende gesehen

Prozent
n=100

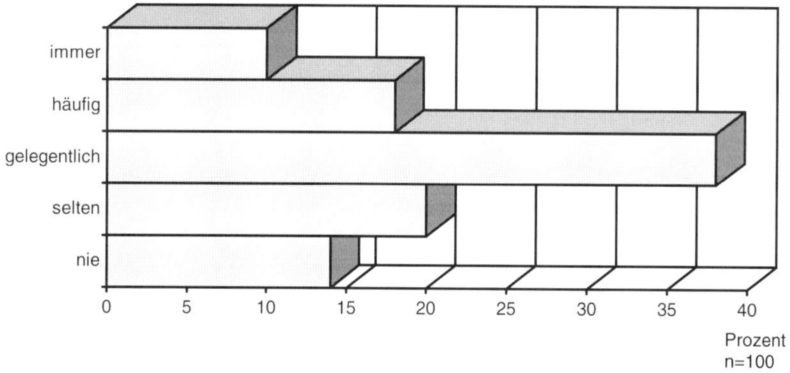

Zusammenfassung: Der Offene Kanal verfügt über ein treues Stammpublikum, das ihn bereits seit der Anfangsphase nutzt. Diejenigen, die den Offenen Kanal heute häufiger als früher sehen, tun dies, weil erstens das Programm besser und interessanter, zweitens aber auch die Informationen über den Offenen Kanal besser geworden sind. Bei denjenigen, die ihn seltener sehen, ist die Phase der Neugierde beendet.

Die Sendungen des Offenen Kanals werden zwar häufig gezielt ausgewählt, aber nur von 28 Prozent häufig oder immer ganz gesehen.

6.2.4.2 Das Informationsverhalten

Im weiteren Verlauf der Untersuchung interessierte uns, welche Medien die Befragten nutzen, um sich über das Programm des Offenen Kanals auf dem laufenden zu halten.

Verschiedene lokale Informationsquellen kommen in diesem Zusammenhang in Frage (vgl. Kapitel 9.2 Tabelle 64): So beziehen 68 Prozent Informationen über den Offenen Kanal aus der Zeitung (vgl. Schaubild 37).

Schaubild 37
Information über und Kontakt zum Offenen Kanal

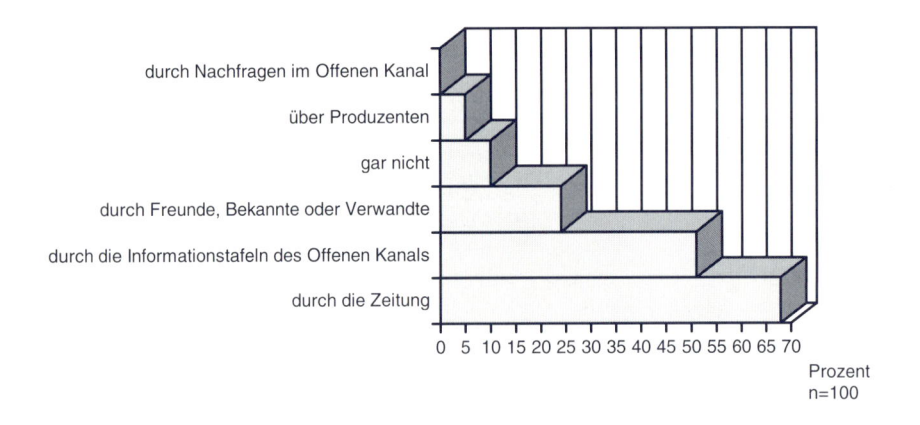

durch Nachfragen im Offenen Kanal

über Produzenten

gar nicht

durch Freunde, Bekannte oder Verwandte

durch die Informationstafeln des Offenen Kanals

durch die Zeitung

0 5 10 15 20 25 30 35 40 45 50 55 60 65 70
Prozent
n=100

Die tägliche Veröffentlichung des Programms in der Lokalpresse hat sich demzufolge bewährt und als Stabilisationsfaktor für die Öffentlichkeitsarbeit des Offenen Kanals etabliert. Ebenso kommen die Informationstafeln des Offenen Kanals mit Hinweisen zu den einzelnen Sendungen und zum Offenen Kanal selbst beim Publikum an. 51 Prozent lesen sie, um sich über die Sendungen zu informieren. Tips durch Freunde, Bekannte oder Verwandte erhalten 24 Prozent. Selbst im Offenen Kanal nachgefragt hat hingegen noch keiner der Befragten.

Untermauert wird dieses Ergebnis auch durch die geringe Anzahl von 16 Prozent der Befragten, die schon einmal direkten Kontakt zum Offenen Kanal hatten (vgl. Schaubild 38). Demgegenüber steht die Alltagserfahrung der Mitarbeiter des Offenen Kanals, denn sie werden regelmäßig mehrmals täglich von Zuschauern telefonisch oder persönlich kontaktiert. Die Anliegen der Anrufer und Besucher reichen vom Wunsch nach Kopie einer Sendung über Nachfragen nach Ausstrahlungsterminen bis hin zur Bitte, einen bestimmten Beitrag noch einmal zu senden, weil man ihn verpaßt oder nicht ganz gesehen habe. Und auch die Erfahrungen mit Live-Sendungen, in denen angerufen werden kann, um entweder mitzudiskutieren, Fragen zu stellen, mitzuspielen oder zu gewinnen, widersprechen dem Ergebnis, denn bei solchen Sendungen, die im Offenen Kanal Kassel regelmäßig und oft mehrmals pro Woche stattfinden, sind die beiden Studiotelefone meist dauerbesetzt.

Schaubild 38
Direkter Kontakt zum Offenen Kanal

16 % Ja

84 % Nein

n=100

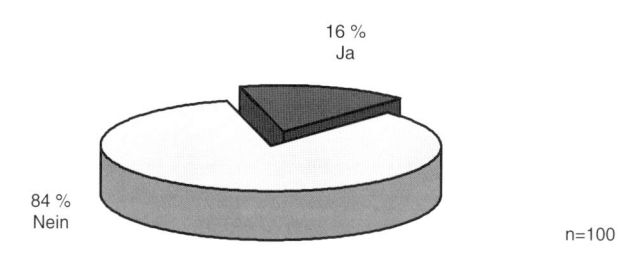

Hierbei ist interessant, daß jüngere Jahrgänge, mehr Männer als Frauen und insbesondere Hochschulabsolventen schon einmal direkten Kontakt zum Offenen Kanal hatten, wie aus den Schaubildern 38 bis 40 ersichtlich wird. Nach Auskunft der Befragten bestand der Kontakt beispielsweise durch die Produktion eigener Sendungen oder durch die Teilnahme an Technikkursen. Ein kleiner Teil der befragten Zuschauer ist also selbst im Offenen Kanal aktiv.

Schaubild 39
Direkter Kontakt nach Alter

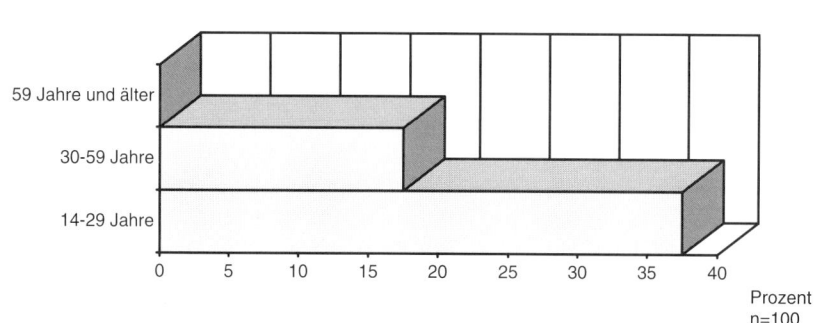

Prozent
n=100

Recherchen bei öffentlich-rechtlichen Rundfunkanstalten und privatwirtschaftlichen Rundfunkveranstaltern haben ergeben, daß demographische Daten zu solchen Zuschauern, die mit dem Sender Kontakt aufnehmen, in den Forschungsabteilungen bisher noch keine Rolle spielten. Es liegen also keinerlei Vergleichsdaten zu diesen Kasseler Ergebnissen vor, und so bleibt die Frage offen, ob es typisch ist, daß vor allem die jüngeren Jahrgänge dazu neigen, sich an einen Sender zu wenden. Anzumerken ist allerdings: Wenn ein knappes Fünftel der befragten Zuschauer aktiv Kontakt zum Offenen Kanal sucht und findet, stellt das einen hohen Wert dar.

Schaubild 40
Direkter Kontakt (nach Geschlecht)

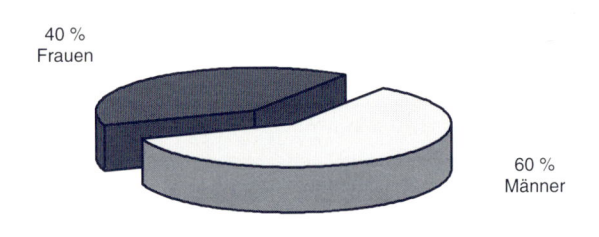

40 %
Frauen

60 %
Männer

n=100

Der Frauenanteil an der Nutzerschaft des Offenen Kanals beträgt im August 1998 - mit seit 1992 langsam, aber stetig steigender Tendenz - 26 Prozent. Der Frauenanteil an den Sendeanmeldern beträgt zum gleichen Zeitpunkt 24,3 Prozent (vgl. Kapitel 3.4 „Die Nutzerschaft"). Diese Zahlen, die im bundesweiten Durchschnitt der Offenen Kanäle sehr hoch sind, verdeutlichen, daß Frauen im Produktionsbereich Offener Kanäle stark unterrepräsentiert sind.

In der Zuschauerschaft des Offenen Kanals Kassel hingegen beträgt ihr Anteil bei unseren beiden Befragungen mehr als 50 Prozent (vgl. Kapitel 6.1.1.2 und 6.2.1.2 „Das Geschlecht"). Berücksichtigt man nun die insgesamt größere Zurückhaltung von Frauen im Vergleich zu Männern, wenn es darum geht, sich an Einrichtungen aller Art zu wenden, muß konstatiert werden, daß das oben in Schaubild 40 dargestellte Ergebnis von dem allgemein üblichen Frauenbild abweicht.

Auch bei der Differenzierung nach Bildungsgruppen kann – wie oben bereits dargestellt – auf keine Vergleichszahlen aus dem Rundfunkbereich zurückgegriffen werden:

Schaubild 41
Direkter Kontakt (nach Bildungsgruppen)

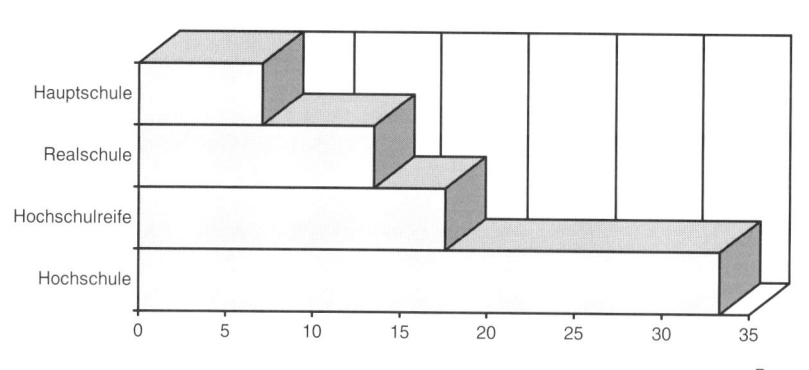

Hauptschule	
Realschule	
Hochschulreife	
Hochschule	

0   5   10   15   20   25   30   35

Prozent
n=100

Auf die Frage, ob ihnen noch andere Werbemöglichkeiten für die Sendebeiträge des Offenen Kanals Kassel einfielen, kamen von einem Drittel der Befragten kreative Anregungen: Die Veröffentlichung des Programms in den täglichen allgemeinen Hinweisen zum Fernsehprogramm in der Tageszeitung (also auf der „Fernsehseite"), die Sendung von Videotexttafeln sowie die Verteilung von Handzetteln und Plakatierungen wünschten sich viele Befragte als zusätzliche Werbemaßnahmen.

Da wir allerdings hier die Antworten ganz besonders kritisch unter die Lupe nehmen wollten, um genauere Aussagen über die Effektivität der Informationsangebote des Offenen Kanals treffen zu können, fragten wir präzise nach den Informationstafeln und den Sendezeiten. Genaue und richtige Auskünfte zu den Sendezeiten konnten tatsächlich ausgesprochen viele Befragte machen. So wissen 87 Prozent, daß die Sendezeit des Offenen Kanals zwischen 18 und 22 Uhr liegt, 32 Prozent kennen das Wiederholungsprogramm nach 22 Uhr, und 49 Prozent sind über das Wochenendprogramm des Offenen Kanals informiert (vgl. Kapitel 9.2. Tabellen 65 bis 67).

Die Hauptsendezeit des Offenen Kanals hat sich weitestgehend herumgesprochen, die Wiederholungszeiten sind demgegenüber weniger, aber immerhin noch einem Drittel bzw. der Hälfte der Befragten bekannt. Zu den Informationstafeln sagen 40 Prozent, daß sie diese schon einmal ganz durchgelesen haben. An der Glaubwürdigkeit dieser Aussagen besteht kein Zweifel angesichts der exakten Angaben, die die Befragten zu den Sendezeiten machen konnten. Die bestehenden Sendezeiten entsprechen den Vorstellungen der meisten Befragten (81 Prozent). 19 Prozent allerdings sind unzufrieden und wünschen sich überwiegend (44,4 Prozent) eine frühere Sendezeit - verständlicherweise mehrheitlich Frauen, die sich um 18 Uhr meist um familiäre Belange wie Abendessen und ähnliches kümmern müssen.

Schaubild 42
Sendezeit bedarfsgerecht

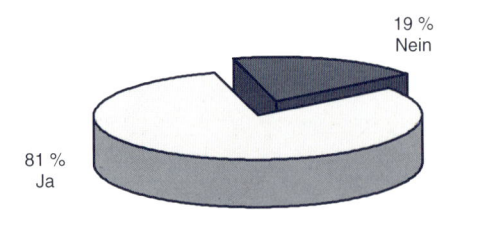

19 % Nein
81 % Ja
n=100

Zusammenfassung: Offensichtlich gibt es eine kontinuierlich stabile Nutzung des Offenen Kanals (vgl. Kapitel 6.2.4.1 „Das Rezeptionsverhalten") und eine ausgeprägte Nutzung verschiedener Informationsquellen über den Offenen Kanal. Die tägliche Veröffentlichung des Programms in der Lokalpresse hat sich bewährt. Sie ist die bei weitem etablierteste Informationsquelle zum Offenen Kanal. Zusätzlich wurde von den Befragten die Anregung gegeben, die Hinweise des Offenen Kanals auf der Fernsehseite der Tageszeitung zu veröffentlichen, Videotexttafeln zu senden, Handzettel zu verteilen und zu plakatieren.

Bei der direkten Kontaktaufnahme zum Offenen Kanal bestehen allerdings häufig noch Hemmschwellen. Dies muß vor allem vor dem Hintergrund bedacht werden, daß 35 Prozent der Befragten Interesse äußerten, selbst eine Sendung zu produzieren.

6.2.4.3 Die Beurteilung der Sendebeiträge

Hier wollten wir die Meinung der Befragten zu regelmäßigen Sendungen kennenlernen. Die Sendungen sind zunächst nach ihrem Bekanntheitsgrad und dann nach ihrer Beliebtheit eingestuft worden. Die Spitzenposition in der Bekanntheitsskala nimmt die Sendung „OB Live" ein, nur 28 Prozent kennen sie nicht. „Hallo Arnold" rangiert hier an zweiter Stelle, 42 Prozent kennen die Kindersendung nicht. Den dritten Platz belegt schließlich die medizinische Informationssendung „Medizin transparent", sie ist 54 Prozent der Befragten unbekannt.

Schaubild 43
Bekanntheit regelmäßiger Sendungen im Offenen Kanal Kassel

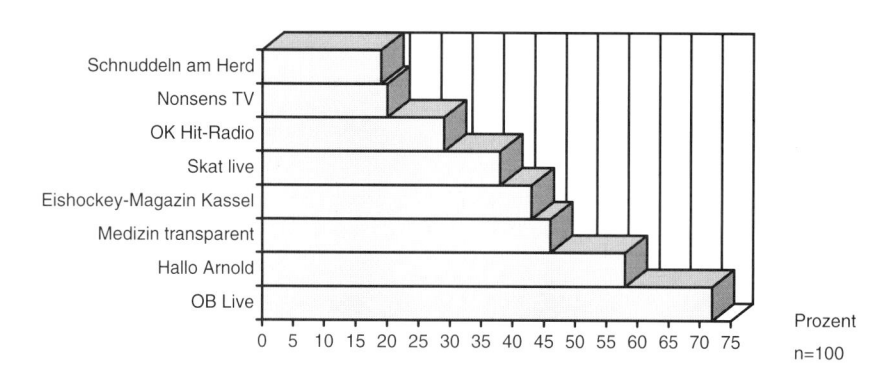

Schnuddeln am Herd
Nonsens TV
OK Hit-Radio
Skat live
Eishockey-Magazin Kassel
Medizin transparent
Hallo Arnold
OB Live

0 5 10 15 20 25 30 35 40 45 50 55 60 65 70 75

Prozent
n=100

Auch bei der Beliebtheit einzelner Sendungen liegt „OB Live" vorn. 58 Prozent gefällt die Talkshow mit dem Oberbürgermeister. Dann folgt „Medizin transparent" mit 38 Prozent und das „Eishockey-Magazin Kassel" mit 36 Prozent. Eine Hitliste der bekanntesten (vgl. Schaubild 43) und eine der beliebtesten Sendungen im Offenen Kanal Kassel (vgl. Schaubilder 44 und 45) sind oben und nachfolgend aufgeführt (vgl. Kapitel 9.2. Tabellen 68 und 69).

„Schnuddeln am Herd" ist eine Koch- und Plaudersendung, die erstmals am Tage der offiziellen Eröffnung des Offenen Kanals Kassel im August 1992 live ausgestrahlt wurde und seitdem mehr als 30 mal im Bahnhofsstudio produziert wurde. Erfunden, organisiert und produziert von Mitgliedern des Kasseler Hausfrauenverbandes geht es in den Sendungen einerseits darum, mit meist mehr, manchmal weniger prominenten Persönlichkeiten über Themen wie Ausbildung, Dritte-Welt-Projekte, Kulturinitiativen, Sozial- und Gesellschaftspolitik zu diskutieren, andererseits soll die Gesprächsatmosphäre („Schnuddeln" ist das nordhessische Wort für „Plaudern", „Tratschen") dadurch aufgelockert werden, daß parallel zu den Gesprächen in der Studioküche - offen und direkt neben dem Schnuddeltisch plaziert - ein Menu entsteht, das gegen Ende der Sendung von allen Beteiligten „verkostet" wird, wie die Moderatorin der Reihe ihre Einladung an die Gäste anzukündigen pflegt.

Bei „Nonsens TV" handelt es sich, wie der Titel verrät, um eine Unterhaltungsshow, die seit August 1995 im Programm des Offenen Kanals zu finden ist und von einer kleinen Gruppe damals 14jähriger bisher fast 40 mal - meist live - veranstaltet wurde. „Einschalten und abfeiern" lautet die Devise der Sendeverantwortlichen für ihre Show, in der sie Freches, Kurioses, Witziges und Ernsthaftes mit großer Kreativität zusammentragen.

Einen Radiosender wünschte sich ein Jugendlicher aus dem Kasseler Verbreitungsgebiet, und weil er stattdessen den Offenen Kanal bekam, fing er im Herbst 1993 an, Radio im Fernsehen zu veranstalten. Sein „OK Hit-Radio" mit insgesamt 125 Ausgaben war von Anfang an eine Mischung aus Wunschmusik, Gesprächen mit Anrufern, Gewinnspielen, Veranstaltungskalender und Partytips, und während der Fernsehzuschauer zunächst nur aus dem Blickwinkel einer Kameratotalen das hektische Treiben am „DJ-Tisch" beobachten konnte, entwickelte sich im Laufe der Jahre mit Computeranimationen und durch Ausreizung aller Spielmöglichkeiten in der Regie eine ganz eigene Art von bebildertem Radio. Mit Studienbeginn des Initiators der Sendung gibt es diese Reihe seit Mitte 1998 nicht mehr. Sie wurde von Jugendlichen gerade deshalb mehr als positiv aufgenommen, weil sie hauptsächlich in allen Schulferien wenigstens eine Woche lang täglich - oft mehrere Stunden pro Tag - live ausgestrahlt wurde.

Eine Seniorengruppe, der „Seniorenkreis im Offenen Kanal Kassel", lädt seit Herbst 1995 alle 14 Tage am Freitagabend Skatliebhaber zum Mitspielen ein. Bisher mehr als 60 solcher interaktiver Skatabende haben im Offenen Kanal schon stattgefunden, und die Fan- sprich Mitspielgemeinde wird immer größer. Das Konzept ist ganz einfach: Im Studio sitzen zwei Spielerinnen oder Spieler und ein Moderator, der dritte Spieler reizt und sticht vom häuslichen Sofa aus mit. Der Bildschirm ist zweigeteilt, der per Telefon Mitspielende sieht auf seinem Fernsehapparat sowohl die ausgespielten Karten als auch einen für diese Sendung gebauten Kartenständer, auf dem sein Blatt ausgebreitet ist. Nach Anweisung des Anrufers spielt der Moderator diese Karten aus. Die Spieler im Studio sind meist Anrufer aus früheren Sendungen, und zunehmend häufiger sind Frauen dabei.

Die „Kassel Huskies" sind die in Nordhessen prominenteste Sportmannschaft, und so begann gleich mit Sendestart im Sommer 1992 ein Mitglied des lokalen Fan-Vereins „Eishockey-Freunde 89 Kassel", seine Begeisterung für diesen Sport durch Berichterstattung unterschiedlichster Art im Offenen Kanal zu veröffentlichen. Damals war es noch der „ECK" (Eishockey Club Kassel), und so liefen die zahlreichen ersten in Ein-Mann-Arbeit entstandenen Sendungen unter Titeln wie „Der ECK ist wieder da!" und „Der ECK weckt Leidenschaft!" Gemeinsam mit ein paar Gleichgesinnten entwickelte der Fan ein Jahr später das „Eishockey-Magazin Kassel", das in der Spielsaison ganz regelmäßig und aktuell produziert wird und mittlerweile 80 Sendetermine füllte.

Die Vorsitzende des Ortsverbands Kassel vom Deutschen Allergie- und Asthmabund organisiert und verantwortet seit Anfang 1995 und bislang für fast 100 Ausgaben Live-Sendungen mit dem Titel „Medizin transparent". Ihr Motiv ist einerseits, Aufklärung über alle möglichen medizinischen und gesundheitspolitischen Entwicklungen zu leisten, andererseits will sie dafür sorgen, daß sich mit verständlicher Sprache - im Gegensatz zu dem sonst üblichen Medizinerdeutsch in solchen Ratgebersendungen - breite Bevölkerungskreise nicht nur angesprochen fühlen, sondern sich auch mit ihren Fragen und Problemen in den Sendungen zu Wort melden. Moderiert werden die Gesprächsrunden, die - je nach Thema - mit Fachärzten aus der Region, aus Deutschland oder aus Europa besetzt sind, abwechselnd von einem Kasseler Allgemeinmediziner oder der Sendeverantwortlichen selbst.

Arnold, der Initiator, Sendeverantwortliche und Moderator der Sendereihe „Hallo Arnold" ist ein in der nordhessischen Region bekannter Kinderfreund, Puppenspieler, Alleinunterhalter. Ab Herbst 1994 hat seine Sendung mit wechselnden Untertiteln (Das Kindersorgentelefon, Das Kinderspaßtelefon) insgesamt 103 Folgen gehabt, die letzte lief im Dezember 1997. Meist allein, manchmal mit kleinen und/oder großen Gästen auf dem immer bunt dekorierten Studiosofa sitzend, im Hochsommer im Paddelboot durchs Studio rudernd oder als Arnadin mit der Wunderwampe auf einem Teppich durchs Studio fliegend oder auch in einer Doppelrolle als Lehrer Rainer Dummann lud er die Kinder vor den Fernsehapparaten zu Hause ein, in der Sendung anzurufen oder vorbeizukommen, um mit ihm zu plaudern, zu spielen, Freunde und Bekannte zu grüßen, aber auch, um mit ihm über ein Thema zu diskutieren, das entweder er vorgab (Zeugnisse, Wandertage, Lehrer, Ferien) oder die Kinder vorschlugen. Diese nicht nur bei Kindern sehr beliebte Sendung wurde, nachdem die Hauptmitstreiter nach und nach aus Kassel wegzogen oder sich anderen Dingen zuwandten, mehr als ein Jahr lang ganz regelmäßig von zwei Personen gemacht: Von Arnold und einem „Assistenten", der sich um Studioaufbau, Licht, Bild, Ton, Regie und Studiotelefon gleichzeitig kümmerte.

Die Fernseh-Sprechstunde des Kasseler Oberbürgermeisters gibt es seit Anfang 1994 im Offenen Kanal Kassel. Eingeladen von einem verantwortlichen Nutzer, der auch die Sendungen moderiert, sind Kassels Oberhaupt und der Referent für Bürgerfragen ziemlich regelmäßig einmal monatlich bereit, um die Probleme und Fragen zu diskutieren und zu beantworten, die von Zuschauern per Telefon in die Sendung gelangen oder von Studiogästen direkt vorgetragen werden. Natürlich stößt eine Sendereihe mit dem Oberbürgermeister einer Stadt auf nachhaltig großes Interesse, und so sind die Produzenten von „OB Live" bald dazu übergegangen, die jeweils aktuelle Sendung zwei Wochen nach Erstausstrahlung noch einmal zu wiederholen. So kommt die Anzahl von bislang knapp 110 Oberbürgermeister-Fernsehsprechstunden zustande. Anfangs im Studio des Offenen Kanals live produziert, finden die Aufzeichnungen mittlerweile in Hotels oder Restaurants statt, die nicht allzu weit weg sein dürfen vom Kasseler KulturBahnhof, denn gesendet wird zeitversetzt: Wenn die erste halbe Stunde im Kasten ist, wird das Band in den Offenen Kanal gebracht, und die Sendung beginnt. In regelmäßigen Zeitabständen wird „Nachschub" geliefert, und dieses organisationsaufwendige Prinzip funktioniert bislang ohne große Pannen.

Wie der Vergleich der Schaubilder 43 und 44 zeigt, gibt es unterschiedliche Gewichtungen bei den Bekanntheits- und den Beliebtheitsgraden der genannten Sendungen. Die Erklärung hierfür ist einfach, denn solche Sendungen, die über viele Jahre hinweg regelmäßig in einem Offenen Kanal ausgestrahlt werden, kennt man durch Gespräche oder durch Berichte in der Lokalzeitung - unter Umständen, ohne sie jemals gesehen zu haben.

Gute Beispiele für bekannte Sendungen sind „Hallo Arnold" und „Skat live": Man kennt die Sendungen, denn man spricht und liest darüber. Weil sie aber ganz bestimmte Zielgruppen ansprechen, rangieren sie in der Beliebtheitsskala weitaus niedriger.

Schaubild 44
Beliebtheit regelmäßiger Sendungen im Offenen Kanal Kassel

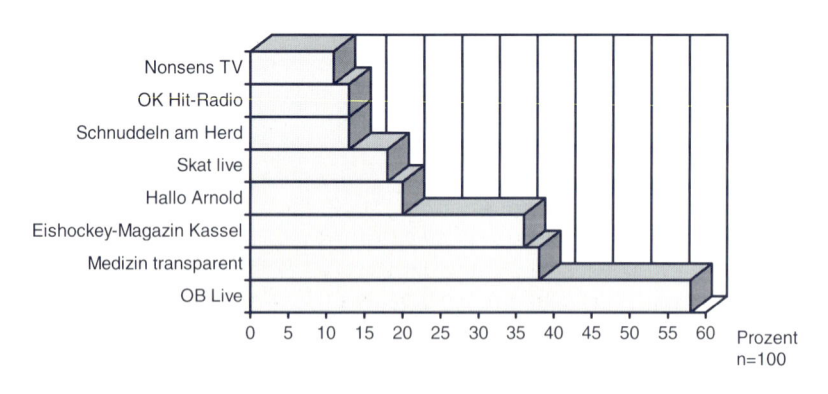

Noch mehr verschieben sich die Beliebtheiten, wenn nur die Vielseher des Offenen Kanals betrachtet werden: Das Mittelfeld aus Schaubild 44 („Hallo Arnold" und „Skat live") wird an den Rand gedrängt, die beiden bei allen Zuschauern beliebtesten Sendungen tauschen die Plätze.

Bei den Sendeformen kommen bei den Befragten besonders Dokumentationen an, gefolgt von Gesprächsrunden und Magazinen. Weniger beliebt sind Experimentelles und Unterhaltungssendungen (vgl. Kapitel 9.2 Tabellen 70 bis 78).

Schaubild 45
Beliebtheit regelmäßiger Sendungen bei den Vielsehern des Offenen Kanals Kassel

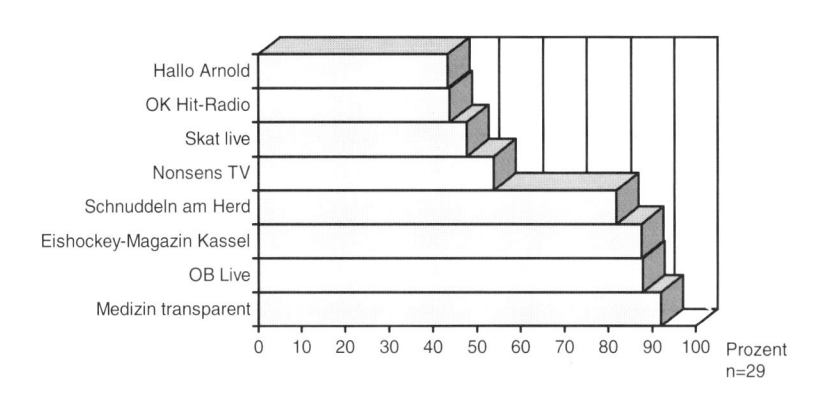

- Hallo Arnold
- OK Hit-Radio
- Skat live
- Nonsens TV
- Schnuddeln am Herd
- Eishockey-Magazin Kassel
- OB Live
- Medizin transparent

0 10 20 30 40 50 60 70 80 90 100 Prozent
n=29

Neben der Bekanntheit und Beliebtheit von Sendeformen und -inhalten wollten wir natürlich auch Reaktionen auf die Sendebeiträge des Offenen Kanals beim Publikum untersuchen. Emotionale Wirkungen und Aktivitäten, die durch Sendungen ausgelöst werden, standen hier im Mittelpunkt der Betrachtung. Ärger oder Freude - wie reagieren Zuschauer auf das Programm, und was tun sie dann?

Schon einmal über eine Sendung „richtig gefreut" hat sich über die Hälfte (51 Prozent) der befragten Personen, „richtig geärgert" hat sich knapp ein Drittel (32 Prozent). Der Ärger über Sendungen löst sehr viel eher Reaktionen aus, als es bei Sendungen, über die man sich gefreut hat, der Fall ist. So haben 21,9 Prozent aufgrund ihres Ärgers etwas unternommen, 13,7 Prozent sind aus Freude in Aktion getreten (vgl. Schaubild 46).

Neben dem allgemeinen Unbehagen bei bestimmten Sendungen übten die Befragten konkret Kritik auch an ihrer Meinung nach schlechter und inkompetenter Moderation oder an inhaltlichen Äußerungen von Lokalpolitikern. Die Reaktionen folgten in der Regel durch das Umschalten vom Offenen Kanal auf ein anderes Programm.

Weitaus häufiger als Verärgerung haben Sendungen im Offenen Kanal Freude bei den Befragten ausgelöst. Im Zusammenhang mit ausgelöster Freude wurden eher spezielle Einzelbeiträge genannt, die für die Zuschauer von Interesse waren, aber auch ganz persönliche Erlebnisse der Befragten. So sahen sich Befragte selbst in einer Sendung oder sie gewannen einen Preis in einer Mitmachshow. Exemplarisch für einige Zuschauer steht die Aussage eines Großvaters, der sagte: „Ich habe mich gefreut, weil ich ein Konzert mit meinem Enkel gesehen habe", oder die Bemerkung eines anderen Befragten, der selbst Gast in einer Sendung war.

Die Freude über eine Sendung bewirkte in den meisten Fällen eine direkte, meist telefonische, aber auch schriftliche Kontaktaufnahme zu den Produzenten, um sich über die Sendung zu unterhalten oder um ihnen für die gelungene Sendung zu gratulieren. Ohne weiteres läßt sich hier ebenfalls feststellen, daß Sendungen des Offenen Kanals die lokale Kommunikation zwischen Produzenten und Zuschauern anregen, auch wenn dies nur in geringem Maße der Fall ist.

Schaubild 46
Ärger und Freude über Sendungen im Offenen Kanal Kassel

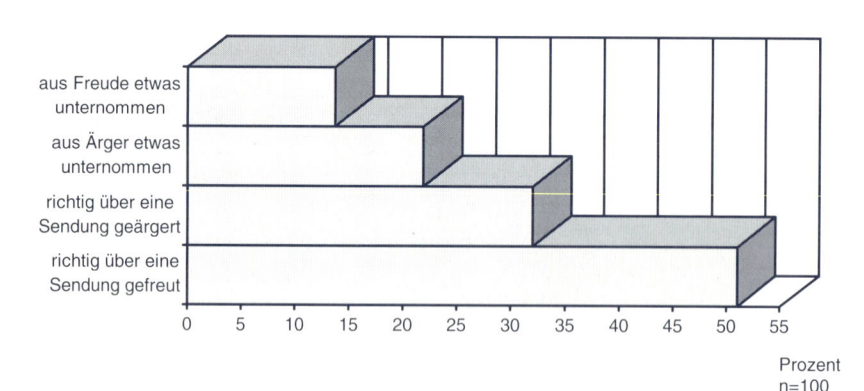

Prozent
n=100

Die Sendungen gefallen nicht nur und fördern die Kommunikation zwischen Sender und Empfänger, sie führen auch zu Gesprächen unter den Menschen in der Stadt (vgl. Schaubild 47). Knapp 70 Prozent unterhalten sich mit anderen Menschen über Sendungen, die sie im Offenen Kanal gesehen haben. Dieser Aspekt ist bei der Interpretation der Ergebnisse zur Bedeutung des Offenen Kanals als lokales Medium von besonderer Bedeutung.

Schaubild 47
Gespräche mit anderen über die Sendungen im Offenen Kanal

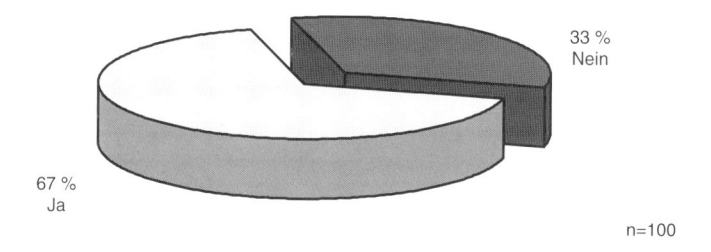

33 % Nein

67 % Ja

n=100

Zusammenfassung: Es gibt, wie bei jedem Medium, Sendungen, die besonders bekannt und beliebt sind. Über einige Sendungen haben sich die Befragten aber auch geärgert. Dem Großteil bereiteten die Sendungen allerdings eher Freude, und zwar auf einer sehr persönlichen Ebene. Es ist die Betroffenheit, die durch das Lokalmedium und den Charakter des Offenen Kanals erzeugt wird, die dazu führt, daß die Befragten bestimmte Sendungen gerne sehen und sich über bestimmte Beiträge oder Sendungen freuen.

6.2.4.4 Der Offene Kanal Kassel als lokales Medium

In einem nächsten Schritt sollten die Interviewpartner die Aktualität, die Ausführlichkeit und die Glaubwürdigkeit folgender Medien beurteilen: Lokalteil der Tageszeitung Hessische Allgemeine (HNA), Hessischer Rundfunk, Extra Tip, Offener Kanal Kassel, Radio FFH, Info Tip und City Blick. Dies sollte auf Grundlage der Themen geschehen, die von den Befragten kurz vorher als für sie persönlich wichtig in Kassel angegeben wurden (maximal drei Themen). Die am häufigsten genannten Themen waren Kultur und Kulturpolitik mit 37 Nennungen, Kommunal- und Lokalpolitik mit 30 Nennungen und Wirtschafts- und Finanzpolitik mit 22 Nennungen (vgl. Schaubild 48 und Kapitel 9.2. Tabelle 79).

Bei der Bewertung der Medien konnten die Interviewten Einzelpunktwerte von 10 bis 1 vergeben, wobei der Wert 10 den höchstmöglichen (besten) Wert darstellt und der Wert 1 den geringstmöglichen (schlechtesten).

Schaubild 48
Themen, die in Kassel wichtig sind

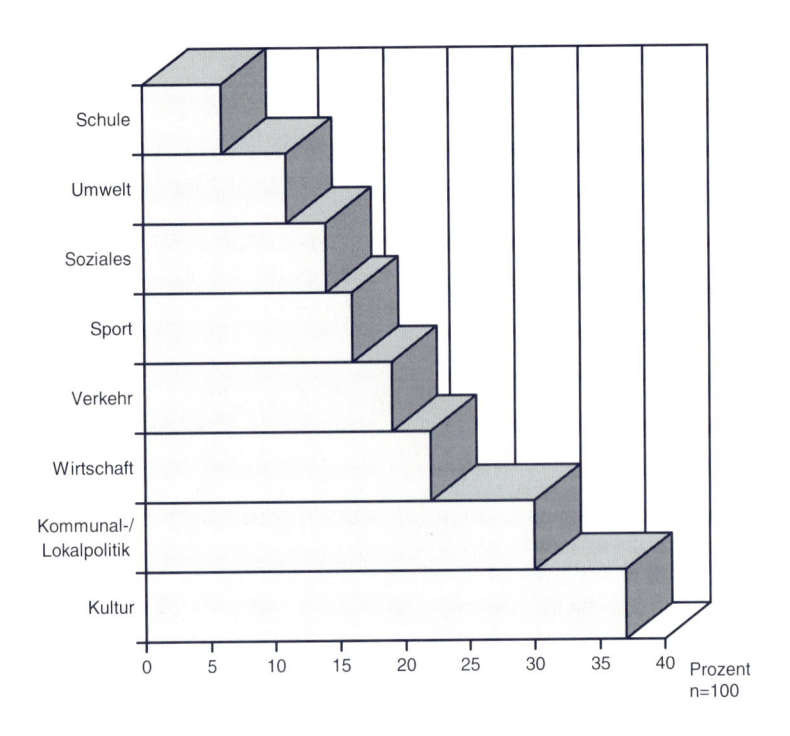

Schule	
Umwelt	
Soziales	
Sport	
Verkehr	
Wirtschaft	
Kommunal-/ Lokalpolitik	
Kultur	

0   5   10   15   20   25   30   35   40   Prozent
n=100

Für die Auswertung und Bewertung der Angaben der Befragten wurde für jedes abgefragte Medium ein Durchschnittswert für jedes Kriterium (Aktualität, Ausführlichkeit, Glaubwürdigkeit) errechnet, darüber hinaus noch ein Indexwert, der die Summe der Durchschnittswerte aller drei Kriterien bildet und zur Gesamtbeurteilung dienen kann. Ergänzend dazu werden noch Maximal- und Minimalindexwerte angegeben, um die Varianz in der Beurteilung der genannten Medien darzustellen (vgl. Schaubild 49 und Kapitel 9.2. Tabelle 80).

Der Lokalteil der Hessischen Allgemeinen wurde von den Befragten am besten bewertet, der Indexwert beträgt 25,02. Sowohl bei dem Kriterium Aktualität (8,47) als auch bei der Ausführlichkeit (8,30) liegt der Lokalteil der Hessischen Allgemeinen an erster Stelle der bewerteten Medien, nur bei der Glaubwürdigkeit wird der Lokalteil der Hessischen Allgemeinen (8,25) ganz knapp vom Hessischen Rundfunk (8,26) übertroffen. Bei der Aktualität (8,04) und der Ausführlichkeit (7,30) liegt der Hessische Rundfunk jeweils an zweiter Stelle, ebenso wie bei dem Indexwert mit 23,60.

An dritter Stelle folgt der Offene Kanal mit einem Indexwert von 19,37, bei den einzelnen Kriterien liegt er einmal an vierter Stelle (Aktualität: 6,04) und zweimal an dritter Stelle (Ausführlichkeit: 6,20, Glaubwürdigkeit: 7,13). Schlechter als der Offene Kanal wurden Radio FFH (Indexwert: 18,33), Extra Tip (15,29), Info Tip (12,50) und City Blick (11,37) bewertet. Diese Bewertung durch die Befragten ist für den Offenen Kanal als sehr positiv zu werten. Zwar ist sein Abstand zu den Indexwerten der etablierten Medien Hessische Allgemeine und Hessischer Rundfunk recht groß, dafür aber ebenso die Differenz zu den nachfolgenden Medien, mit Ausnahme von Radio FFH. Dieser Radiosender liegt bei einem Kriterium, nämlich der Aktualität, vor dem Offenen Kanal, der nur bei diesem Kriterium schlechter als der Durchschnitt aller Medien (Ø 6,17) abschneidet.

Hierbei ist zu berücksichtigen, daß spontan und tagesaktuell entstandene Sendungen ausschließlich in Form von aktuellen Kurzbeiträgen mit einer Maximallänge von fünf Minuten auch tagesaktuell ausgestrahlt werden können. Die Nutzungsordnung des Offenen Kanals Kassel räumt solchen Beiträgen in der ersten halben Stunde jedes Sendetages Vorrang ein. Genutzt wird diese aktuelle Sendeschiene allerdings ausnehmend selten - in sechs Sendejahren gab es insgesamt nur fünf Fälle. Für alle anderen Sendebeiträge, die ebenso wie die aktuellen Kurzbeiträge einer förmlichen Anmeldung bedürfen, gilt eine Frist von zwei Arbeitstagen vor dem gewünschten Ausstrahlungstermin als spätester Anmeldezeitraum, und das bedeutet von vornherein einen gewissen Aktualitätsverlust. Vor allem aber müssen die Beiträge von den Nutzern erst einmal produziert werden, wozu ihnen neben der Hilfestellung des Offenen Kanals keine weitere, vor allem keine durchgängige vollprofessionelle Hilfe und kein festangestelltes technisches Team zur Verfügung stehen. Die dennoch - auch im Vergleich zum zweimal wöchentlich erscheinenden Extra Tip - gute Beurteilung der Aktualität des Offenen Kanals läßt sich wohl mit dem relativ hohen Anteil an Live-Sendungen erklären, die den Zuschauern offensichtlich ein Gefühl von Aktualität geben. Bei diesem Kriterium ist noch hervorzuheben, daß der Info Tip, obwohl nur monatlich erscheinend, etwas besser bewertet ist als der City Blick, welcher wöchentlich verteilt wird.

Insgesamt betrachtet lassen sich innerhalb der für die *Aktualität* bewerteten Medien drei Gruppen herausarbeiten: Die recht eng zusammenliegende Spitzengruppe mit dem Lokalteil der Hessischen Allgemeinen und dem Hessischen Rundfunk; ein Mittelfeld mit Radio FFH, Offenem Kanal und Extra Tip, welches sich um den Durchschnittswert aller bewerteten Medien gruppiert und einen deutlichen Abstand zu der Spitzengruppe aufweist; den Schluß bilden Info Tip und City Blick, die fast gleichauf die schlechtesten Werte aufweisen und wiederum einen deutlichen Abstand zum Mittelfeld haben.

Anders stellt sich die Bewertung bei dem Kriterium *Ausführlichkeit* dar. Hier ist von der besten Bewertung (Hessische Allgemeine: 8,30) bis zum vierten Rangplatz eine Abstufung um jeweils etwa einen Bewertungspunkt erkennbar. Der an fünfter Stelle liegende Extra Tip ist nur unwesentlich schlechter bewertet als der vor ihm plazierte Radiosender FFH, während Info Tip und City Blick wiederum deutlich abgeschlagen die beiden letzten Plätze belegen. Der an dritter Stelle eingestufte Offene Kanal liegt mit 6,20 Bewertungspunkten über dem Durchschnitt aller Bewertungen.

Bei der Betrachtung der Bewertung der *Glaubwürdigkeit* der verschiedenen Medien lassen sich einige Auffälligkeiten erkennen. Wie oben angeführt liegt der Hessische Rundfunk minimal vor dem Lokalteil der Hessischen Allgemeinen, an dritter Stelle folgt der Offene Kanal mit etwas mehr als einem Bewertungspunkt Abstand zu diesen etablierten Medien, was als ein gutes Ergebnis für den Offenen Kanal zu werten ist - und einen erstaunlichen Vertrauensbeweis der Zuschauer an die ihnen meist unbekannten Produzenten darstellt. Die Bewertung der Glaubwürdigkeit mit 7,13 Bewertungspunkten ist für den Offenen Kanal innerhalb der drei Kriterien das beste Ergebnis (Ausführlichkeit: 6,20, Aktualität: 6,04). Auch Radio FFH erreicht sein bestes Ergebnis bei der Glaubwürdigkeit, rangiert aber, wie beim Kriterium Ausführlichkeit, hinter dem Offenen Kanal.

Demgegenüber gegenläufig fällt die Bewertung für den Extra Tip aus. Obwohl er bei der Glaubwürdigkeit wie auch bei den anderen beiden Kriterien den fünften Rangplatz einnimmt, erzielt er hier sein schlechtestes Ergebnis (4,49 zu 5,21 und 5,59). Fast gleichauf folgt an sechster Stelle der Info Tip, was die Defizite des Extra Tip bei der Glaubwürdigkeit noch unterstreicht. Wiederum an letzter Stelle folgt mit einiger Distanz der City Blick (3,60).

Betrachtet man die Maxima und Minima der Indexwerte der einzelnen Medien, so lassen sich zwei Gruppen unterscheiden: Zum einen der Lokalteil der Hessischen Allgemeinen und der Hessische Rundfunk (jeweils 30 bis 13), die bei optimalen Spitzenwerten nach unten begrenzte Minimawerte aufweisen; auf der anderen Seite alle anderen bewerteten Medien, die durch extreme Varianzen gekennzeichnet sind. Dem Lokalteil der Hessischen Allgemeinen wurde dreizehnmal der Idealwert von 30 Bewertungspunkten gegeben, nur eine Person gab weniger als 15 Bewertungspunkte (13), der Medianwert liegt bei 25,5 (es wurde eine intervallskalierte Meßmethode verwendet).

Dem Hessischen Rundfunk wurde dreimal der Idealwert von 30 und fünfmal ein Wert von 29 zugesprochen, zweimal wurde er mit weniger als 15 Bewertungspunkten eingestuft (14 und 13, sein Median beträgt 24,0). Der Offene Kanal wurde je zweimal mit 30 und drei Bewertungspunkten eingestuft, sein Median beträgt 20,0. Als Bestwert für Radio FFH wurden einmal 29 Bewertungspunkte vergeben, zweimal erhielt er den Minimalwert von drei, sein Median liegt bei 19. Für den Extra Tip wurden als bester Wert einmal 29 Bewertungspunkte vergeben, immerhin sieben Personen aber bewerteten ihn mit der geringstmöglichen Punktzahl, der Median beträgt 16,0.

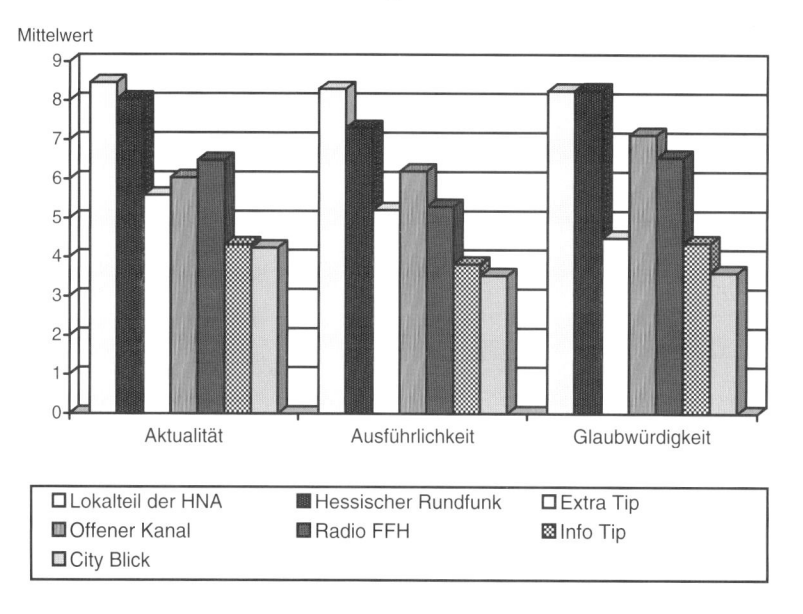

Schaubild 49
Bewertung der Medien

[Balkendiagramm mit den Kategorien Aktualität, Ausführlichkeit und Glaubwürdigkeit für die Medien: Lokalteil der HNA, Hessischer Rundfunk, Extra Tip, Offener Kanal, Radio FFH, Info Tip, City Blick]

Der Maximalwert für den Info Tip beträgt 24 (zwei Nennungen), sechsmal wurde er mit drei Bewertungspunkten eingestuft, der Median beträgt 13,0. Der City Blick erhielt als besten Wert von einer Person 28 Bewertungspunkte zugesprochen, allerdings belegten acht Befragte den City Blick mit dem Minimalwert von drei, sein Median liegt bei 12,0. Bis auf den Lokalteil der Hessischen Allgemeinen und den Hessischen Rundfunk wurden die abgefragten Medien sehr unterschiedlich eingestuft. Zum Teil sehr gegenläufige Bewertungen wurden vor allem bezüglich Extra Tip, Info Tip und City Blick vorgenommen.

Unter Berücksichtigung aller für die Medienbewertung wesentlichen Faktoren läßt sich festhalten, daß der Offene Kanal mit einem guten Ergebnis hinter den etablierten Medien Hessische Allgemeine und Hessischer Rundfunk abgeschnitten hat und von den Befragten größtenteils deutlich vor den anderen vier bewerteten Medien eingestuft wurde.

Bei der Indexbewertung erhielt der Offene Kanal einen Durchschnittswert von 19,37 Bewertungspunkten und konnte sich somit an dritter Stelle der zur Beurteilung gestellten Medien plazieren. Bei differenzierter Betrachtung nach Alter, Geschlecht, Bildung und Häufigkeit der Nutzung des Offenen Kanals lassen sich einige Auffälligkeiten erkennen (vgl. Kapitel 9.2 Tabelle 81). So wird der Offene Kanal von der Altersgruppe der 14- bis 19jährigen deutlich schlechter bewertet (16,36 Bewertungspunkte) als von den 30- bis 59jährigen (19,84) und den Befragten, die 60 Jahre oder älter waren (20,57). Je älter die Zuschauer sind, desto besser wird der Offene Kanal also bewertet. Dies trifft innerhalb der zu beurteilenden Medien ansonsten überraschenderweise nur noch auf Radio FFH zu, bei dem die Abstufungen denen des Offenen Kanals sehr ähnlich sind.

Der Lokalteil der Hessischen Allgemeinen und des Hessischen Rundfunks werden innerhalb der Altersgruppen fast gleich bewertet, wobei die Bewertung bei der Hessischen Allgemeinen mit zunehmendem Alter ganz leicht abnimmt, während beim Hessischen Rundfunk eine genau gegenläufige Tendenz erkennbar ist. Bei den verbleibenden Medien Extra Tip, Info Tip und City Blick wiederum ist auffällig, daß dort die mittlere Altersgruppe (30- bis 59jährige) jeweils die schlechteste Bewertung vorgenommen hat.

Unterschiede in der Bewertung zwischen den Geschlechtern sind sowohl beim Extra Tip und bei Radio FFH (Frauen bewerteten diese Medien etwas besser als Männer) als auch beim Offenen Kanal und beim Info Tip (Männer bewerteten diese Medien etwas besser als Frauen) zu konstatieren, während bei der Hessischen Allgemeinen, dem Hessischen Rundfunk und dem City Blick die Bewertungen keine nennenswerten Unterschiede aufweisen.

Unterscheidet man die Bewertung des Offenen Kanals nach Bildungsabschlüssen, so ergibt sich für den Offenen Kanal die deutlich erkennbare Tendenz, daß er von Befragten mit sogenannten höheren Bildungsabschlüssen schlechter bewertet wird (Hauptschulabschluß: 20,64 Bewertungspunkte, Realschulabschluß: 19,55, Hochschulreife: 17,00, Hochschulabschluß: 18,58). Dies trifft in noch deutlicherem Maße auch auf Radio FFH zu. Ebenso ist für den Extra Tip eine ganz klare Abstufung erkennbar: Mit zunehmender Bildung der Leser wird er immer schlechter bewertet. Bei der Hessischen Allgemeinen ist solches als Tendenz ebenfalls erkennbar, allerdings mit der wesentlichen Einschränkung nur minimaler Abstufungen. Genau gegenläufig ist die Tendenz beim Info Tip: Er wird von Personen mit sogenannten höherwertigen Bildungsabschlüssen besser bewertet. Für den Hessischen Rundfunk und den City Blick hingegen ist keine eindeutige Tendenz erkennbar.

Wird die Bewertung des Offenen Kanals nach der Häufigkeit differenziert, mit der seine Zuschauer ihn sehen, so ergibt sich die logische Konsequenz, daß der Offene Kanal mit steigender Sehhäufigkeit besser bewertet wird (Wenigseher: 18,22 Bewertungspunkte, Durchschnittseher: 19,18, Vielseher: 20,82). Eine Betrachtung dieser Differenzierung für die anderen bewerteten Medien ergibt keine eindeutigen Auffälligkeiten, wobei es grundsätzlich als zumindest fraglich erscheint, ob mögliche Auffälligkeiten überhaupt als eindeutige Zusammenhänge interpretiert werden dürften.

Die Frage danach, ob Sendungen im Offenen Kanal Kassel lokale Themen behandeln, die von Interesse sind, beantworten knapp drei Viertel der Befragten positiv (vgl. Schaubild 50). Dieses große, den produzierenden Nutzern ausgesprochene Lob, ist unter anderen ein Zeichen dafür, daß es den Menschen, die Themen bearbeiten und zur Ausstrahlung bringen, offensichtlich ganz gut gelingt, den Interessen der Zuschauerschaft entgegenzukommen. Außerdem kündigt sich hiermit die Etablierung des Offenen Kanals Kassel als lokales Medium an.

Schaubild 50
Lokale Themen sind im Offenen Kanal Kassel interessant

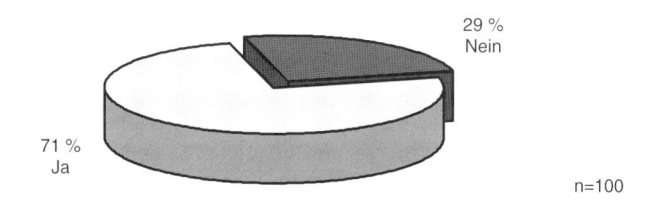

29 % Nein

71 % Ja

n=100

Aufgefordert, die interessierenden lokalen Themen zu benennen, die in Sendungen des Offenen Kanals behandelt werden, konzentrieren sich die Befragten wiederum weitgehend auf die Themenkomplexe, die sie zu einem früheren Zeitpunkt als aus ihrer Sicht wichtige Themen für Kassel genannt haben (vgl. Schaubild 48), jedoch mit sehr unterschiedlicher Gewichtung. Beide Male konnten drei Themen aufgezählt werden.

Schaubild 51
Interessante lokale Themen im Offenen Kanal

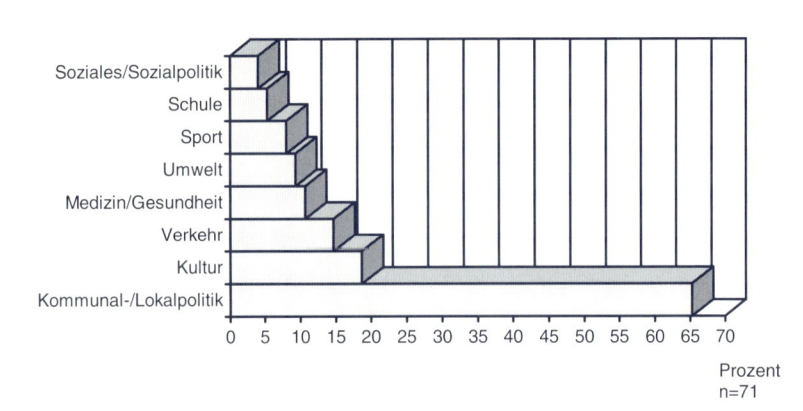

```
Soziales/Sozialpolitik
            Schule
             Sport
            Umwelt
  Medizin/Gesundheit
           Verkehr
            Kultur
 Kommunal-/Lokalpolitik
                        0  5  10 15 20 25 30 35 40 45 50 55 60 65 70
                                                              Prozent
                                                                 n=71
```

Auf den ersten Blick vermittelt der Vergleich der Schaubilder 48 und 51 den Eindruck, als produzierten die aktiven Nutzer des Offenen Kanals Kassel an den Interessen ihrer zuschauenden Mitbürgerinnen und Mitbürger vorbei: Hielten 37 Prozent der Befragten den Bereich „Kultur und Kulturpolitik" persönlich am wichtigsten für Kassel und nannten mit 30 Prozent an zweiter Stelle „Kommunal- und Lokalpolitik" sowie mit 22 Prozent „Wirtschafts- und Finanzpolitik" an dritter Stelle, wird nun die Rangfolge sehr stark verdreht. Das Interesse an „Kultur und Kulturpolitik" sowie an „Wirtschafts- und Finanzpolitik" wird durch Sendungen des Offenen Kanals nur zu kleinen Teilen befriedigt, während das an „Kommunal- und Lokalpolitik" weit überbedient ist. Als weiteres Ergebnis zeigt sich, daß durch die Behandlung in Sendungen des Offenen Kanals Interesse geweckt wird für Bereiche, die bei der Frage nach den für Kassel wichtigen Themen gar nicht genannt wurden. So rangiert „Medizin/Gesundheit" an vierter Stelle, weitere „neue" Themen wie Städtebau unter ferner liefen. Daraus nun zu schließen, der Offene Kanal setze neue Themenschwerpunkte in der lokalen Kommunikation, wäre etwas überheblich. Festzuhalten aber ist erstens, daß die von den Befragten für Kassel für wichtig gehaltenen Themen im Offenen Kanal vorkommen, allerdings mit anderen Gewichtungen. Und zweitens, daß für Kassel als unwichtig bezeichnete, weil nicht explizit genannte Themen durch ihre Behandlung in Sendungen des Offenen Kanals für die Zuschauer interessant werden.

Im Zusammenhang mit dem Komplex über den Stellenwert des Offenen Kanals im Lokalen stellten wir den Interviewten noch folgende Frage: Haben Sie den Eindruck, daß sich Personen des öffentlichen Lebens, also zum Beispiel Minister oder der Oberbürgermeister, im Offenen Kanal anders verhalten als in einer

Sendung wie beispielsweise der „Hessenschau"[64]? Nicht weiter bemerkenswert ist, daß nur 27 Prozent der Befragten dieser Meinung sind, 69 Prozent nicht und 4 Prozent keine Meinung dazu haben. Schließlich ist Offener Kanal auch Fernsehen, gerade für die Kommunalpolitiker. Bemerkenswert hingegen ist die Breite des Spektrums, mit dem die Befragten die aus ihrer Sicht unterschiedlichen Verhaltensweisen benennen:

Daß sich Personen des öffentlichen Lebens im Offenen Kanal „menschlicher, natürlicher, lockerer" geben als im anderen Fernsehen, sagen 14 Prozent, „offener" 5 Prozent. Je zwei Prozent stellen fest, daß solche Personen im Offenen Kanal „ausführlicher" und „verständlicher" sprechen und sich „familiärer, intimer, intensiver" geben. Auf dem Standpunkt, daß Personen des öffentlichen Lebens den „Offenen Kanal nicht ernst nehmen", steht 1 Prozent.

Zusammenfassung: Der Offene Kanal kann mit den etablierten Lokalmedien durchaus mithalten. Bei der Bewertung hinsichtlich der Ausführlichkeit und Glaubwürdigkeit schneidet der Offene Kanal überraschend gut ab. Hinsichtlich der Aktualität wird er verständlicherweise nicht so gut beurteilt. Mit zunehmendem Alter nimmt diese positive Beurteilung zu. Dies ist nicht weiter verwunderlich, wenn man sich vor Augen führt, daß 71 Prozent der Auffassung sind, daß im Offenen Kanal lokale Themen behandelt werden, die für sie von Interesse sind. Vor allem sind dies Themen zur kommunalen Lokalpolitik. Insgesamt zeigt sich, daß im Offenen Kanal Themen vorkommen, die für die Befragten wichtig sind, wenn auch in anderer Priorität. Und es zeigt sich auch, daß im Offenen Kanal explizit Themen behandelt werden, die nicht zwingend auf der Agenda der Befragten zu finden sind, jedoch für die Zuschauer interessant werden könnten.

6.2.4.5 Die Beurteilung der Einrichtung Offener Kanal

Welches Bild hat die Öffentlichkeit vom Offenen Kanal? Die Befragten sollten hier gewissermaßen als Supervisor fungieren und zu verschiedenen Fragen, die den Offenen Kanal Kassel betreffen, Stellung beziehen. Zunächst nach einer Einschätzung gefragt, wie bekannt der Offene Kanal in der Kasseler Bevölkerung sein mag, glaubten 54 Prozent, daß ihn viele oder sehr viele Menschen kennen (vgl. Schaubild 52):

---

[64] „Hessenschau" ist die täglich um 19.30 Uhr im 3. Programm ausgestrahlte Regionalsendung des Hessischen Rundfunks/hessen fernsehen.

Schaubild 52
Einschätzung der Bekanntheit des Offenen Kanals Kassel

Den Offenen Kanal kennen ...

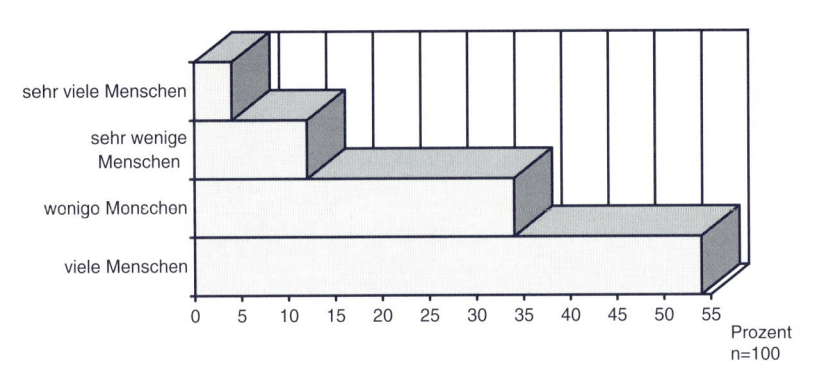

sehr viele Menschen
sehr wenige Menschen
wenige Menschen
viele Menschen

0 5 10 15 20 25 30 35 40 45 50 55
Prozent
n=100

Ihre Vermutung entspricht den Ergebnissen unserer repräsentativen Telefonumfrage, die ergab, daß der Bekanntheitsgrad des Offenen Kanals über 90 Prozent liegt. 46 Prozent waren demgegenüber der Meinung, daß den Offenen Kanal nur wenige oder sehr wenige Menschen kennen. Nach den Ergebnissen unserer Telefonbefragung handelt es sich hierbei definitiv um einen Irrtum - oder aber um ein Vorurteil, das fälschlicherweise immer noch in der Kasseler Bevölkerung grassiert.

Der von den Zuschauern geschätzte Altersdurchschnitt der Produzenten liegt bei 33 Jahren. Tatsächlich betrug der Altersdurchschnitt der Produzenten nach einer Statistik des Offenen Kanals Kassel in den Jahren 1995 und 1996 knapp 34 Jahre. Mit großem Erstaunen nahmen wir diese „treffsicheren" Angaben der Zuschauer zur Kenntnis. Sie deuten unserer Meinung auf eine doch sehr intensive Betrachtung des Mediums Offener Kanal durch das Publikum hin.

Nach den gesetzlichen und satzungsmäßigen Vorgaben ist Werbung im Offenen Kanal nicht erlaubt. Dieses Verbot schließt sowohl Wirtschafts- als auch Parteienwerbung ein. Verhindert werden sollen durch diese Bestimmung die Kommerzialisierung des Senders und die mögliche Vereinnahmung durch finanzkräftige Gruppen. Von Interesse war für uns, ob diese Regelung beim Publikum ankommt. Ergebnis: Das Werbeverbot im Offenen Kanal wird von knapp 70 Prozent anerkannt. Zehn Prozent hatten hierzu keine Meinung, und nur 21 Prozent würden es begrüßen, wenn Werbung erlaubt wäre.

Schaubild 53
Beurteilung des Werbeverbots

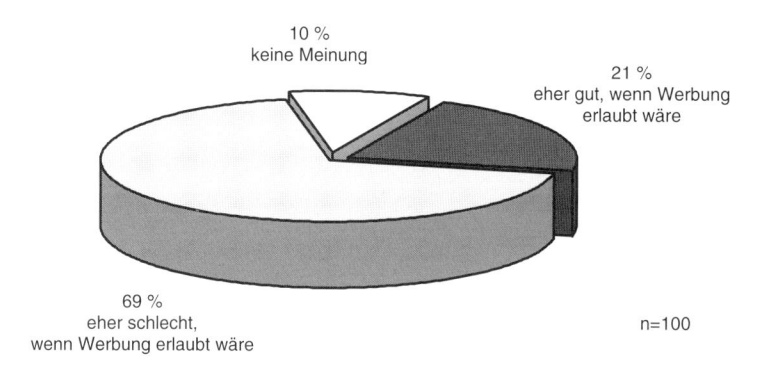

10 %
keine Meinung

21 %
eher gut, wenn Werbung erlaubt wäre

69 %
eher schlecht,
wenn Werbung erlaubt wäre

n=100

Im weiteren untersuchten wir, inwieweit im Publikum ein zusätzliches Potential an Produzenten vorhanden ist. Tatsächlich bekundete über ein Drittel der Befragten Interesse an der Produktion eigener Sendungen:

Schaubild 54
Interesse an der Produktion eigener Sendungen

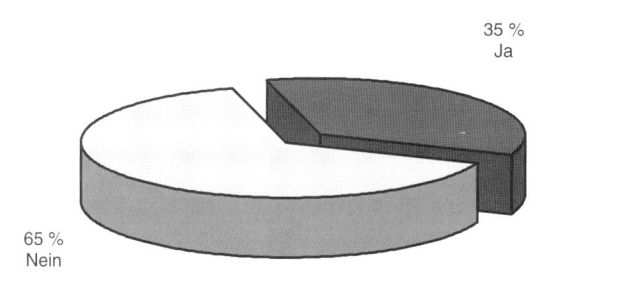

35 %
Ja

65 %
Nein

n=100

Signifikant sind die hohen Ambitionen bei den jüngeren Jahrgängen in der Altersgruppe von 14 bis 29 Jahren. 56,3 Prozent hätten Lust, selbst aktiv zu werden. Auch die 30- bis 59jährigen äußerten noch in überdurchschnittlichem Maß Interesse an der Produktion eigener Sendungen (40,4 Prozent bei einem Durchschnittswert von 35 Prozent). Erst bei den über 59jährigen nimmt diese Bereitschaft rapide ab (11,1 Prozent):

Schaubild 55
Interesse an der Produktion eigener Sendungen (nach Alter)

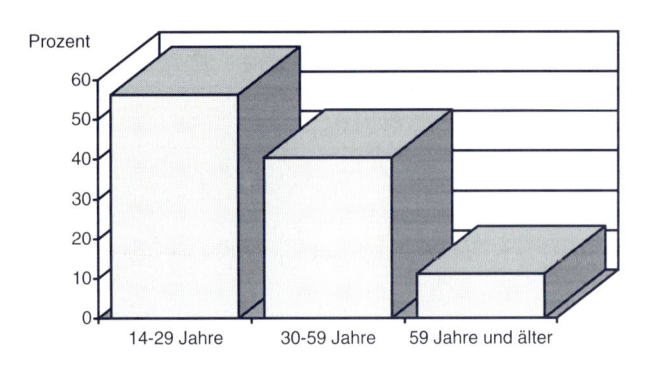

[Balkendiagramm: Prozent, Kategorien 14-29 Jahre, 30-59 Jahre, 59 Jahre und älter; n=100]

Auffällig ist in diesem Zusammenhang weiterhin ein sehr ausgeprägtes Interesse bei den männlichen Befragten. Aus Schaubild 56 wird ersichtlich, daß sich rund 15 Prozent mehr Männer als Frauen für die aktive Teilnahme am Geschehen im Offenen Kanal begeistern können:

Schaubild 56
Interesse an der Produktion eigener Sendungen (nach Geschlecht)

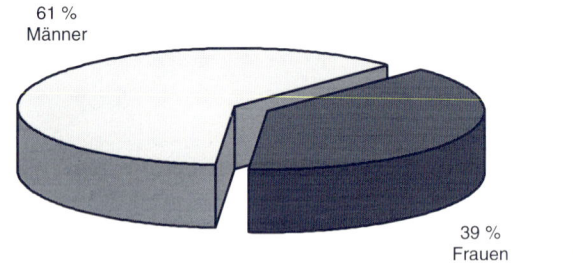

[Kreisdiagramm: 61 % Männer, 39 % Frauen; n=100]

Überdurchschnittlich ausgeprägt ist dieses Interesse auch bei den Viel- und besonders bei den Durchschnittsehern des Offenen Kanals (vgl. Schaubild 57). Offensichtlich animiert eine häufige Frequentierung des Senders eher zum Mitmachen und Mitgestalten. Genauer befragt, welche Themen sie gerne behandeln und senden würden, kamen eine ganze Menge kreativer Vorschläge von den Zuschauern. Das Themenspektrum reichte von Vereinsarbeit, Schulpolitik, Kunst und Musik bis zu Reiseberichten, Naturfilmen, Sport und Politik.

Schaubild 57
Interesse an der Produktion eigener Sendungen (nach Rezeption)

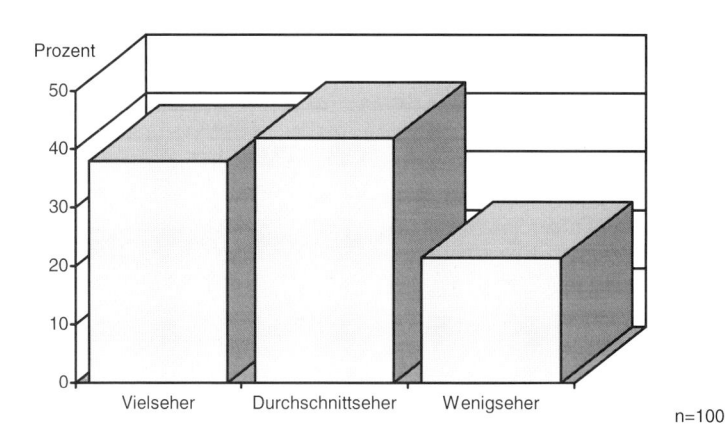

[Balkendiagramm: Vielseher, Durchschnittseher, Wenigseher; n=100]

Abschließend baten wir alle Befragten um eine sehr generelle, aber doch grundsätzliche Bewertung des Offenen Kanals. Danach befragt, ob sie den Offenen Kanal für eine Bereicherung oder für überflüssig halten, votierten die meisten Befragten für Bereicherung. Als überflüssig bezeichnen ihn nur wenige:

Schaubild 58
Offener Kanal Kassel: Bereicherung - überflüssig

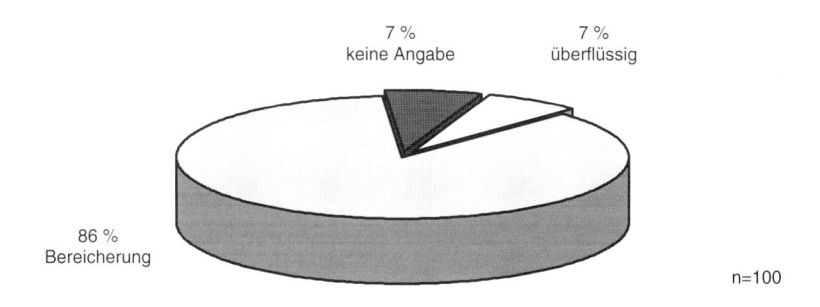

7 % keine Angabe
7 % überflüssig
86 % Bereicherung
n=100

Eindeutig positiver fällt das Urteil bei den Männern aus. Das größere Interesse der männlichen Befragten, sich an Sendungen zu beteiligen, und ihre häufigere Nutzung des Senders als Zuschauer scheinen Anzeichen dafür zu sein, den Offenen Kanal als Medium einzustufen, das eher von Männern angenommen und für sinnvoll erachtet wird als von Frauen.

Schaubild 59
Offener Kanal Kassel: Bereicherung - überflüssig (nach Geschlecht)

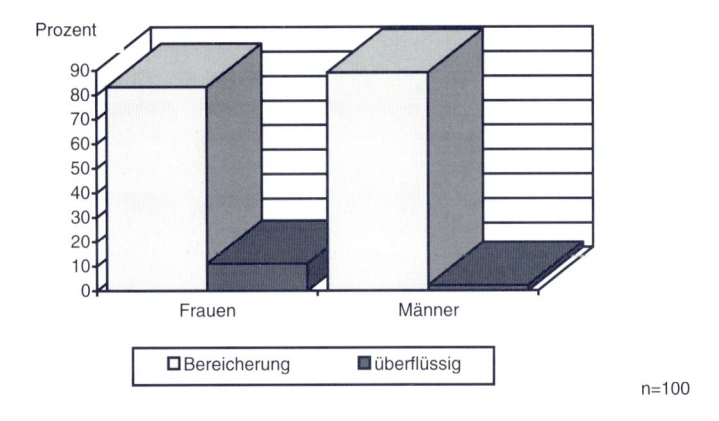

Prozent

[Balkendiagramm: Frauen, Männer; Werte von 0 bis 90]

□ Bereicherung ■ überflüssig

n=100

Wie bereits in Kapitel 6.2.4.1 („Das Rezeptionsverhalten") erwähnt, spielen hier möglicherweise sowohl der Umgang mit der Technik eine Rolle als auch der Zugang zur Öffentlichkeit, der Frauen historisch gesehen lange Zeit verwehrt wurde und heutzutage vielerorts immer noch nicht als Selbstverständlichkeit gilt. Der Ausschluß aus traditionell männlich besetzten Domänen und das damit einhergehende, zu Teilen immer noch vorhandene Desinteresse bei Frauen an öffentlichen Präsentationen und Selbstdarstellungen hinterläßt insofern auch beim Offenen Kanal seine Spuren.

Wie nicht anders zu erwarten, beurteilen insbesondere diejenigen Zuschauer den Offenen Kanal als Bereicherung, die ihn häufig einschalten. Kein einziger Befragter, der den Offenen Kanal täglich oder mehrmals pro Woche sieht, betrachtet ihn als überflüssig. Aber auch die durchschnittlichen Nutzer des Offenen Kanals sind ihm gegenüber sehr weitgehend positiv eingestellt. Für überflüssig halten ihn dementsprechend in höherem Maß solche Personen, die ihn wenig sehen.

Allerdings wollten wir uns nicht allein mit einer pauschalen Beurteilung des Offenen Kanals Kassel begnügen. Deshalb hakten wir genauer nach, warum die Befragten den Offenen Kanal für überflüssig oder für eine Bereicherung halten.

Schaubild 60
Offener Kanal Kassel: Bereicherung - überflüssig
(nach Nutzungsintensität)

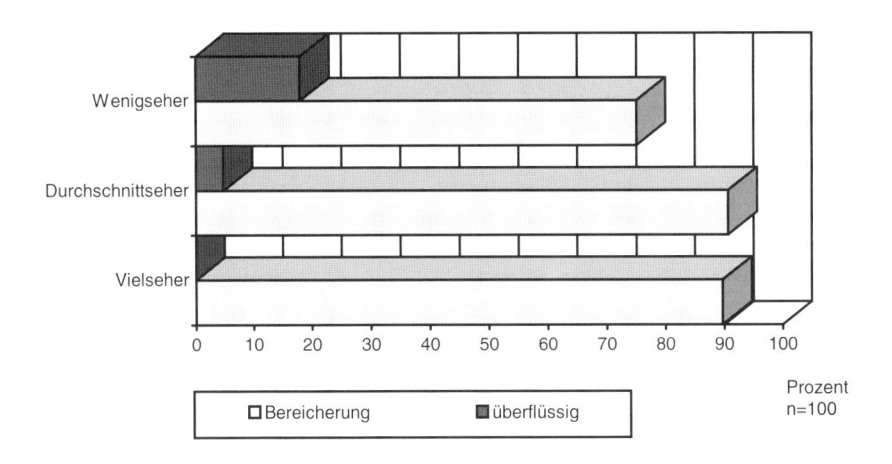

Wenigseher	
Durchschnittseher	
Vielseher	

0   10   20   30   40   50   60   70   80   90   100

□ Bereicherung   ■ überflüssig

Prozent
n=100

Bei negativer Aussage war die häufigste Begründung, daß es schon genug andere Programme gebe und daß der Offene Kanal gegenüber diesen Programmen uninteressant sei. Bei diesen Befragten besteht also eine Übersättigung, die den Offenen Kanal in Konkurrenz zu anderen Programmen nicht mehr reizvoll macht, weil er kein attraktives Angebot entgegensetzen kann.

Vielfältiger und facettenreicher sind die überwiegend positiven Antworten der Zuschauer zum Offenen Kanal. Begrüßt wird, daß der Kanal „offen für alle" ist, jeder senden darf und seine Meinung äußern kann. Auf positive Resonanz stößt auch die lokale Eingebundenheit des Senders, weil es eben ein Fernsehprogramm aus Kassel für Kassel sei mit interessanten lokalen und regionalen Informationen, in dem auch das „tägliche Leben" zu sehen sei. So fülle der Offene Kanal „eine Lücke" und biete „zusätzliche lokale Informationen", die in anderen Medien nicht berücksichtigt würden. Besonders heben einige Zuschauer diese „Art Anarchie", die „Möglichkeit der Kommunikation", die „Vielfalt des Programms" und dieses „nicht normale Fernsehen" hervor.

Zusammenfassung: Nach Einschätzung der Befragten ist der Offene Kanal nicht so bekannt, wie er nach den Ergebnissen der Telefonbefragung tatsächlich ist. Der Offene Kanal wird also von den Zuschauern in seiner Bekanntheit unterschätzt, und das, obwohl er von ihnen selbst als eine Bereicherung der Medienlandschaft angesehen wird, da er "offen für alle ist", das "tägliche Leben" zeigt, "zusätzliche lokale Informationen" bietet, "nicht normal" ist und jeder "seine Meinung sagen kann".

Lust, selbst Sendungen zu produzieren, kann der Offene Kanal immerhin bei einem Drittel der Befragten wecken.

7 Die Ergebnisse: Zusammenfassung und Interpretation

Die mit dieser Studie vorgelegten Ergebnisse (vgl. zum Überblick auch die Zusammenfassungen am Ende der einzelnen Kapitel von 6.1 und 6.2) bescheinigen dem Offenen Kanal Kassel und seiner produzierenden Nutzerschaft insgesamt sehr erfolgreiche Arbeit und widerlegen die nach wie vor publizierte These, Offene Kanäle hätten kaum Zuschauer, ganz eindeutig.

Die vier Fragenbereiche aus dem Titel des Projekts „Wer sieht wann was warum?" sind sehr komplex beantwortet, und die Zusammenfassung und Interpretation dieser Antworten lassen Rückschlüsse zu, die sich einerseits auf die zukünftige Ausgestaltung der Arbeit in Offenen Kanälen in Hessen auswirken werden, andererseits Auskunft darüber geben, ob die zentralen Fragestellungen, wie sie am Anfang dieser Studie definiert wurden, vom Offenen Kanal Kassel zufriedenstellend eingelöst werden.

Diese zentralen Fragestellungen machten sich fest an zwei Schwerpunkten, und zwar
- dem *vordergründigen Interesse* an Daten und Aussagen zur allgemeinen Akzeptanz des Offenen Kanals Kassel bei den Fernsehzuschauern, um herauszufinden, ob und inwiefern Offener Kanal mehr ist als stadtteilbezogene Videoarbeit, und
- dem *hintergründigen Interesse* an möglichst detaillierten Aussagen der Zuschauer zum Offenen Kanal, um herauszufinden, ob der Bürgersender innerhalb des lokalen und regionalen Kommunikationsgefüges eine Rolle spielt und wenn ja, welche.

Das vordergründige Interesse fand seinen Niederschlag hauptsächlich in der telefonischen Befragung von 1.000 Haushalten im Verbreitungsgebiet, das hintergründige Interesse in der persönlichen Befragung einer 100 Personen umfassenden Fallstudie aus den 1.000 Haushalten.

Zum *Vordergründigen*: Mehr als 90 Prozent der Menschen in verkabelten Haushalten im Verbreitungsgebiet des Offenen Kanals Kassel kennen den Bürgersender und können Aussagen über ihn machen. Die überwiegende Mehrheit der Zuschauer ist beim Durchschalten durch die Programme auf den Offenen Kanal aufmerksam geworden, rund die Hälfte hat durch die Tageszeitung oder andere Presseveröffentlichungen von ihm erfahren, rund ein Drittel durch Gespräche mit anderen Menschen.

Die überwiegende Mehrheit (84 Prozent) derer, die den Bürgersender kennen, hat ihn auch schon eingeschaltet: 23,5 Prozent sind Vielseher, 36,8 Prozent sind Durchschnittseher und 39,7 Prozent sind Wenigseher. Dabei gibt es keine Tendenz zu einem „typischen Zuschauer" des Offenen Kanals; die Zuschauerschaft ist vielmehr breit gestreut und unabhängig von Alters-, Bildungs-, Berufs- und Geschlechtstypologien zu sehen.

Daraus läßt sich schließen, daß die Öffentlichkeitsarbeit der Einrichtung Offener Kanal sowie der aktiven Nutzer und Nutzergruppen gut angelegt ist, breite Bevölkerungskreise erreicht und auch Wirkungen zeigt. Weiter läßt sich daraus schließen, daß der Offene Kanal von den Zuschauern gut angenommen wird als lokales Fernseh"programm"angebot.

Wenn die Motivationen der Zuschauer an erster Stelle darauf beruhen, ein Programm aus Kassel für Kassel sehen zu wollen, an zweiter Stelle darauf, ein Programm von Menschen wie du und ich einzuschalten, und an dritter Stelle den Offenen Kanal zu nutzen, weil sonst nichts Besseres läuft, dann bescheinigen diese Aussagen dem Offenen Kanal, eine ganz offensichtliche Lücke im sonstigen Medienangebot zu füllen, die sich mit den Schlagworten lokal, regional, nachbarschaftlich, menschlich beschreiben läßt.

Der Offene Kanal Kassel hat ein Stammpublikum in der Zuschauerschaft, das deshalb einschaltet, weil es bestimmte Sendungen gerne sieht. Mehr als ein Drittel der Zuschauer gibt an, wenigstens eine Lieblingssendung zu haben. Da diese Aussage mit zunehmendem Alter der Befragten zunimmt, kann konstatiert werden, daß pauschale und vorurteilsbeladene Aussagen wie „Offene Kanäle senden allenfalls für Jugendliche" zumindest für den Offenen Kanal Kassel nicht zutreffen. Dies wird auch dadurch bestätigt, daß knapp 14 Prozent der Befragten den Wunsch äußern, sich an Sendungen zu beteiligen, und in dieser Gruppe nur die 50- bis 59jährigen kaum vertreten ist.

Die Anteile derjenigen unter den Befragten, die den Offenen Kanal nicht kennen (96 von 1.000), und derjenigen, die ihn kennen, aber noch nie eingeschaltet haben (16 von 904), sind keinesfalls eine zu vernachlässigende Größe. Denn natürlich muß das Ziel der Aktivitäten sein, einen Bekanntheitsgrad von 100 Prozent und eine größtmögliche Zuschauerschaft zu erreichen, auch wenn dies nur Schritt für Schritt gelingen kann, viel Geduld und vielerlei kreative Neuansätze erfordert.

Die Vorschläge der Befragten, zur Intensivierung des Informationsflusses über die Sendebeiträge im Offenen Kanal zusätzlich die Fernsehseite der Tageszeitung zu nutzen, Videotextangebote zu machen sowie Handzettel zu verteilen und zu plakatieren, sind nur zu Teilen realisierbar: Sinnvoll und bereits in einem fortgeschrittenen Planungsstadium ist die Nutzung von Videotext. Schon voraussichtlich Mitte des Jahres 1999 werden die Zuschauer des Offenen Kanals Kassel im Videotext nachschauen können, was wann gesendet wird, wann welche Kursangebote stattfinden und vieles andere mehr. Nicht realisierbar ist die Plazierung des „Programms" auf der Fernsehseite der Tageszeitung: Das Verbreitungsgebiet der Hessischen Allgemeinen geht weit über das Verbreitungsgebiet des Offenen Kanals hinaus, und die Chefredaktion der Zeitung vertritt den einsichtigen Standpunkt, daß die Informationen zu Sendebeiträgen des Offenen Kanals nur für solche Zeitungsabonnenten von Interesse sind, die den Bürgersender auch empfangen können. Ob die Herstellung und Verteilung von Handzetteln sowie die Initiierung von Plakataktionen zu den Sendebeiträgen den Informationsfluß verbessern können, sollte vom Mitarbeiterstab des Offenen Kanals für einen begrenzten Zeitraum einmal ausprobiert werden. Die Vermutung liegt nahe, daß der Arbeitsaufwand in keinem Verhältnis steht zum Ertrag.

Positiv bestätigt wird dem Offenen Kanal Kassel die Wahl der Sendezeiten: Mehr als ein Fünftel der Befragten sind mit den seit dem ersten Sendetag unverändert beibehaltenen Ausstrahlungszeiten zufrieden. Sollten eines Tages Erweiterungen der Sendezeit notwendig werden, weil die bisher offenen zwanzig Stunden pro Woche nicht mehr ausreichen für die Produktionen der Bürgerinnen und Bürger, bietet sich an, den wochentäglichen Sendestart vor 18 Uhr zu legen, um damit dem Wunsch der Befragten entgegenzukommen, denen ein früherer Sendebeginn angenehmer wäre.

Die Zuschauer des Offenen Kanals Kassel zeichnen sich mehrheitlich dadurch aus, daß sie den Bürgersender gezielt einschalten. Ihr Durchhaltevermögen hält sich hingegen in Grenzen: Nur ein sehr knappes Drittel der Befragten sieht häufig oder immer die ganze Sendung; mehr als ein Drittel tut dies gelegentlich und ein rundes Drittel selten oder nie. Daraus den Schluß zu ziehen, die Sendungen des Offenen Kanals wären uninteressant, ist falsch. Vielmehr verhalten sich die Zuschauer beim Offenen Kanal nicht anders als bei anderen Fernsehprogrammen, und seit es Fernbedienungen und mehr als 25 Programme gibt, ist es Normalität geworden, von einem Sender zum anderen zu schalten, um nichts zu verpassen. Übrigens sei an dieser Stelle im Zusammenhang mit dem Umschalten bei Werbeblöcken angemerkt, daß nur ein Fünftel der Befragten Werbung im Offenen Kanal begrüßen würde.

Bei der Frage nach der direkten Kontaktaufnahme zum Offenen Kanal, die nur von einem Sechstel der Befragten positiv beantwortet wird, können zweierlei Rückschlüsse gezogen werden: Es besteht die Möglichkeit, daß hier Hemmschwellen vorhanden sind, die eine Einrichtung mit dem Prädikat „offen für alle" abzubauen versuchen sollte. Es besteht andererseits aber auch die Möglichkeit, daß die Rezipienten des Offenen Kanals sehr wohl wissen, wer die richtigen Ansprechpartner für Kritik, Lob oder Informationen zu Sendebeiträgen sind, und sich deshalb selten an die Mitarbeiter des Offenen Kanals wenden.

Zum *Hintergründigen*: Die Vordenker Offener Kanäle sahen die Hauptaufgaben der Bürgersender darin, im Lokalen zu wirken, die Kommunikation vor Ort mit neuem Leben zu füllen und den zunehmenden Vereinzelungstendenzen, die durch stetig vermehrte Programmangebote befördert werden, durch die aktive Teilnahme an der Herstellung von Medien entgegenzuwirken. Bei einer 1992/93 im Rahmen einer empirischen Studie zum Offenen Kanal Hamburg durchgeführten Expertenbefragung[65] schätzten die Experten die Funktion Offener Kanäle wie folgt ein: Für besonders wichtig hielten 50 Prozent die Verbesserung der Teilhabemöglichkeiten von Bürgern, 30 Prozent die Verbesserung der lokalen Kommunikation und 20 Prozent die Verbesserung des Medienwissens des Publikums.

Die Verbesserung der Teilhabemöglichkeiten von Bürgern an Medien wird durch die Existenz und praktische Arbeit Offener Kanäle eingelöst, und die Verbesserung des Medienwissens beim Publikum findet auf jeden Fall beim produzierenden Publikum statt. Wie aber steht es um die Verbesserung der lokalen Kommunikation? Gibt es bei den Bürgerinnen und Bürgern im Verbreitungsgebiet des Offenen Kanals Kassel überhaupt Bedarf an einem solchen Medium der lokalen Kommunikation? Oder ist mit dem Offenen Kanal Kassel eine Einrichtung geschaffen, die zwar sehr erfolgreich arbeitet, wie unsere Studie belegt, dies aber gänzlich an den Bedürfnissen der Rezipienten vorbei? Anders gesagt: Versucht der Offene Kanal Kassel Bedürfnisse zu decken, die bei den Rezipienten gar nicht vorhanden sind?

Zur Beantwortung dieser Fragen hilft zunächst die Standortbestimmung des Offenen Kanals in der Kasseler Medienlandschaft: Die befragten Zuschauer schätzen ihn als lokales Medium, dem zunächst Attribute wie „aus Kassel für Kassel" und „von Menschen wie du und ich" zugeordnet werden. Sie bewerten ihn als Bereicherung der lokalen Medienlandschaft und heben in diesem Zusammenhang als positiv hervor, daß er „offen für alle" ist, das „tägliche Leben" zeigt, „zusätzliche lokale Informationen" bietet, „nicht normal" ist und „jeder seine Meinung sagen kann".

---

[65] Jarren, Otfried/Grothe, Thorsten/Müller, Roy: „Bürgermedium Offener Kanal - Der Offene Kanal Hamburg aus der Sicht von Experten", Berlin 1994.

Dieses bunte Gemisch von Äußerungen der Befragten zeigt, daß die Eigenarten des Offenen Kanals und seine Besonderheiten im Vergleich zu einem „normalen" Fernsehprogramm von den Zuschauern nicht nur erkannt, sondern auch richtig bewertet werden. In einem kommunikationswissenschaftlichen Plädoyer, abgedruckt in dem Fachdienst epd/Kirche und Rundfunk[66], schrieb die ZDF-Medienforscherin Hella Kellner im Februar 1979 zu den möglichen Eigenarten: „Zuschauer können ihren Part in der Massenkommunikation zumindest dann, wenn sie zu viel fernsehen, nur noch eingeschränkt spielen. Ihre Fähigkeit zur Kommunikation nimmt mit steigendem Fernsehkonsum ab. Die Produzenten haben mit ihnen dann leichtes Spiel, können es sich leisten, auch ihren Part schlechter zu spielen, unkritisiert und unkontrolliert vom Zuschauer schlechtere Programme zu machen. Der Offene Kanal könnte deshalb dazu beitragen, daß beide Kommunikationsteilnehmer wieder lernen, eine flexiblere, vielfältigere und befriedigendere Interaktion miteinander zu haben." Diese Erwartung löst der Offene Kanal Kassel nach Ansicht seiner Zuschauer ein.

Qualifizierung lokaler Kommunikation meint allerdings mehr als Flexibilität und Vielfalt und - im weitesten Sinne - Spaß. Der Begriff steht, zumindest in der Diskussion um Offene Kanäle, für sehr viel mehr und bedeutet, das öffentliche Leben im Lokalbereich auf eine neue Weise zu beleben und das Spektrum der Meinungen zu wichtigen kommunalen Fragen zu erweitern.

Bei der Frage danach, ob der Offene Kanal Kassel in diesem spezifischen Sinne zur Qualifizierung der lokalen Kommunikation beiträgt und, wenn ja, wie, ist zunächst der Blick auf die Bedürfnisse der Befragten zu richten: Nur rund die Hälfte aller Befragten ist mit der Berichterstattung über den Wohnort insofern zufrieden, als sie sie für ausreichend hält. Ein weiteres Viertel bezeichnet sie als nicht ausreichend und ein knappes Viertel als „je nach Thema" ausreichend. Bei der Rangfolge der „ausreichend" und „je nach Thema ausreichend" informierenden Medien rangiert an erster Stelle die Tageszeitung, gefolgt von Fernsehen, Radio und lokalen Anzeigenblättern. Reduziert auf die Befragten, die sehr großes Interesse an lokaler Berichterstattung haben, drehen sich die Verhältnisse um: Die Hälfte fühlt sich nicht ausreichend informiert, 30 Prozent ausreichend und 20 Prozent je nach Thema ausreichend. Der Bedarf nach Informationen aus dem lokalen Bereich ist also ausgesprochen hoch und wird von den Medien insgesamt nur unbefriedigend gedeckt.

Durch die Sendebeiträge des Offenen Kanals ausreichend oder je nach Thema ausreichend informiert über lokale Ereignisse fühlen sich 12 Prozent der Befragten, bei den Vielsehern des Offenen Kanals sind es fast 17 Prozent. Der

---

[66] epd/Kirche und Rundfunk Nr. 10 vom 7. Februar 1979.

Offene Kanal deckt also Bedürfnisse nach lokaler Berichterstattung ab. Und zwar nicht als fünftes Rad am Wagen, wie folgendes Ergebnis zeigt:

Bei der Bewertung der lokalen Medien nach den Kriterien Aktualität, Ausführlichkeit und Glaubwürdigkeit messen die Befragten dem Offenen Kanal Kassel bei sieben zu vergebenden Rängen für Ausführlichkeit und Glaubwürdigkeit Rang 3 zu (nach der Tageszeitung Hessische Allgemeine/HNA und Hessischem Rundfunk), für Aktualität Rang 4 (nach HNA, Hessischem Rundfunk und Hit Radio FFH). Damit bescheinigen die Zuschauer ihren Mitbürgerinnen und Mitbürgern auf der anderen, der produzierenden Seite des Fernsehens, großen Sachverstand, bringen ihnen Vertrauen entgegen und üben Nachsicht in der Frage der Aktualität.

Unzweideutig geht aus diesen einzelnen Antworten hervor, daß der Offene Kanal Kassel bei seinen Zuschauern ankommt, deren Bedürfnisse nach lokaler Information teilweise deckt und auch ihr Ansehen genießt. Im Zusammenspiel der lokalen Medien nimmt der Offene Kanal einen überraschend guten Platz ein, wird ernst genommen und von der überwältigenden Mehrheit der Befragten für eine Bereicherung des lokalen Medienangebots gehalten.

Knapp drei Viertel der Befragten geben an, daß im Offenen Kanal lokale Themen behandelt werden, die für sie von Interesse sind. Um aber der Frage nachzugehen, ob Sendebeiträge im Offenen Kanal Kassel das Spektrum der Meinungen zu wichtigen kommunalen Fragen erweitern, ist die Konkretisierung des allgemeinen lokalen Informationsbedürfnisses und der allgemeinen lokalen Informationsbefriedigung nach Themenkomplexen notwendig. Als wichtigste lokale gesellschaftliche und politische Themenbereiche in der Stadt nennen die Befragten Kultur, Kommunales/Lokales, Wirtschaft/Finanzen und Verkehr. Sport, Soziales, Umwelt und Schule schließen sich an. Bei der Frage nach den interessanten lokalen Themen, die im Offenen Kanal behandelt werden, ändern sich die Gewichtungen: Waren vorher die drei erstgenannten Themenbereiche mit vergleichsweise kurzem Abstand hintereinander genannt, rangiert jetzt Kommunales und Lokales weit vor Kultur. Den dritten, vierten und fünften Platz nehmen Verkehr, Gesundheit und Umwelt ein, Wirtschaft und Finanzen rutschen vom dritten auf den letzten Platz.

Bestätigt wird das ausgesprochen große Interesse an kommunal- und lokalpolitischen Themen durch die Tatsache, daß die regelmäßig monatlich stattfindende Live-Sendung mit dem Kasseler Oberbürgermeister „OB live - Das aktuelle Stadtgespräch" sowohl auf der Bekanntheits- als auch auf der Beliebtheitsskala von Sendebeiträgen an erster Stelle steht. Alle anderen Sendebeiträge, die von den Befragten als bekannt oder beliebt genannt werden, sind direkt den beiden

Themenskalen nur sehr schwer zuzuordnen, wenn überhaupt. Wie ist das zu erklären?

Die naheliegende Erklärung ist sehr einfach: Die Befragten differenzieren sehr bewußt zwischen dem, was sie in der Region für wichtig halten, dem, was sie im Offenen Kanal für wichtig halten, und dem, was sie im Offenen Kanal kennen und gerne sehen.

Eine andere Erklärung rührt aus der grundsätzlichen Aufgeschlossenheit der Zuschauer des Offenen Kanals gegenüber dem Medium Fernsehen. Die genaue Betrachtung des Rezeptionsverhaltens der sogenannten Fans des Kasseler Bürgersenders ergibt: Ihr Fernsehkonsum insgesamt ist intensiver als der der Nichtfans. Sie präferieren private Vollprogramme, dritte Programme und Sport, und sie haben ein ausgeprägtes Interesse an den Genres Bildung, Ratgeber und Information. Diese Präferenzen, die auf den ersten Blick widersprüchlich erscheinen, lassen darauf schließen, daß diese Rezipienten keinerlei Scheu vor Neuem und Anderem haben, also ein gewisses Maß an Experimentierfreude besitzen. In dieses Erklärungsmuster passen auch sowohl die Freude, die Sendungen des Offenen Kanals mehr als der Hälfte der Befragten auf einer sehr persönlichen Ebene bereitet haben, als auch der Ärger, den ein knappes Drittel bei Sendungen verspürte.

All dies bestätigt Hella Kellners[67] These und bestätigt dem Offenen Kanal, ein Beitrag dazu zu sein, „daß beide Kommunikationsteilnehmer wieder lernen, eine flexiblere, vielfältigere und befriedigendere Interaktion miteinander zu haben."

Im Zusammenhang mit dem Erkenntnisinteresse, das dieser Studie zugrunde liegt, und der Frage nach der Notwendigkeit einer Neudefinition dessen, was Offene Kanäle leisten können und leisten sollen, wird noch einmal Hella Kellner zitiert, die in ihrem bereits erwähnten kommunikationswissenschaftlichen Plädoyer den Rollen- und Perspektivenwechsel im Offenen Kanal wie folgt beschrieben hat, und zwar lange, bevor Offene Kanäle in Deutschland eingerichtet wurden: „Der Offene Kanal hat eindeutig eine eigenständige, zwischen Massenkommunikation und privater Kommunikation angesiedelte, öffentliche Kommunikationsqualität. Nicht jeder kann im ständigen Rotationsverfahren alles machen. Nicht jeder kann mithin Fernsehprogramme machen; und alle Versuche, Zuschauer massenhaft Fernsehprogramme machen zu lassen, würden daran auch notwendig scheitern. Dennoch scheint allein die Möglichkeit, daß es für Zuschauer diesen institutionalisierten tatsächlichen (und nicht nur kognitiven) Rollenwechsel in der Form eines Offenen Kanals geben könnte, im Sinn eines De-

---

[67] a. a. O.

mokratieverständnisses und dessen Einübung eine Chance zu sein. Also: Offener Kanal nicht als zweiter Bildungsweg für Programmacher, sondern eher für Demokraten."

Dieser demokratietheoretische Ansatz beinhaltet die Hoffnung, daß Offene Kanäle nicht nur auf Seiten ihrer Produzenten bildend wirken, sondern auch auf Seiten ihrer Rezipienten. Während in der Einführungszeit Offener Kanäle bis weit in die 80er Jahre hinein nur die aktiven Produzenten als Nutzer eine Rolle spielten, wenn es darum ging, die Einrichtung der Bürgersender zu rechtfertigen und Erfolge zu dokumentieren, zeigt spätestens die hier vorgelegte Studie, daß Offene Kanäle auch bei den nur rezipierenden Nutzern wirken. Unsere Befragungen haben ergeben, daß neue Themen, neue Formen, neue Sichtweisen durch den Offenen Kanal veröffentlicht werden und zur Qualifizierung lokaler Kommunikation beitragen. Sicherlich werden sich die Ergebnisse von vergleichbaren Untersuchungen an anderen Standorten Offener Kanäle punktuell von den Kasseler Ergebnissen unterscheiden. Grundsätzlich aber belegt die Kasseler Studie, daß Offene Kanäle den an sie gestellten Aufgaben durchaus gerecht werden und den theoretischen Ansprüchen in der Praxis mehr als genügen. Zu einer Neudefinition der Grundidee Offener Kanäle, die Abstand nehmen müßte vom deklarierten und sehr demokratisch organisierten Anderssein, um angepaßt werden zu können an Begriffe wie „fernsehgerecht", „rezipientenorientiert" und „einschaltquotenträchtig", gibt die Studie „Wer sieht wann was warum im Offenen Kanal Kassel?" keinen Anlaß.

8 Die Zukunft: Ausblicke und Konsequenzen

Die vorliegende Studie bescheinigt dem Offenen Kanal Kassel unbestritten erfolgreiche Arbeit in den vergangenen Jahren. Das ist aber kein Anlaß, sich künftig auf Lorbeeren auszuruhen und den Dingen ihren ungesteuerten Lauf zu lassen. Im Gegenteil: Die Weiterentwicklung von und in Offenen Kanälen hängt ganz massiv ab von der ständigen Zugewinnung neuer Nutzer und Nutzergruppen und der stetigen Pflege der Stammkundschaft.

Im Hinblick auf den Bekanntheitsgrad des Offenen Kanals Kassel deckt unsere Untersuchung ein paar Defizite auf, die es zu beheben gilt, sofern sie zu beheben sind. Auch wenn es schwierig erscheinen mag, zum Beispiel die Frauen in noch größerer Zahl zum aktiven und passiven Mitmachen anzuregen, sollten als Zielvorgabe jedenfalls alle möglichen Anstrengungen unternommen werden, um die konstatierten Defizite abzubauen:

- Wenn die ganz überwiegende Mehrheit der verkabelten Haushalte im Verbreitungsgebiet des Offenen Kanals über den Offenen Kanal sehr genau Bescheid weiß, aber nur Teile davon bisher die Möglichkeiten der aktiven Teilnahme genutzt haben, bedeutet dies, daß das Potential an Nutzern noch lange nicht ausgeschöpft ist. Wenn mehr als ein Zehntel der Zuschauer den Offenen Kanal einschaltet, um sich an Sendungen zu beteiligen, sagt das zwar noch nichts darüber aus, ob eigene Produktionswünsche damit verknüpft sind. Es läßt aber vermuten, daß durch gezielte Maßnahmen - beispielsweise Verlosung von Führungen durch den Offenen Kanal in einer viel gesehenen Live-Sendung statt CDs oder sonstiger Gewinne - auch hier potentielle Produzenten und -gruppen abgeholt werden können.

- Ein Bekanntheitsdefizit hat der Offene Kanal Kassel bei drei Bevölkerungsgruppen, und zwar vergleichbar sowohl in der Zuschauer- als auch in der Nutzerschaft: Bei Frauen, bei jüngeren und bei älteren Menschen. Die Folge daraus ergibt sich logisch und ist zunächst einmal leicht umzusetzen: Der Offene Kanal muß sich bemühen, durch gezielte Angebote an Frauen, an Kinder und Jugendliche und an ältere Menschen ein größeres Nutzerpotential aus genau diesen Gruppen zu gewinnen. Wenn dies gelingt und unterstellt wird, daß diese Zielgruppensegmente mit ihren Beitragsproduktionen die Interessen und den Geschmack größerer oder gar großer Teile ihrer eigenen „Ziel"gruppe treffen, dann hätte der Offene Kanal in diesen Zielgruppen auch größere Zuschauerschaften. Ob eine solche Maßnahme zum unterstellten und erwünschten Erfolg führt, bleibt abzuwarten. Es zu versuchen, lohnt allemal.

- Auch wenn der Bekanntheitsgrad des Offenen Kanals in Kassel und Umgebung überwältigend hoch ist, sollten neben den bisher genutzten Wegen der Öffentlichkeitsarbeit zusätzliche Formen gefunden werden: Rund die Hälfte der befragten Personen, die den Offenen Kanal zwar kennen, aber nicht einschalten, gibt als Grund hierfür mangelnde Information an. Ein Baustein zur Behebung des Mangels ist die Präsenz im Internet, weitere Bausteine sollten gefunden und genutzt werden.

Für die Öffentlichkeitsarbeit des Offenen Kanals bedeuten die Ergebnisse, daß die etablierten Informationswege - Tagespresse, lokale Kulturzeitschriften und andere lokale wie regionale Presseerzeugnisse, Sendetafeln - bei den Zuschauern einen hohen Stellenwert als Vermittlungsorgane von Information genießen, also gepflegt und ausgebaut werden müssen. Dabei ist bei gezielter Ansprache spezifischer Gruppen zu berücksichtigen, welcher Informationsweg der den größten Erfolg versprechende für die jeweilige Klientel ist: Junge Menschen, Schüler, Studenten und Auszubildende sind nach unserer Umfrage eher durch Handzettel, die Auslage von schriftlichem Informationsmaterial und durch Informationsveranstaltungen zu erreichen, ältere Menschen, Hausfrauen und auch Arbeitslose eher durch die lokalen Printmedien.

Der wichtigste Ansatzpunkt für die Weiterentwicklung des Offenen Kanals sind und bleiben allerdings, das belegt unsere Studie klar, die Inhalte und Formen der Sendebeiträge. Die Produktionen der Bürgerinnen und Bürger für ihre Mitbürgerinnen und Mitbürger treffen zu großen Teilen den Publikumsgeschmack, und sie füllen eine Lücke im lokalen und regionalen Informationsangebot. Diese Lücke möglichst optimal zu schließen, ist Hauptaufgabe des Offenen Kanals.

Dazu bedarf es einer aktiven Nutzerklientel, die sich aus allen Gruppierungen der Bevölkerung rekrutiert und ein umfassend breites Interessenspektrum abdeckt. Die derzeit aktive Nutzerschaft des Offenen Kanals Kassel ist breit gestreut über die Altersgruppen, das Verhältnis bei der Geschlechterverteilung ist im Vergleich zum Durchschnitt in den Offenen Kanälen mit rund einem Viertel Frauenanteil hoch. Zur Ausbildung, zur beruflichen Herkunft und zu den Interessen der im Offenen Kanal Aktiven können bislang aber keinerlei auch nur annähernd repräsentative Aussagen gemacht werden. Solche Daten verfügbar zu haben, wäre ausgesprochen hilfreich zur Entwicklung von Strategien: So, wie die Ergebnisse der vorliegenden Untersuchung Hilfestellung geben und perspektivische Aussagen machen für die weitere Arbeit im Hinblick auf Zugewinnung und Bindung von Zuschauerpotentialen, kann eine Untersuchung zur Motivation der aktiven Nutzer sehr viel dazu beitragen, die weitere Entwicklung des Offenen Kanals Kassel zu optimieren. Um die Angebote des Offenen Kanals, die ja immer und sehr eng mit der praktischen Aus- und Weiterbildung im Medienbereich, mit medienpolitischer Bildung und Medienkompetenz verknüpft sind, konsequent auszubauen und am aktuellen wie perspektivischen Bedarf der Nutzerschaft ausrichten zu können, ist eine solche Untersuchung notwendig, die gleichzeitig die unterschiedlichen Bedarfe, Interessenlagen und Erwartungshaltungen in großen und kleinen Offenen Kanälen herausarbeitet, also in wenigstens zwei hessischen Offenen Kanälen parallel durchgeführt werden soll.

Und auf eine weitere Forschungslücke macht die vorliegende Studie aufmerksam: Wir haben nun Antworten auf die Fragen, wer wann was warum im Offenen Kanal Kassel sieht und wissen um die flexiblere und vielfältigere Interaktion im lokalen Kommunikationsgefüge. Wir haben aber keine Antworten darauf, ob der Offene Kanal bei seinen Zuschauern etwas bewirkt im Sinne von kritischem Umgang mit den Medien, im Sinne von Einstellungsänderungen oder im Sinne von Interessenwandel. Dies zu erforschen, könnte Aufgabe einer Langzeituntersuchung sein, die am Standort eines eventuellen fünften Offenen Kanals in Hessen mit einer Nullmessung beginnt und die Zuschauerschaft über einen längeren Zeitraum fragend begleitet.

9 Die Tabellen

9.1 Zur Telefonbefragung

Tabelle 1: Soziodemographie-Kreuztabellen – Telefonbefragung
Tabelle 2: Die Bevölkerung im Sendegebiet des Offenen Kanals Kassel nach Alter und Geschlecht
Tabelle 3: Bekanntheit und Kenntnisnahme des Offenen Kanals Kassel
Tabelle 4: Nutzung und Nutzungsintensität des Offenen Kanals Kassel
Tabelle 5: Motive zur Nutzung des Offenen Kanals Kassel
Tabelle 6: Rangfolge der Motive zur Nutzung des Offenen Kanals Kassel nach Alter
Tabelle 7: Rangfolge der Motive zur Nutzung des Offenen Kanals Kassel nach Geschlecht und Bildungsabschluß
Tabelle 8: Rangfolge der Motive zur Nutzung des Offenen Kanals Kassel nach den Nutzungsgruppen
Tabelle 9: Gründe für die Nichtnutzung des Offenen Kanals Kassel
Tabelle 10: Rangfolge der Gründe für die Nichtnutzung des Offenen Kanals Kassel nach Alter, Geschlecht und Bildungsabschluß
Tabelle 11: Allgemeines Fernsehverhalten aller Zuschauer (Sehzeiten)
Tabelle 12: Allgemeines Fernsehverhalten aller Zuschauer (Sender)
Tabelle 13: Allgemeines Fernsehverhalten der Zuschauer des Offenen Kanals Kassel (Sehzeiten)
Tabelle 14: Allgemeines Fernsehverhalten der Zuschauer des Offenen Kanals Kassel (Sender)
Tabelle 15: Fernsehnutzung der Zuschauer des Offenen Kanals Kassel (Sehzeiten) (eingeteilt in Viel-, Durchschnitt- und Wenigseher)
Tabelle 16: Fernsehnutzung der Zuschauer des Offenen Kanals Kassel (Sender) (eingeteilt in Viel-, Durchschnitt- und Wenigseher)

9.2 Zur Haushaltsbefragung

Tabelle 17: Freizeitverhalten
Tabelle 18: Freizeitaktivitäten
Tabelle 19: Allgemeine Fernsehnutzung – Konsum nach Alter, Geschlecht und Bildung
Tabelle 20: Nutzung der Fernsehprogramme
Tabelle 21: Nutzung der Fernsehprogramme - Faktoren
Tabelle 22: Allgemeine Fernsehnutzung nach Häufigkeit
Tabelle 23: Allgemeine Fernsehnutzung nach Stunden

Tabelle 24:	Allgemeine Fernsehnutzung nach Alter, Geschlecht und Bildung
Tabelle 25:	Nutzung von Fernsehgenres
Tabelle 26:	Fernsehnutzung nach Genres - Faktoren
Tabelle 27:	Nutzung von Fernsehgenres nach Häufigkeit
Tabelle 28:	Nutzung von Fernsehgenres nach Stunden
Tabelle 29:	Nutzung von Fernsehgenres nach Alter, Geschlecht und Bildung
Tabelle 30:	Nutzung von Magazinsendungen
Tabelle 31:	Nutzung von Magazinsendungen - Faktoren
Tabelle 32:	Nutzung von Magazinsendungen nach Häufigkeit
Tabelle 33:	Nutzung von Magazinsendungen nach Stunden
Tabelle 34:	Nutzung von Magazinsendungen nach Alter, Geschlecht und Bildung
Tabelle 35:	Allgemeine Fernsehnutzung nach Sendern, Magazinen und Genres
Tabelle 36:	Mediennutzung und Soziodemographie – Eine Zusammenhangsanalyse (Korrelation nach Pearson r)
Tabelle 37:	Allgemeine Fernsehnutzung nach Nichtfan/Fan des Offenen Kanals Kassel
Tabelle 38:	Medienverzicht nach Alter, Geschlecht und Bildung
Tabelle 39:	Lokale Gebundenheit nach Alter, Geschlecht und Bildung
Tabelle 40:	Lokale Gebundenheit – Intensität der Nutzung des Offenen Kanals Kassel
Tabelle 41:	Lokale Gebundenheit und Soziodemographie nach Nichtfan/Fan des Offenen Kanals Kassel
Tabelle 42:	Lokale Informationsbedürfnisse/lokale Informationsdefizite – lokale Gebundenheit
Tabelle 43:	Lokale Informationsbedürfnisse/lokale Informationsdefizite – Intensität der Nutzung des Offenen Kanals Kassel
Tabelle 44:	Befriedigung lokaler Informationsbedürfnisse
Tabelle 45:	Befriedigung lokaler Informationsbedürfnisse nach Themenbereichen
Tabelle 46:	Befriedigung lokaler Informationsbedürfnisse nach Einzelthemen – Hardinfo
Tabelle 47:	Befriedigung lokaler Informationsbedürfnisse nach Einzelthemen – Hardinfo
Tabelle 48:	Befriedigung lokaler Informationsbedürfnisse nach Einzelthemen – Softinfo
Tabelle 49:	Befriedigung lokaler Informationsbedürfnisse nach Einzelthemen – Softinfo
Tabelle 50:	Lokale Informationsbedürfnisse
Tabelle 51:	Lokale Informationsbedürfnisse – Faktoren

Tabelle 52:	Lokale Informationsbedürfnisse nach Alter, Geschlecht und Bildung
Tabelle 53:	Lokale Informationsbedürfnisse nach allgemeiner Fernsehnutzung
Tabelle 54:	Lokale Mediennutzung
Tabelle 55:	Lokale Mediennutzung – Faktoren
Tabelle 56:	Lokale Mediennutzung nach Alter, Geschlecht und Bildung
Tabelle 57:	Lokale Mediennutzung nach Themenbereichen
Tabelle 58:	Lokale Mediennutzung nach Einzelthemen – Hardinfo
Tabelle 59:	Lokale Mediennutzung nach Einzelthemen – Hardinfo
Tabelle 60:	Lokale Mediennutzung nach Einzelthemen – Softinfo
Tabelle 61:	Lokale Mediennutzung nach Einzelthemen – Softinfo
Tabelle 62:	Lokale Mediennutzung nach Nichtfan/Fan des Offenen Kanals Kassel
Tabelle 63:	Nutzung des Offenen Kanals und Soziodemographie
Tabelle 64:	Informationsverhalten nach Nichtfan/Fan des Offenen Kanals Kassel
Tabelle 65:	Bekanntheit der Sendezeiten des Offenen Kanals Kassel
Tabelle 66:	Bevorzugte Sendezeiten des Offenen Kanals Kassel nach Alter, Geschlecht und Bildung
Tabelle 67:	Bevorzugte Sendezeiten des Offenen Kanals Kassel nach Fernsehkonsum
Tabelle 68:	Bekanntheitsgrad regelmäßiger Sendungen im Offenen Kanal Kassel
Tabelle 69:	Bekanntheitsgrad regelmäßiger Sendungen im Offenen Kanal Kassel nach Alter, Geschlecht und Bildung
Tabelle 70:	Bekanntheitsgrad von Genres im Offenen Kanal Kassel
Tabelle 71:	Bekanntheitsgrad von Genres im Offenen Kanal Kassel nach Alter, Geschlecht und Bildung
Tabelle 72:	Beliebtheitsgrad von Genres im Offenen Kanal Kassel
Tabelle 73:	Grad der Wichtigkeit von Genres nach Einzelthemen im Offenen Kanal Kassel – Hardinfo
Tabelle 74:	Grad der Wichtigkeit von Genres nach Einzelthemen im Offenen Kanal Kassel – Hardinfo
Tabelle 75:	Grad der Wichtigkeit von Genres nach Einzelthemen im Offenen Kanal Kassel – Softinfo
Tabelle 76:	Grad der Wichtigkeit von Genres nach Einzelthemen im Offenen Kanal Kassel – Softinfo
Tabelle 77:	Grad der Wichtigkeit von Genres nach Einzelthemen im Offenen Kanal Kassel
Tabelle 78:	Grad der Wichtigkeit von Genres nach Einzelthemen im Offenen Kanal Kassel nach Lokalmedien

Tabelle 79: Wichtige Themen in Kassel
Tabelle 80: Lokale Medienbewertung
Tabelle 81: Lokale Medienbewertung – Index

9.1 Die Telefonbefragung

Kapitel 6.1.1.4 Tabelle 1
Soziodemographie-Kreuztabellen - Telefonbefragung

		Alter							
	Gesamt	14-19	20-29	30-39	40-49	50-59	60-69	70-79	80 und älter
Geschlecht									
weiblich	58,4	58,7	48,5	59,5	60,0	59,2	55,0	65,2	56,7
männlich	41,6	41,3	51,5	40,5	40,0	40,8	45,0	34,8	43,3
Bildung									
Hauptschule	37,5	20,6	14,4	19,7	38,2	49,7	48,6	47,8	43,3
Realschule	31,7	39,8	37,1	40,2	34,9	26,7	26,0	29,6	13,3
Hochschulreife	14,2	20,6	34,0	21,9	10,9	5,8	11,2	10,4	10,0
Hochschule	12,9	-	12,4	14,6	12,6	16,2	11,2	11,3	26,7
sonstiges/ kein Abschluß	3,7	19,0	2,1	3,6	3,4	1,6	3,0	0,9	6,7

Angaben in Prozent
n=977

Bildung	Geschlecht	
	weiblich	männlich
Hauptschule	38,2	39,6
Realschule	38,1	25,1
Hochschulreife	14,1	16,5
Hochschule	9,6	18,8

Angaben in Prozent
n=952

Kapitel 6.1.2 Tabelle 2
Die Bevölkerung im Sendegebiet des Offenen Kanals Kassel nach Alter und Geschlecht

Ort	Einwohner			Alter						
	gesamt	männlich	weiblich	14 bis 19 Jahre	20 bis 29 Jahre	30 bis 39 Jahre	40 bis 49 Jahre	50 bis 59 Jahre	60 bis 69 Jahre	70 Jahre und älter
Kassel	200.927	47,30	52,70	5,59	14,86	17,08	13,11	12,47	9,99	13,93
Ahnatal	8.100	48,74	51,26	5,73	12,43	15,26	13,68	15,26	11,70	11,70
Baunatal	27.079	49,04	50,96	6,13	12,50	16,25	14,29	14,87	10,85	9,36
Fuldabrück	8.969	49,48	50,52	5,60	12,12	15,60	15,20	17,53	11,09	9,75
Fuldatal	12.803	49,32	50,68	5,81	12,83	15,44	13,97	15,36	12,16	11,32
Lohfelden	13.221	48,98	51,02	5,85	12,83	16,68	14,23	14,42	10,40	10,85
Niestetal	10.221	48,06	51,94	5,44	13,60	16,24	13,71	15,60	11,72	12,07
Vellmar	17.752	48,77	51,23	6,14	12,16	15,41	15,78	15,48	10,17	11,28
Sendegebiet Gesamt	299.072	Ø 48,71	Ø 51,29	Ø 5,79	Ø 12,92	Ø 15,99	Ø 14,25	Ø 15,12	Ø 11,01	Ø 11,28

Angaben in Prozent (mit Ausnahme Einwohner gesamt)
Stand: 31.12.1996
Quelle: Hessisches Statistisches Landesamt

Kapitel 6.1.2 und 6.1.3 Tabelle 3
Bekanntheit und Kenntnisnahme des Offenen Kanals Kassel

	Gesamt	Alter							Geschlecht		Bildungsabschluß			
		14-19	20-29	30-39	40-49	50-59	60-69	70-79	80 und älter	Frauen	Männer	Haupt-schule	Real-schule	Hoch-schul-reife	Hoch-schule
Bekannt (n=1000)	90,4	93,7	89,7	95,6	97,1	90,6	89,9	85,2	60,0	88,4	93,3	88,1	93,6	94,4	89,8
durchgeschaltet	62,9	71,2	67,8	64,9	64,7	56,6	63,8	59,2	50,0	62,2	63,8	45,2	65,3	55,9	58,3
durch andere	35,7	57,6	40,2	38,9	33,5	36,4	33,6	25,5	16,7	39,7	30,5	31,7	39,2	41,2	30,4
Zeitung	51,0	22,0	46,0	49,6	51,8	58,4	53,3	62,1	38,9	49,2	53,5	48,6	52,9	50,7	57,4
andere Gründe	18,5	28,8	14,9	18,3	19,4	20,8	12,5	21,4	11,1	20,9	15,2	18,2	19,6	20,6	16,5

Angaben in Prozent/Mehrfachnennungen

Kapitel 6.1.4 Tabelle 4
Nutzung und Nutzungsintensität des Offenen Kanals Kassel

	Gesamt	Alter								Geschlecht		Bildungsabschluß			
		14-19	20-29	30-39	40-49	50-59	60-69	70-79	80 und älter	Frauen	Männer	Haupt-schule	Real-schule	Hoch-schul-reife	Hoch-schule
Nutzung (n=904)	84,0	84,7	88,5	87,0	81,8	87,3	80,9	80,6	77,8	79,1	90,4	84,9	81,4	88,2	84,3
Nutzungstypen															
Vielseher (n=759)	23,5	32,0	15,6	22,8	23,7	19,9	26,0	31,6	28,6	19,6	28,3	27,5	22,8	18,4	19,6
Durchschnitt-seher (n=904)	36,8	30,0	37,7	39,5	39,6	38,4	35,8	35,4	14,3	39,0	34,0	40,6	32,9	33,3	42,3
Wenigseher (n=904)	39,7	38,0	46,7	37,7	36,7	41,7	38,2	33,0	57,1	41,4	37,7	31,9	44,3	48,3	38,1

Angaben in Prozent

Kapitel 6.1.5 Tabelle 5 a
Motive zur Nutzung des Offenen Kanals Kassel

Motive	Gesamt	Alter								Geschlecht		Bildungsabschluß			
		14-19	20-29	30-39	40-49	50-59	60-69	70-79	80 und älter	Frauen	Männer	Haupt-schule	Real-schule	Hoch-schul-reife	Hoch-schule
Programm aus Kassel für Kassel	72,5	46,0	61,0	79,8	74,8	71,5	76,4	87,3	71,4	72,3	72,6	77,5	72,6	66,7	67,0
Programm von Menschen wie du und ich	58,4	62,0	57,7	62,3	56,1	56,3	56,9	64,6	57,1	64,5	51,4	66,3	57,4	49,2	46,4
sehe bestimmte Sendung gerne	38,2	36,0	22,1	31,6	41,7	38,4	43,9	53,2	42,9	38,7	37,7	42,8	38,0	37,5	28,9
kennen jemanden, der bei Sendungen mitmacht	33,9	40,0	27,3	36,8	38,8	31,8	30,9	39,2	7,1	33,1	34,9	27,9	37,1	35,8	38,1
bin selbst Produzent	3,2	12,0	3,9	6,1	2,2	1,3	1,6	1,3	-	2,2	4,3	1,1	3,4	5,8	5,2

Angaben in Prozent/Mehrfachnennungen

Kapitel 6.1.5 Tabelle 5 b
Motive zur Nutzung des Offenen Kanals Kassel

Motive	Gesamt	Alter							Geschlecht		Bildungsabschluß			
		14-19	20-29	30-39	40-49	50-59	60-69	70-79	80 und älter	Frauen	Männer	Haupt-schule	Real-schule	Hoch-schul-reife	Hoch-schule
möchte mich an Sendungen beteiligen	13,7	18,0	22,1	20,2	14,4	8,6	12,2	7,6	7,1	11,3	16,6	11,6	13,9	15,8	16,5
Anregungen für eigene Sendungen	8,6	10,0	7,8	12,3	10,8	6,0	8,1	7,6	-	7,4	10,0	7,6	8,4	9,2	10,3
wenn nichts Besseres läuft	41,1	62,0	45,5	48,2	33,1	35,8	39,0	38,0	35,7	39,0	43,7	42,0	40,1	42,5	33,0
Offener Kanal läuft nebenbei	13,3	24,0	19,5	12,3	15,8	10,6	11,4	10,1	-	15,4	10,9	14,1	12,7	11,7	11,3
andere Gründe	37,3	44,0	36,4	38,6	36,0	37,7	32,5	41,8	50,0	39,0	35,4	36,6	38,8	37,5	38,1

Angaben in Prozent/Mehrfachnennungen

Kapitel 6.1.5 Tabelle 6
Rangfolge der Motive zur Nutzung des Offenen Kanals Kassel nach Alter

	Alter							
	14-19	20-29	30-39	40-49	50-59	60-69	70-79	80 und älter
	Programm von Menschen wie du und ich	Programm aus Kassel für Kassel	Programm aus Kassel für Kassel	Programm aus Kassel für Kassel	Programm aus Kassel für Kassel	Programm aus Kassel für Kassel	Programm aus Kassel für Kassel	Programm aus Kassel für Kassel
	wenn nichts Besseres läuft	Programm von Menschen wie du und ich	Programm von Menschen wie du und ich	Programm von Menschen wie du und ich	Programm von Menschen wie du und ich	Programm von Menschen wie du und ich	Programm von Menschen wie du und ich	Programm von Menschen wie du und ich
	Programm aus Kassel für Kassel	wenn nichts Besseres läuft	wenn nichts Besseres läuft	sehe bestimmte Sendungen gerne	sehe bestimmte Sendungen gerne	sehe bestimmte Sendungen gerne	sehe bestimmte Sendungen gerne	andere Gründe
	andere Gründe	andere Gründe	andere Gründe	kenne jemanden, der bei Sendungen mitmacht	andere Gründe	wenn nichts Besseres läuft	andere Gründe	sehe bestimmte Sendungen gerne
	kenne jemanden, der bei Sendungen mitmacht	kenne jemanden, der bei Sendungen mitmacht	kenne jemanden, der bei Sendungen mitmacht	andere Gründe	wenn nichts Besseres läuft	andere Gründe	kenne jemanden, der bei Sendungen mitmacht	wenn nichts Besseres läuft
	sehe bestimmte Sendungen gerne	sehe bestimmte Sendungen gerne	sehe bestimmte Sendungen gerne	wenn nichts Besseres läuft	kenne jemanden, der bei Sendungen mitmacht	kenne jemanden, der bei Sendungen mitmacht	wenn nichts Besseres läuft	kenne jemanden, der bei Sendungen mitmacht
	Offener Kanal läuft nebenbei	möchte mich an Sendungen beteiligen	möchte mich an Sendungen beteiligen	Offener Kanal läuft nebenbei	Offener Kanal läuft nebenbei	möchte mich an Sendungen beteiligen	möchte mich an Sendungen beteiligen	möchte mich an Sendungen beteiligen
	möchte mich an Sendungen beteiligen	Offener Kanal läuft nebenbei	Anregungen für eigene Sendungen	möchte mich an Sendungen beteiligen	möchte mich an Sendungen beteiligen	Offener Kanal läuft nebenbei	Anregungen für eigene Sendungen	bin selbst Produzent
	bin selbst Produzent	Anregungen für eigene Sendungen	Offener Kanal läuft nebenbei	Anregungen für eigene Sendungen	Anregungen für eigene Sendungen	Anregungen für eigene Sendungen	Offener Kanal läuft nebenbei	Anregungen für eigene Sendungen
	Anregungen für eigene Sendungen	bin selbst Produzent	bin selbst Produzent	bin selbst Produzent	bin selbst Produzent	bin selbst Produzent	bin selbst Produzent	Offener Kanal läuft nebenbei

Kapitel 6.1.5 Tabelle 7
Rangfolge der Motive zur Nutzung des Offenen Kanals Kassel nach Geschlecht und Bildungsabschluß

Geschlecht		Bildungsabschluß			
männlich	weiblich	Hauptschule	Realschule	Hochschulreife	Hochschule
Programm aus Kassel für Kassel	Programm aus Kassel für Kassel	Programm aus Kassel für Kassel	Programm aus Kassel für Kassel	Programm aus Kassel für Kassel	Programm aus Kassel für Kassel
Programm von Menschen wie du und ich	Programm von Menschen wie du und ich	Programm von Menschen wie du und ich	Programm von Menschen wie du und ich	Programm von Menschen wie du und ich	Programm von Menschen wie du und ich
wenn nichts Besseres läuft	wenn nichts Besseres läuft	sehe bestimmte Sendungen gerne	wenn nichts Besseres läuft	wenn nichts Besseres läuft	kenne jemanden, der bei Sendungen mitmacht
sehe bestimmte Sendungen gerne	andere Gründe	wenn nichts Besseres läuft	andere Gründe	sehe bestimmte Sendungen gerne	andere Gründe
andere Gründe	sehe bestimmte Sendungen gerne	andere Gründe	sehe bestimmte Sendungen gerne	andere Gründe	wenn nichts Besseres läuft
kenne jemanden, der bei Sendungen mitmacht	kenne jemanden, der bei Sendungen mitmacht	kenne jemanden, der bei Sendungen mitmacht	kenne jemanden, der bei Sendungen mitmacht	kenne jemanden, der bei Sendungen mitmacht	sehe bestimmte Sendungen gerne
möchte mich an Sendungen beteiligen	Offener Kanal läuft nebenbei	Offener Kanal läuft nebenbei	möchte mich an Sendungen beteiligen	möchte mich an Sendungen beteiligen	möchte mich an Sendungen beteiligen
Offener Kanal läuft nebenbei	möchte mich an Sendungen beteiligen	möchte mich an Sendungen beteiligen	Offener Kanal läuft nebenbei	Offener Kanal läuft nebenbei	Offener Kanal läuft nebenbei
Anregungen für eigene Sendungen	Anregungen für eigene Sendungen	Anregungen für eigene Sendungen	Anregungen für eigene Sendungen	Anregungen für eigene Sendungen	Anregungen für eigene Sendungen
bin selbst Produzent	bin selbst Produzent	bin selbst Produzent	bin selbst Produzent	bin selbst Produzent	bin selbst Produzent

Kapitel 6.1.5 Tabelle 8
Rangfolge der Motive zur Nutzung des Offenen Kanals Kassel nach den Nutzungsgruppen

Vielseher	Durchschnittseher	Wenigseher
Programm aus Kassel für Kassel	Programm aus Kassel für Kassel	Programm aus Kassel für Kassel
Programm von Menschen wie du und ich	Programm von Menschen wie du und ich	Programm von Menschen wie du und ich
sehe bestimmte Sendungen gerne	wenn nichts Besseres läuft	wenn nichts Besseres läuft
wenn nichts Besseres läuft	sehe bestimmte Sendungen gerne	andere Gründe
andere Gründe	andere Gründe	kenne jemanden, der bei Sendungen mitmacht
kenne jemanden, der bei Sendungen mitmacht	kenne jemanden, der bei Sendungen mitmacht	sehe bestimmte Sendungen gerne
möchte mich an Sendungen beteiligen	möchte mich an Sendungen beteiligen	Offener Kanal läuft nebenbei
Offener Kanal läuft nebenbei	Offener Kanal läuft nebenbei	möchte mich an Sendungen beteiligen
Anregungen für eigene Sendungen	Anregungen für eigene Sendungen	Anregungen für eigene Sendungen
bin selbst Produzent	bin selbst Produzent	bin selbst Produzent

Kapitel 6.1.6 Tabelle 9
Gründe für die Nichtnutzung des Offenen Kanals Kassel

	Alter								Geschlecht		Bildungsabschluß			
	Gesamt	14-19	20-29	30-39	40-49	50-59	60-69	70-79	80 und älter	Frauen	Männer	Haupt-schule	Real-schule	Hoch-schul-reife	Hoch-schule
wußte zu wenig	52,4	77,8	50,0	47,1	45,2	59,1	51,7	63,2	50,0	59,3	32,4	55,8	59,3	37,5	38,9
fehlt bei Pro-grammen	29,7	-	20,0	17,6	35,5	36,4	34,5	36,8	50,0	33,3	18,9	34,6	22,2	25,0	33,3
Sendungen sind uninteres-sant	25,5	66,7	50,0	35,3	19,4	18,2	20,7	5,3	-	18,5	45,9	15,4	22,2	50,0	27,8
andere Gründe	33,1	44,4	30,0	35,3	48,4	18,2	31,0	21,1	25,0	27,8	48,6	32,7	35,2	18,8	50,0

Angaben in Prozent/Mehrfachnennungen

Kapitel 6.1.6 Tabelle 10
Rangfolge der Gründe für die Nichtnutzung des Offenen Kanals Kassel nach Alter, Geschlecht und Bildungsabschluß

Alter							
14-19	20-29	30-39	40-49	50-59	60-69	70-79	80 und älter
wußte zu wenig	wußte zu wenig	wußte zu wenig	andere Gründe	wußte zu wenig	wußte zu wenig	wußte zu wenig	wußte zu wenig
Sendungen sind uninteressant	Sendungen sind uninteressant	Sendungen sind uninteressant	wußte zu wenig	fehlt bei Programmen	fehlt bei Programmen	fehlt bei Programmen	fehlt bei Programmen
andere Gründe	andere Gründe	andere Gründe	fehlt bei Programmen	Sendungen sind uninteressant	andere Gründe	andere Gründe	andere Gründe
fehlt bei Programmen	fehlt bei Programmen	fehlt bei Programmen	Sendungen sind uninteressant	andere Gründe	Sendungen sind uninteressant	Sendungen sind uninteressant	Sendungen sind uninteressant

Geschlecht	
männlich	weiblich
wußte zu wenig	andere Gründe
fehlt bei Programmen	Sendungen sind uninteressant
andere Gründe	andere Gründe
Sendungen sind uninteressant	fehlt bei Programmen

Bildungsabschluß			
Hauptschule	Realschule	Hochschulreife	Hochschule
wußte zu wenig	wußte zu wenig	Sendungen sind uninteressant	andere Gründe
fehlt bei Programmen	andere Gründe	wußte zu wenig	wußte zu wenig
andere Gründe	fehlt bei Programmen	fehlt bei Programmen	fehlt bei Programmen
Sendungen sind uninteressant	Sendungen sind uninteressant	andere Gründe	Sendungen sind uninteressant

Kapitel 6.1.7 Tabelle 11
Allgemeines Fernsehverhalten aller Zuschauer (Sehzeiten)

	Gesamt	Alter								Geschlecht		Bildungsabschluß			
		14-19	20-29	30-39	40-49	50-59	60-69	70-79	80 und älter	Frauen	Männer	Haupt-schule	Real-schule	Hoch-schul-reife	Hoch-schule
gestern ferngesehen (n=1000)	62,5	75,5	56,6	56,6	52,2	68,2	61,7	67,9	53,8	58,5	65,7	61,5	60,9	61,0	66,3
zwischen 6 und 12 Uhr	9,0	13,5	11,6	6,3	5,6	12,9	8,1	5,7	14,3	9,7	8,8	10,1	7,7	12,5	7,9
zwischen 12 und 17 Uhr	23,3	35,1	25,6	18,8	22,5	30,7	20,3	24,5	42,9	26,2	24,3	25,0	23,8	29,2	25,4
zwischen 17 und 19 Uhr	34,6	43,2	25,6	32,8	31,0	46,5	39,2	34,0	28,6	33,8	39,8	38,7	35,7	37,5	36,5
zwischen 19 und 21 Uhr	80,1	62,2	76,7	78,1	74,6	77,2	86,5	96,2	71,4	81,4	77,4	84,5	79,7	70,8	73,0
zwischen 21 und 23 Uhr	72,9	59,5	72,1	76,6	66,2	78,2	74,3	83,0	85,7	73,4	74,8	75,6	73,4	73,6	69,8
nach 23 Uhr	21,0	24,3	30,2	18,8	19,7	19,8	24,3	26,4	-	19,4	26,5	26,8	20,3	20,8	19,0

Angaben in Prozent/Mehrfachnennungen

Kapitel 6.1.7 Tabelle 12
Allgemeines Fernsehverhalten aller Zuschauer (Sender)

Sender	Gesamt	Alter								Geschlecht		Bildungsabschluß			
		14-19	20-29	30-39	40-49	50-59	60-69	70-79	80 und älter	Frauen	Männer	Haupt-schule	Real-schule	Hoch-schul-reife	Hoch-schule
ARD	43,1	20,9	21,2	40,3	42,7	41,7	55,7	55,0	64,7	44,1	41,8	47,1	38,6	44,2	43,9
ZDF	38,0	18,6	26,9	28,6	34,4	47,2	37,7	46,3	64,7	35,0	42,2	39,2	34,9	45,3	37,8
Drittes	8,6	2,3	1,9	3,9	2,1	-	0,9	1,3	-	6,3	11,8	7,0	10,1	7,0	11,0
ARTE	1,5	2,3	1,9	3,9	2,1	-	0,9	1,3	-	1,1	1,9	0,9	1,6	2,3	2,4
RTL	28,1	53,5	42,3	28,6	31,3	22,0	22,6	17,5	23,5	27,8	28,1	27,3	30,2	29,1	18,3
SAT.1	24,3	46,5	25,0	29,9	19,8	23,6	22,6	20,0	5,9	26,6	20,9	23,3	31,2	19,8	11,0
PRO 7	12,1	37,2	25,0	19,5	12,5	7,1	5,7	-	-	10,6	14,1	11,0	11,6	15,1	8,5
Kabel 1	4,1	4,7	7,7	6,5	6,3	3,1	0,9	1,3	5,9	4,0	4,2	5,3	4,2	-	3,7
Offener Kanal	3,9	18,6	1,9	3,9	1,0	5,5	0,9	2,5	5,9	3,2	4,9	3,1	3,7	2,3	6,1
anderes	25,6	53,5	32,7	22,1	20,8	22,0	24,5	22,5	23,5	23,5	28,5	26,9	23,3	22,1	29,3

Angaben in Prozent/Mehrfachnennungen

Kapitel 6.1.7 Tabelle 13
Allgemeines Fernsehverhalten der Zuschauer des Offenen Kanals Kassel (Sehzeiten)

Sehzeiten	Gesamt	Alter								Geschlecht		Bildungsabschluß			
		14-19	20-29	30-39	40-49	50-59	60-69	70-79	80 und älter	Frauen	Männer	Haupt-schule	Real-schule	Hoch-schul-reife	Hoch-schule
gestern ferngesehen	61,3	69,4	54,2	57,0	55,7	66,7	62,9	70,2	58,6	60,2	64,7	62,4	61,2	60,6	65,1
zwischen 6 und 12 Uhr	9,0	20,9	11,5	6,5	6,2	11,9	7,6	3,8	5,9	9,5	8,3	9,7	7,4	10,5	8,5
zwischen 12 und 17 Uhr	23,7	37,2	25,0	16,9	20,6	27,0	20,0	22,5	29,4	23,5	23,1	23,8	23,3	25,6	19,5
zwischen 17 und 19 Uhr	34,6	41,9	26,9	29,9	27,8	43,7	36,8	32,5	41,2	38,6	31,5	38,8	32,3	36,0	30,5
zwischen 19 und 21 Uhr	80,1	62,8	69,2	80,5	77,3	77,0	86,7	93,7	82,4	81,4	78,4	84,1	77,8	73,3	79,3
zwischen 21 und 23 Uhr	73,9	58,1	69,2	77,9	69,1	76,2	72,4	82,5	58,8	72,8	73,1	73,6	73,0	75,6	67,1
nach 23 Uhr	21,0	20,9	30,8	18,2	22,7	18,3	20,0	20,0	11,8	18,1	25,0	23,3	20,6	19,8	17,1

Angaben in Prozent/Mehrfachnennungen

Kapitel 6.1.7 Tabelle 14
Allgemeines Fernsehverhalten der Zuschauer des Offenen Kanals Kassel (Sender)

Sender	Gesamt	Alter								Geschlecht		Bildungsabschluß			
		14-19	20-29	30-39	40-49	50-59	60-69	70-79	80 und älter	Frauen	Männer	Haupt-schule	Real-schule	Hoch-schul-reife	Hoch-schule
ARD	43,1	21,6	25,6	35,9	45,1	38,6	50,0	60,4	71,4	42,2	42,0	46,4	37,1	45,8	39,7
ZDF	38,0	21,6	30,2	29,7	36,6	49,5	40,5	47,2	71,4	36,3	42,0	39,3	36,4	45,8	39,7
Drittes	8,6	2,7	4,7	4,7	9,9	9,9	9,5	17,0	-	6,3	11,1	7,7	9,1	4,2	14,3
ARTE	1,5	2,7	2,3	1,6	2,8	-	1,4	1,9	-	1,3	1,8	1,2	1,4	2,8	1,6
RTL	28,1	56,8	37,2	32,8	32,4	21,8	27,0	17,0	-	30,0	28,8	28,0	32,9	27,8	19,0
SAT.1	24,3	45,9	23,3	34,4	18,3	23,8	25,7	17,0	-	28,3	22,6	23,2	35,0	22,2	11,1
PRO7	12,1	35,1	18,6	18,8	7,0	6,9	5,4	-	-	8,4	13,7	10,7	11,2	15,3	7,9
Kabel 1	4,1	5,4	9,3	4,7	4,2	3,0	-	1,9	-	3,0	4,4	4,8	3,5	-	4,8
Offener Kanal	3,9	21,6	2,3	4,7	1,4	6,9	1,4	3,8	14,3	4,6	5,8	4,2	4,9	2,8	7,9
anderes	25,6	51,4	34,9	21,9	22,5	19,8	27,0	20,8	14,3	23,6	27,9	26,8	23,8	23,6	30,2

Angaben in Prozent/Mehrfachnennungen

Kapitel 6.1.7 Tabelle 15
Fernsehnutzung der Zuschauer des Offenen Kanals Kassel (Sehzeiten) (eingeteilt in Viel-, Durchschnitt- und Wenigseher)

Sehzeiten	gesamt	Vielseher	Durchschnittseher	Wenigseher
gestern ferngesehen (n=1000)	62,5	60,3	60,6	65,1
zwischen 6 und 12 Uhr	9,0	17,0	6,6	7,3
zwischen 12 und 17 Uhr	23,3	24,5	26,5	24,6
zwischen 17 und 19 Uhr	34,6	37,7	35,5	37,2
zwischen 19 und 21 Uhr	80,1	85,8	72,9	81,7
zwischen 21 und 23 Uhr	72,9	76,4	71,1	75,4
nach 23 Uhr	21,0	25,5	21,7	22,5

Angaben in Prozent/Mehrfachnennungen

Kapitel 6.1.7 Tabelle 16
Fernsehnutzung der Zuschauer des Offenen Kanals Kassel (Sender) (eingeteilt in Viel-, Durchschnitt- und Wenigseher)

Sender	gesamt	Vielseher	Durchschnittseher	Wenigseher
ARD	43,1	47,2	36,7	44,0
ZDF	38,0	35,8	42,2	38,2
Drittes	8,6	6,6	6,6	11,5
ARTE	1,5	2,8	1,2	1,0
RTL	28,1	34,9	31,3	24,6
SAT.1	24,3	17,9	33,1	23,0
PRO7	12,1	14,2	9,6	10,5
Kabel 1	4,1	3,8	3,6	3,7
Offener Kanal	3,9	17,0	1,8	1,6
anderes	25,6	34,0	24,7	22,0

Angaben in Prozent/Mehrfachnennungen

9.2 Die Haushaltsbefragung

Kapitel 6.2.2.1 Tabelle 17
Freizeitverhalten

Freizeitbeschäftigung	wird täglich ausgeübt	wird überhaupt ausgeübt
Zeitung lesen	85	99
Fernsehen	78	100
Radio hören	78	99
Bücher lesen	38	92
sich mit Tieren beschäftigen	36	57
Schallplatten/CDs/Kassetten hören	35	98
mit Bekannten/Freunden/Verwandten telefonieren	33	98
Zeitschriften lesen	33	94
sich mit Kindern beschäftigen	31	82
mit dem Computer spielen	21	43
Videotext lesen	16	56
Spazierengehen/wandern/einen Ausflug machen	14	97
im Garten arbeiten	9	58
musizieren/ein Instrument spielen	8	23
sich beruflich weiterbilden	8	53
sich mit Bekannten/mit der Clique/mit Freunden treffen	7	95
Sport treiben	7	70
basteln/heimwerken	4	69
Handarbeiten	4	44
Schaufenster-, Einkaufsbummel machen	4	91
Videokassetten ansehen	4	69
am Computer spielen	3	32
am Vereinsleben teilnehmen	2	55
ausgehen (Kneipe, Disco)	1	72
Besuche bei Verwandten machen/Besuche von Verwandten bekommen	1	96
Videospiele spielen	1	18
in ein Restaurant gehen	-	93
ins Kino gehen	-	69
ins Theater/zu Konzerten/zu Kulturveranstaltungen gehen	-	83
Sportveranstaltungen besuchen	-	52

Angaben in Prozent
n=100

Kapitel 6.2.2.1 Tabelle 18
Freizeitaktivitäten

Tätigkeiten in alphabetischer Reihenfolge	Häufigkeit					
	nie	seltener	ein- bis dreimal im Monat	einmal in der Woche	zwei- bis dreimal in der Woche	täglich
am Computer spielen	68	10	3	9	7	3
am Vereinsleben teilnehmen	45	13	18	13	9	2
ausgehen (Kneipe, Disco)	28	18	24	19	10	1
basteln/heimwerken	31	26	16	10	13	4
Besuche bei Verwandten machen/von ihnen bekommen	4	28	28	27	12	1
Bücher lesen	8	19	10	8	17	38
fernsehen	-	-	-	1	21	78
handarbeiten	56	19	8	5	8	4
im Garten arbeiten	42	6	12	8	23	9
in ein Restaurant gehen	7	37	35	18	3	-
ins Kino gehen	31	48	18	3	-	-
ins Theater/zu Konzerten/zu Kulturveranstaltungen gehen	17	50	29	4	-	-
mit Bekannten/Freunden/Verwandten telefonieren	2	1	6	12	46	33
mit dem Computer arbeiten	57	3	3	7	9	21
musizieren/ein Instrument spielen	77	6	2	6	1	8

Angaben in Prozent/n=100

Kapitel 6.2.2.1 Tabelle 18 - Fortsetzung

Tätigkeiten in alphabetischer Reihenfolge	Häufigkeit					
	nie	seltener	ein- bis dreimal im Monat	einmal in der Woche	zwei- bis dreimal in der Woche	täglich
Radio hören	1	5	2	2	12	78
Schallplatten/CDs/Kassetten hören	2	13	8	13	29	35
Schaufenster-, Einkaufsbummel machen	9	26	32	19	10	4
sich beruflich weiterbilden	47	18	17	7	3	8
sich mit Bekannten/der Clique/mit Freunden treffen	5	10	27	31	20	7
sich mit Kindern beschäftigen	18	20	14	6	11	31
sich mit Tieren beschäftigen	43	14	1	3	3	36
spazierengehen/wandern/einen Ausflug machen	3	18	27	23	15	14
Sport treiben	30	13	8	23	19	7
Sportveranstaltungen besuchen	48	27	18	7	-	-
Videokassetten ansehen	31	25	20	11	9	4
Videospiele spielen	82	7	4	3	3	1
Videotext lesen	44	11	7	11	11	16
Zeitschriften lesen	6	10	7	21	23	33
Zeitung lesen	1	2	1	3	8	85

Angaben in Prozent/n=100

Kapitel 6.2.2.2 Tabelle 19
Allgemeine Fernsehnutzung – Konsum nach Alter, Geschlecht und Bildung

	Gesamt	Alter (recodiert)			Geschlecht		Bildung			
		14-29	30-59	59 und älter	weiblich	männlich	Haupt-schule	Real-schule	Hochschul-reife	Hoch-schule
Fernsehkonsum										
selten, gelegentlich	20,0	18,7	22,8	14,8	23,9	16,7	3,6	24,3	41,2	13,3
oft, sehr oft	80,0	81,3	77,2	85,2	76,1	83,3	96,4	75,7	58,8	86,7
Fernsehkonsum (Stunden)										
bis 2 Stunden	29,0	24,9	35,1	18,5	23,9	33,3	7,1	40,6	41,2	26,7
mehr als 2 bis 3 Stunden	31,0	43,8	28,1	29,6	43,5	20,4	28,6	21,6	52,9	33,3
mehr als 3 Stunden	40,0	31,3	36,8	51,9	32,6	46,3	64,3	37,8	5,9	40,0

Angaben in Prozent/n=100

Kapitel 6.2.2.2 Tabelle 20
Nutzung der Fernsehprogramme

Sender	Grad der Häufigkeit			
	nie	selten	oft	sehr oft
3sat	17	61	20	2
ARD	-	15	52	33
ARTE	33	50	14	3
Bayern 3	32	54	13	1
BBC World	79	19	2	-
CNN	78	21	1	-
DSF	43	34	22	1
EuroNEWS	51	38	10	1
EUROSPORT	41	32	26	1
Hessen 3	2	48	39	11
KABEL 1	23	56	18	3
mdr	21	52	27	-
MTV	55	30	12	3
NBC Super Channel	79	19	1	1
Nickelodeon	89	8	3	-
Nord 3	23	52	23	2
n-tv	40	51	8	1
Offener Kanal	11	58	31	-
premiere	90	7	3	-
ProSieben	10	40	44	6
RTL	5	28	58	9
RTL 2	18	50	26	6
SAT.1	4	28	61	7
tm 3	67	29	4	-
TRT-International	94	6	-	-
TV 5	87	10	3	-
VH 1	86	12	2	-
VIVA TV	67	18	8	7
VOX	19	57	22	2
West 3	26	58	16	-
ZDF	1	15	65	19

Angaben in Prozent/n=100

Kapitel 6.2.2.2 Tabelle 21
Nutzung der Fernsehprogramme – Faktoren

FAKTOREN Einzelinidikatoren	ERKLÄRTE VARIANZ Faktorladung
FAKTOR 1: PRIVATE VOLLPROGRAMME	27,1
RTL	.83
RTL 2	.82
PRO SIEBEN	.77
SAT.1	.76
Super RTL	.74
Kabel 1	.71
VOX	.53
FAKTOR 2: DIE DRITTEN	18,8
Bayern 3	.72
3Sat	.61
West 3	.56
Nord 3	.55
ARTE	.53
mdr	.51
Offener Kanal Kassel	.51
Hessen 3	.50
FAKTOR 3: INFORMATIONSPROGRAMME	16,9
CNN	.77
BBC World	.76
NBC Super Channel	.60
Euronews	.58
VH-1	.55
n-tv	.48
FAKTOR 4: SPORT	9,2
EUROSPORT	.85
DSF	.78
FAKTOR 5: ÖFFENTLICH-RECHTLICHE PROGRAMME	6,4
ARD	.86
ZDF	.73

Kapitel 6.2.2 Tabelle 22
Allgemeine Fernsehnutzung nach Häufigkeit

Fernsehnutzung (Programme)	Gesamt	Fernsehkonsum allgemein			
		selten	gelegentlich	oft	sehr oft
Private Vollprogramme					
nie	3,0	12,5	16,7	-	-
selten	34,0	37,5	50,0	39,3	17,3
oft	56,0	50,0	33,3	52,9	72,4
sehr oft	7,0	-	-	7,8	10,3
Die Dritten					
nie	2,0	-	8,3	1,9	-
selten	60,0	75,0	41,7	60,8	62,1
oft	38,0	25,0	50,0	37,3	37,9
sehr oft	-	-	-	-	-
Informationsprogramme					
nie	28,0	12,5	33,3	21,6	41,4
selten	68,0	75,0	66,7	74,5	55,2
oft	4,0	12,5	-	3,9	3,4
sehr oft	-	-	-	-	-
Sport					
nie	37,0	25,0	50,0	35,2	37,9
selten	36,0	50,0	25,0	37,3	34,5
oft	25,0	25,0	25,0	27,5	20,7
sehr oft	2,0	-	-	-	6,9
Öffentlich-rechtliche Programme					
nie	-	-	-	-	-
selten	12,0	12,5	16,6	13,7	6,9
oft	55,0	75,0	66,7	51,0	51,7
sehr oft	33,0	12,5	16,7	35,3	41,4

Angaben in Prozent/n=100

Kapitel 6.2.2.2 Tabelle 23
Allgemeine Fernsehnutzung nach Stunden

Fernsehnutzung (Programme)	Gesamt	Fernsehkonsum (Stunden täglich)		
		≤ 2 Stunden	2 bis 3 Stunden	mehr als 3 Stunden
Private Vollprogramme				
nie	3,0	10,4	-	-
selten	34,0	37,9	48,4	20,0
oft	56,0	44,8	51,6	67,5
sehr oft	7,0	6,9	-	12,5
Die Dritten				
nie	2,0	3,5	3,3	-
selten	60,0	51,7	67,7	60,0
oft	38,0	44,8	29,0	40,0
Informationsprogramme				
nie	28,0	24,1	32,2	27,5
selten	68,0	69,0	61,3	72,5
oft	4,0	6,9	6,5	-
Sport				
nie	37,0	48,3	38,7	27,5
selten	36,0	34,5	25,8	45,0
oft	25,0	17,2	35,5	22,5
sehr oft	2,0	-	-	5,0
Öffentlich-rechtliche Programme				
selten	12,0	20,7	6,4	10,0
oft	55,0	62,1	58,1	47,5
sehr oft	33,0	17,2	35,5	42,5

Angaben in Prozent/n=100

Kapitel 6.2.2.2 Tabelle 24
Allgemeine Fernsehnutzung nach Alter, Geschlecht und Bildung

Fernsehnutzung (Programme)	Gesamt	Alter			Geschlecht		Bildung			
		14-29	30-59	59 und älter	weiblich	männlich	Haupt-schule	Real-schule	Hoch-schul-reife	Hoch-schule
Private Vollprogramme										
nie	3,0	6,2	1,7	3,7	4,4	1,8	-	2,7	5,9	6,6
selten	34,0	12,5	31,6	51,9	32,6	35,2	25,0	32,4	41,2	46,7
oft	56,0	62,5	61,4	40,7	54,3	57,4	67,9	59,5	52,9	26,7
sehr oft	7,0	18,8	5,3	3,7	8,7	5,6	7,1	5,4	-	20,0
Die Dritten										
nie	2,0	6,2	1,7	-	2,2	1,8	3,6	-	5,9	-
selten	60,0	75,0	63,2	44,4	56,5	63,0	50,0	75,7	52,9	53,3
oft	38,0	18,8	35,1	55,6	41,3	35,2	46,4	24,3	21,2	46,7
Informationsprogramme										
nie	28,0	18,7	28,0	33,3	17,4	37,0	28,6	27,0	23,6	33,3
selten	68,0	68,8	70,2	63,0	76,1	61,1	71,4	73,0	58,8	66,7
oft	4,0	12,5	1,8	3,7	6,5	1,9	-	-	17,6	-
Sport										
nie	37,0	37,4	36,7	37,1	17,5	53,7	32,2	32,5	58,9	40,0
selten	36,0	18,8	40,4	37,0	30,4	40,7	35,7	40,5	17,6	40,0
oft	25,0	43,8	21,1	22,2	47,8	5,6	25,0	27,0	23,5	20,0
sehr oft	2,0	-	1,8	3,7	4,3	-	7,1	-	-	-
Öffentlich-rechtliche Programme										
selten	12,0	37,4	8,8	3,7	8,7	14,8	7,1	13,5	11,8	13,4
oft	55,0	43,8	59,6	51,9	56,5	53,7	53,6	56,8	58,8	53,3
sehr oft	33,0	18,8	31,6	44,4	34,8	31,5	39,3	29,7	29,4	33,3

Angaben in Prozent/n=100

Kapitel 6.2.2.2 Tabelle 25
Nutzung von Fernsehgenres

Fernsehgenres	Häufigkeit			
	nie	selten	oft	sehr oft
Dokumentationen	1	28	52	19
erotische Sendungen	46	43	10	1
Konzerte/Opern/Theaterstücke	33	45	22	-
Kulturmagazine	13	50	33	4
Magazinsendungen	11	38	47	4
musikalische Unterhaltungssendungen	26	36	27	11
Nachrichten	1	5	35	59
Quiz/Unterhaltungsshows	23	40	31	6
Ratgeber- und Verbrauchersendungen	13	38	42	7
Regionalsendungen	5	52	36	7
Sendungen über Technik und Wissenschaft	24	38	28	10
Serien	19	43	27	11
Spielfilme/Fernsehfilme	3	18	57	22
Sportübertragungen/Sportsendungen	22	32	27	19
Talkshows	16	34	42	8
Wirtschaftssendungen	23	48	27	2

Angaben in Prozent/n=100

Kapitel 6.2.2.2 Tabelle 26
Fernsehnutzung nach Genres – Faktoren

FAKTOREN Einzelindikatoren	ERKLÄRTE VARIANZ Faktorladung
FAKTOR 1: BILDUNG/RATGEBER	31,6
Sendungen über Technik/Wissenschaft	.81
Wirtschaftssendungen	.70
Ratgeber- und Verbrauchersendungen	.61
Dokumentationen	.48
FAKTOR 2: UNTERHALTUNG	20,2
Serien	.76
Quiz-/Unterhaltungsshows	.75
Spielfilme/Fernsehfilme	.60
musikalische Unterhaltungssendungen	.54
FAKTOR 3: INFORMATION/KULTUR	11,2
Regionalsendungen	.65
Konzerte/Opern/Theaterstücke	.57
Nachrichten	.52
Kulturmagazine	.50

Kapitel 6.2.2 Tabelle 27
Nutzung von Fernsehgenres nach Häufigkeit

Fernsehnutzung (Genres)	Gesamt	Fernsehkonsum allgemein			
		selten	gelegentlich	oft	sehr oft
Bildung/Ratgeber					
nie	1,0	-	8,3	-	-
selten	27,0	37,5	41,7	23,5	24,2
oft	59,0	62,5	33,3	64,7	58,6
sehr oft	13,0	-	16,7	11,8	17,2
Unterhaltung					
nie	2,0	-	16,7	-	-
selten	33,0	75,0	50,0	31,3	17,3
oft	50,0	25,0	33,3	56,9	51,7
sehr oft	15,0	-	-	11,8	31,0
Information/Kultur					
nie	-	-	-	-	-
selten	19,0	12,5	50,0	15,7	13,8
oft	69,0	87,5	41,7	78,4	58,6
sehr oft	12,0	-	8,3	5,9	27,6

Angaben in Prozent/n=100

Kapitel 6.2.2.2 Tabelle 28
Nutzung von Fernsehgenres nach Stunden

Fernsehnutzung (Genres)	Gesamt	Fernsehkonsum (Stunden täglich)		
		≤ 2 Stunden	2 bis 3 Stunden	mehr als 3 Stunden
Bildung/Ratgeber				
nie	1,0	3,4	-	-
selten	27,0	48,3	16,1	20,0
oft	59,0	41,4	74,2	60,0
sehr oft	13,0	6,9	9,7	20,0
Unterhaltung				
nie	2,0	6,9	-	-
selten	33,0	69,0	25,8	12,5
oft	50,0	24,1	67,7	55,0
sehr oft	15,0	-	6,5	32,5
Information/Kultur				
selten	19,0	24,1	25,8	10,0
oft	69,0	69,0	67,7	70,0
sehr oft	12,0	6,9	6,5	20,0

Angaben in Prozent/n=100

Kapitel 6.2.2.2 Tabelle 29
Nutzung von Fernsehgenres nach Alter, Geschlecht und Bildung

Fernsehnutzung (Genres)	Gesamt	Alter			Geschlecht		Bildung			
		14-29	30-59	59 und älter	weiblich	männlich	Haupt-schule	Real-schule	Hoch-schulreife	Hoch-schule
Bildung/Ratgeber										
nie	1,0	-	1,7	-	-	1,8	-	-	-	6,7
selten	27,0	37,4	24,6	25,9	15,3	37,0	14,3	32,4	35,3	20,0
oft	59,0	56,3	61,4	55,6	63,0	55,6	64,3	59,5	52,9	60,0
sehr oft	13,0	6,3	12,3	18,5	21,7	5,6	21,4	8,1	11,8	13,3
Unterhaltung										
nie	2,0	6,2	1,8	-	2,2	1,9	-	-	5,9	6,7
selten	33,0	25,0	36,8	29,6	32,6	33,3	14,2	32,4	41,2	60,0
oft	50,0	56,3	47,4	51,9	56,5	44,4	67,9	51,4	52,9	13,3
sehr oft	15,0	12,5	14,0	18,5	8,7	20,4	17,9	16,2	-	20,0
Information/Kultur										
selten	19,0	56,2	14,0	7,4	15,2	22,2	7,2	29,7	17,6	6,7
oft	69,0	43,8	82,5	55,6	69,6	68,5	71,4	59,5	82,4	80,0
sehr oft	12,0	-	3,5	37,0	15,2	9,3	21,4	10,8	-	13,3

Angaben in Prozent/n=100

Kapitel 6.2.2.2 Tabelle 30
Nutzung von Magazinsendungen

Magazinsendung	Häufigkeit			
	nie	selten	oft	sehr oft
Akte 96	57	27	15	1
Bonn Direkt	40	46	14	-
Die Reporter	47	32	21	-
Explosiv	33	39	21	7
Fakt	61	32	7	-
Frontal	37	32	23	8
Panorama	19	49	25	7
Spiegel TV	15	48	30	7
Stern TV	23	42	31	4
Weltspiegel	39	24	25	12

Angaben in Prozent/n=100

Kapitel 6.2.2.2 Tabelle 31
Nutzung von Magazinsendungen – Faktoren

FAKTOREN Einzelindikatoren	ERKLÄRTE VARIANZ Faktorladung
FAKTOR 1: MAGAZINE PRIVATER PROGRAMME	54,3
Die Reporter	.80
Explosiv	.74
Stern TV	.74
Akte 96	.71
Spiegel TV	.70
FAKTOR 2: MAGAZINE ÖFFENTLICH- RECHLICHER PROGRAMME	31,5
Weltspiegel	.75
Panorama	.74
Bonn Direkt	.55
Frontal	.54
Fakt	.46

Kapitel 6.2.2.2 Tabelle 32
Nutzung von Magazinsendungen nach Häufigkeit

Fernsehnutzung (Magazinsendungen)	Gesamt	Fernsehkonsum allgemein			
		selten	gelegentlich	oft	sehr oft
Private Magazine					
nie	10,0	25,0	16,6	7,8	6,9
selten	49,0	50,0	66,7	49,0	41,4
oft	37,0	25,0	16,7	41,2	41,4
sehr oft	4,0	-	-	2,0	10,3
Öffentlich-rechtliche Magazine					
nie	7,0	12,5	8,4	3,9	10,4
selten	57,0	75,0	58,3	60,8	44,8
oft	33,0	12,5	33,3	33,3	37,9
sehr oft	3,0	-	-	2,0	6,9

Angaben in Prozent/n=100

Kapitel 6.2.2 Tabelle 33
Nutzung von Magazinsendungen nach Stunden

Fernsehnutzung (Magazinsendungen)	Gesamt	Fernsehkonsum (Stunden täglich)		
		≤ 2 Stunden	2 bis 3 Stunden	mehr als 3 Stunden
Private Magazine				
nie	10,0	17,3	16,1	-
selten	49,0	62,1	48,4	40,0
oft	37,0	17,2	35,5	52,5
sehr oft	4,0	3,4	-	7,5
Öffentlich-rechtliche Magazine				
nie	7,0	6,9	3,2	10,0
selten	57,0	72,4	64,5	40,0
oft	33,0	20,7	32,3	42,5
sehr oft	3,0	-	-	7,5

Angaben in Prozent/n=100

Kapitel 6.2.2.2 Tabelle 34
Nutzung von Magazinsendungen nach Alter, Geschlecht und Bildung

Fernsehnutzung (Magazinsendungen)	Gesamt	Alter			Geschlecht		Bildung			
		14-29	30-59	59 und älter	weiblich	männlich	Haupt-schule	Real-schule	Hoch-schul-reife	Hoch-schule
Private Magazine										
nie	10,0	-	8,7	18,5	13,1	7,4	10,7	5,4	11,8	20,0
selten	49,0	43,7	45,6	59,3	39,1	57,4	39,3	56,8	58,8	40,0
oft	37,0	50,0	40,4	22,2	41,3	33,3	46,4	23,4	29,4	33,3
sehr oft	4,0	6,3	5,3	-	6,5	1,9	3,6	5,4	-	6,7
Öffentlich-rechtliche Magazine										
nie	7,0	24,9	3,5	3,8	-	12,9	3,6	8,1	5,8	6,6
selten	57,0	56,3	64,9	40,7	65,3	50,0	60,7	59,5	47,1	60,0
oft	33,0	18,8	29,8	48,1	30,4	35,2	32,1	29,7	47,1	26,7
sehr oft	3,0	-	1,8	7,4	4,3	1,9	3,6	2,7	-	6,7

Angaben in Prozent/n=100

Kapitel 6.2.2.2 Tabelle 35
Allgemeine Fernsehnutzung nach Sendern, Magazinen und Genres

Fernsehnutzung	Häufigkeit			
	nie	selten	oft	sehr oft
Programme				
Private Vollprogramme	3	34	56	7
Die Dritten	2	60	38	-
Informationsprogramme	28	68	4	-
Sport	37	36	25	2
Öffentlich-rechtliche Programme	-	12	55	33
Magazinsendungen				
Magazine privater Veranstalter	10	49	37	4
Magazine öffentlich-rechtlicher Veranstalter	7	57	33	3
Genres				
Bildung/Ratgeber	1	27	59	13
Unterhaltung	2	33	50	15
Information/Kultur	-	19	69	12

Angaben in Prozent/n=100

Kapitel 6.2.2.2 Tabelle 36
Mediennutzung und Soziodemographie – Eine Zusammenhangsanalyse (Korrelation nach Pearson r)

	Medien- nutzung (allgemein)	Medien- nutzung (Stunden)	Private Voll- programme	Die Dritten	Informations- programme	Sport	Öffentlich- rechtliche Programme
Mediennutzung (allgemein)	1.00	-	.34	-	-	-	-
Mediennutzung (Stunden)		1.00	.40	-	.20	-	-
Private Vollprogramme			1.00	-	-	-	-
Die Dritten				1.00	-	-	-
Informationsprogramme					1.00	.25	-.23
Sport						1.00	-
Öffentlich-rechtliche Programme							1.00

Kapitel 6.2.2.2 Tabelle 36 - Fortsetzung

	Magazine privat	Magazine öffentlich-rechtlich	Bildung/ Ratgeber	Unterhaltung	Information/ Kultur
Mediennutzung (allgemein)	.27	.20	-	.47	.20
Mediennutzung (Stunden)	.40	.20	.23	.64	.20
Private Vollprogramme	.61	-	-	.55	-
Die Dritten	-	.37	.34	-	.56
Informationsprogramme	-	-	-	-	-
Sport	.34	-	.40	-	-
Öffentlich-rechtliche Programme	-	.36	.25	-	.30
Magazine privat	1.00	-	.27	.38	-
Magazine öffentlich-rechtlich		1.00	.49	-	.46
Bildung/Ratgeber			1.00	-	.35
Unterhaltung				1.00	-
Information/Kultur					1.00

Kapitel 6.2.2.2 Tabelle 36 - Fortsetzung

	Alter	Geschlecht	Bildung
Mediennutzung (allgemein)	-	-	-
Mediennutzung (Stunden)	-	-	-
Private Vollprogramme	-.31	-	-.24
Die Dritten	.35	-	-
Informationsprogramme	-	-	-
Sport	-	-.53	-.20
Öffentlich-rechtliche Programme	.36	-	-
Magazine privat	-.35	-	-.20
Magazine öffentlich-rechtlich	.33	-	-
Bildung/Ratgeber	-	-.37	-
Unterhaltung	-	-	-.30
Information/Kultur	.49	-	-
Alter	1.00	-	-
Geschlecht		1.00	-
Bildung			1.00

Kapitel 6.2.2.2 Tabelle 37
Allgemeine Fernsehnutzung nach Nichtfan/Fan des Offenen Kanals Kassel

	Gesamt	Kein Fan des Offenen Kanals Kassel	Fan des Offenen Kanals Kassel
Fernsehnutzung (Häufigkeit)			
selten/gelegentlich	20,0	22,2	17,4
oft/sehr oft	80,0	77,8	82,6
Fernsehkonsum (Dauer)			
bis 2 Stunden	29,0	31,5	26,1
2 bis 3 Stunden	31,0	31,5	30,4
mehr als 3 Stunden	40,0	37,0	43,5
Fernsehnutzung (Programme)			
Private Vollprogramme			
nie	3,0	5,6	-
selten	34,0	40,7	26,1
oft/sehr oft	63,0	53,7	73,9
Die Dritten			
nie	2,0	3,7	-
selten	60,0	64,8	54,3
oft/sehr oft	38,0	31,5	45,7
Informationsprogramme			
nie	28,0	31,5	23,9
selten	68,0	64,8	71,8
oft/sehr oft	4,0	3,7	4,3
Sport			
nie	37,0	48,2	23,9
selten	36,0	33,3	39,1
oft/sehr oft	27,0	18,5	37,0
Öffentlich-rechtliche Programme			
selten	12,0	13,0	10,9
oft/sehr oft	88,0	87,0	89,1

Angaben in Prozent/n=100

Kapitel 6.2.2.2 Tabelle 37 – Fortsetzung

	Gesamt	Kein Fan des Offenen Kanals Kassel	Fan des Offenen Kanals Kassel
Fernsehnutzung (Magazine)			
Private Magazine			
nie	10,0	13,0	6,5
selten	49,0	61,1	34,8
oft/sehr oft	41,0	25,9	58,7
Öffentlich-rechtliche Magazine			
nie	7,0	11,1	2,2
selten	57,0	63,0	50,0
oft/sehr oft	36,0	25,9	47,8
Fernsehnutzung (Genres)			
Bildung/Ratgeber			
nie	1,0	1,8	-
selten	27,0	38,9	13,0
oft/sehr oft	72,0	59,3	87,0
Unterhaltung			
nie	2,0	3,7	-
selten	33,0	37,0	28,3
oft/sehr oft	65,0	59,3	71,7
Information			
selten	19,0	25,9	10,9
oft/sehr oft	81,0	74,1	89,1

Angaben in Prozent/n=100

Kapitel 6.2.2.2 Tabelle 38
Medienverzicht nach Alter, Geschlecht und Bildung

	Gesamt	Alter			Geschlecht		Bildung			
		14-29	30-59	59 und älter	männlich	weiblich	Haupt-schule	Real-schule	Hochschul-reife	Hoch-schule
Auf welches Medium würden Sie am ehesten verzichten?										
Rang 1										
Zeitung	21,0	31,2	21,0	14,8	23,9	18,6	14,3	24,4	23,6	20,0
Radio	33,0	25,0	35,1	33,3	32,6	33,3	35,7	29,7	23,5	53,3
Fernsehen	46,0	43,8	43,9	51,9	43,5	48,1	50,0	45,9	52,9	26,7
Rang 2										
Zeitung	40,0	37,4	43,9	33,4	26,1	51,9	46,4	35,2	52,9	20,0
Radio	34,0	43,8	33,3	29,6	34,8	33,3	28,6	37,8	35,3	40,0
Fernsehen	26,0	18,8	22,8	37,0	39,1	14,8	25,0	27,0	11,8	40,0
Rang 3										
Zeitung	39,0	31,2	35,1	51,9	50,0	29,7	39,3	40,6	23,5	60,0
Radio	33,0	31,3	31,6	37,0	32,6	33,3	35,7	32,4	41,2	6,7
Fernsehen	28,0	37,5	33,3	11,1	17,4	37,0	25,0	27,0	35,3	33,3

Angaben in Prozent/n=100

Kapitel 6.2.3.1 Tabelle 39
Lokale Gebundenheit nach Alter, Geschlecht und Bildung

	Gesamt	Alter (recodiert)			Geschlecht		Bildung			
		14-29	30-59	59 und älter	weiblich	männlich	Haupt-schule	Real-schule	Hochschul-reife	Hoch-schule
eher weniger gebunden	16	12,5	19,3	11,1	14,8	17,4	14,3	8,3	29,3	26,7
gebunden	45	50,0	43,9	44,4	51,9	37,0	42,9	45,9	35,3	46,6
stark gebunden	39	37,5	36,8	44,5	33,3	45,6	42,8	45,8	35,4	26,7

Angaben in Prozent/n=100

Kapitel 6.2.3.1 Tabelle 40
Lokale Gebundenheit - Intensität der Nutzung des Offenen Kanals Kassel

	Gesamt	eher weniger gebunden	gebunden	stark gebunden
Vielseher	29,0	18,8	28,9	33,3
Durchschnittseher	43,0	50,0	40,0	43,6
Wenigseher	28,0	31,2	31,1	23,1

Angaben in Prozent/n=100

Kapitel 6.2.3.1 Tabelle 41
Lokale Gebundenheit und Soziodemographie nach Nichtfan/Fan des Offenen Kanals Kassel

	Gesamt	Kein Fan des Offenen Kanals Kassel	Fan des Offenen Kanals Kassel
An den Wohnort gebunden			
überhaupt nicht	1,0	-	2,1
eher weniger	15,0	11,1	19,6
gebunden	45,0	51,9	37,0
stark gebunden	39,0	37,0	41,3
Geschlecht			
männlich	46,0	35,2	58,7
weiblich	54,0	64,8	41,3
Alter			
14-29 Jahre	16,0	18,5	13,0
30-59 Jahre	57,0	53,7	60,9
älter als 59 Jahre	27,0	27,8	26,1
Bildungsabschluß			
Hauptschule	28,9	23,0	35,5
Realschule	38,1	40,4	35,6
Hochschulreife	17,5	21,2	13,3
Hochschule	15,5	15,4	15,6

Angaben in Prozent/n=100

Kapitel 6.2.3.2 Tabelle 42
Lokale Informationsbedürfnisse/lokale Informationsdefizite - lokale Gebundenheit

Bewertung der Berichterstattung in lokalen Medien	Gesamt	eher weniger gebunden	gebunden	stark gebunden
nicht ausreichend	25,0	25,0	22,2	28,2
je nach Thema ausreichend	24,0	12,5	28,9	23,1
ausreichend	51,0	62,5	48,9	48,7

Angaben in Prozent/n=100

Kapitel 6.2.3.2 Tabelle 43
Lokale Informationsbedürfnisse/lokale Informationsdefizite - Intensität der Nutzung des Offenen Kanals Kassel

ausreichende oder je nach Thema ausreichende Berichterstattung (Medium)	Gesamt	Vielseher	Durchschnittseher	Wenigseher
Tageszeitung	83,8	77,8	89,2	78,9
Fernsehen	27,0	27,8	37,3	5,3
Offener Kanal	12,2	16,7	10,3	10,5
Radio	32,5	22,2	37,3	31,6
Anzeigenblätter	12,2	22,2	8,1	10,5

Angaben in Prozent/Mehrfachnennungen
n=100

Kapitel 6.2.3.2 Tabelle 44
Befriedigung lokaler Informationsbedürfnisse

	Gesamt	Alter			Geschlecht		Bildung			
		14-29	30-59	59 und älter	männlich	weiblich	Haupt-schule	Real-schule	Hochschul-reife	Hoch-schule
Berichterstattung über den Wohnort										
nicht ausreichend	25,0	18,7	28,0	22,2	26,1	24,1	28,6	19,0	23,5	33,4
je nach Thema ausreichend	24,0	31,3	21,1	25,9	21,7	25,9	10,7	32,4	35,3	13,3
ausreichend	51,0	50,0	50,9	51,9	52,2	50,0	60,7	48,6	41,2	53,3
Medien, in denen ausreichend berichtet wird										
Offener Kanal Kassel	10,0	12,5	12,3	3,7	13,0	7,4	-	16,2	5,9	13,3
Anzeigenblätter	9,0	31,3	7,0	-	10,9	7,4	3,6	5,4	23,5	-
Radio	23,0	31,3	19,3	25,9	21,7	24,1	25,0	24,3	29,4	6,7
Fernsehen	26,0	37,5	22,8	25,9	23,9	27,8	21,4	29,7	29,4	20,0
Tageszeitung	62,0	68,8	59,6	63,0	65,2	59,3	60,7	70,3	64,7	53,3

Angaben in Prozent/ Mehrfachnennungen
n=100

Kapitel 6.2.3.2 Tabelle 45
Befriedigung lokaler Informationsbedürfnisse nach Themenbereichen

	Gesamt	Lokale Hardinfo		Lokale Softinfo	
		weniger wichtig	immer wichtig	weniger wichtig	immer wichtig
Berichterstattung über den Wohnort					
nicht ausreichend	25,0	16,7	31,0	25,0	25,0
je nach Thema ausreichend	24,0	21,4	25,9	28,6	22,2
ausreichend	51,0	61,9	43,1	46,4	52,8
Medien, in denen ausreichend berichtet wird					
Offener Kanal Kassel	10,0	7,1	12,1	3,6	12,5
Anzeigenblätter	9,0	11,9	6,9	14,3	6,9
Radio	23,0	28,6	19,0	17,9	25,0
Fernsehen	26,0	31,0	22,4	14,3	30,6
Tageszeitung	62,0	76,2	51,7	67,9	59,7

Angaben in Prozent/ Mehrfachnennungen
n=100

Kapitel 6.2.3.2 Tabelle 46
Befriedigung lokaler Informationsbedürfnisse nach Einzelthemen - Hardinfo

	Gesamt	lokalpolitische Ereignisse			lokalpolitische Persönlichkeiten		
		nie wichtig	manchmal wichtig	immer wichtig	nie wichtig	manchmal wichtig	immer wichtig
Berichterstattung über den Wohnort							
nicht ausreichend	25,0	40,0	12,5	32,0	28,6	21,5	30,5
je nach Thema ausreichend	24,0	-	30,0	24,0	-	33,9	21,7
ausreichend	51,0	60,0	57,5	44,0	71,4	44,6	47,8
Medien, in denen ausreichend berichtet wird							
Offener Kanal Kassel	10,0	10,0	7,5	12,0	4,8	14,3	4,3
Anzeigenblätter	9,0	20,0	10,0	6,0	19,0	7,1	4,3
Radio	23,0	20,0	27,5	20,0	14,3	28,6	17,4
Fernsehen	26,0	20,0	27,5	26,0	4,8	33,9	26,1
Tageszeitung	62,0	30,0	82,5	52,0	52,4	71,4	47,8

Angaben in Prozent/ Mehrfachnennungen
n=100

Kapitel 6.2.3.2 Tabelle 47
Befriedigung lokaler Informationsbedürfnisse nach Einzelthemen - Hardinfo

	Gesamt	lokale Sportveranstaltungen			lokale Umweltfragen			lokale Veranstaltungen		
		nie wichtig	manchmal wichtig	immer wichtig	nie wichtig	manchmal wichtig	immer wichtig	nie wichtig	manchmal wichtig	immer wichtig
Berichterstattung über den Wohnort										
nicht ausreichend	25,0	18,2	25,0	34,8	20,0	28,4	20,0	20,8	29,8	
je nach Thema ausreichend	24,0	18,2	34,1	13,0	25,0	23,3	-	18,8	31,9	
ausreichend	51,0	63,6	40,9	52,2	55,0	48,3	80,0	60,4	38,3	
Medien, in denen ausreichend berichtet wird										
Offener Kanal Kassel	10,0	3,0	13,6	13,0	10,0	10,0	-	8,3	12,8	
Anzeigenblätter	9,0	12,1	2,3	17,4	12,5	6,7	20,0	4,2	12,8	
Radio	23,0	21,2	25,0	21,7	22,5	23,3	-	27,1	21,3	
Fernsehen	26,0	18,2	34,1	21,7	22,5	28,3	20,0	33,3	19,1	
Tageszeitung	62,0	69,7	65,9	43,5	62,5	61,7	60,0	75,0	48,9	

Angaben in Prozent/ Mehrfachnennungen
n=100

Kapitel 6.2.3.2 Tabelle 48
Befriedigung lokaler Informationsbedürfnisse nach Einzelthemen - Softinfo

	Gesamt	Alltägliches			lokale Filmprogramme			lokale Persönlichkeiten/ Künstler		
		nie wichtig	manchmal wichtig	immer wichtig	nie wichtig	manchmal wichtig	immer wichtig	nie wichtig	manchmal wichtig	immer wichtig
Berichterstattung über den Wohnort										
nicht ausreichend	25,0	44,5	20,0	26,1	12,9	29,3	36,3	18,7	25,0	31,2
je nach Thema ausreichend	24,0	11,1	26,7	23,9	12,9	25,9	45,5	12,5	29,4	12,5
ausreichend	51,0	44,4	53,3	50,0	74,2	44,8	18,2	68,8	45,6	56,3
Medien, in denen ausreichend berichtet wird										
Offener Kanal Kassel	10,0	-	8,9	13,0	16,1	8,6	-	6,3	11,8	6,3
Anzeigenblätter	9,0	11,1	13,3	4,3	12,9	8,6	-	25,0	7,4	-
Radio	23,0	11,1	20,0	28,3	22,6	22,4	27,3	25,0	26,5	6,3
Fernsehen	26,0	-	24,4	32,6	25,8	31,0	-	25,0	26,5	25,0
Tageszeitung	62,0	44,4	68,9	58,7	71,0	56,9	63,6	68,8	60,3	62,5

Angaben in Prozent/ Mehrfachnennungen
n=100

Kapitel 6.2.3.2 Tabelle 49
Befriedigung lokaler Informationsbedürfnisse nach Einzelthemen - Softinfo

	Gesamt	menschliche Ereignisse			soziale Einrichtungen		
		nie wichtig	manchmal wichtig	immer wichtig	nie wichtig	manchmal wichtig	immer wichtig
Berichterstattung über den Wohnort							
nicht ausreichend	25,0	23,1	25,7	25,0	50,0	18,2	29,6
je nach Thema ausreichend	24,0	15,4	20,5	29,2	-	25,0	24,1
ausreichend	51,0	61,5	53,8	45,8	50,0	56,8	46,3
Medien, in denen ausreichend berichtet wird							
Offener Kanal Kassel	10,0	7,7	10,3	10,4	-	11,4	9,3
Anzeigenblätter	9,0	15,4	12,8	4,2	-	13,6	5,6
Radio	23,0	7,7	23,1	27,1	-	25,0	22,2
Fernsehen	26,0	15,4	25,6	29,2	-	22,7	29,6
Tageszeitung	62,0	61,5	64,1	60,4	50,0	70,5	55,6

Angaben in Prozent/ Mehrfachnennungen
n=100

Kapitel 6.2.3.2 Tabelle 50
Lokale Informationsbedürfnisse

Themen	Grad der Wichtigkeit		
	nie wichtig	manchmal wichtig	immer wichtig
Alltägliches	8,1	45,4	46,5
lokale Filmprogramme	31,0	58,0	11,0
lokale Persönlichkeiten/Künstler etc.	16,0	68,0	16,0
lokale Sportveranstaltungen	33,0	44,0	23,0
lokale Umweltfragen	-	40,0	60,0
lokale Veranstaltungen	5,0	48,0	47,0
lokalpolitische Ereignisse	10,0	40,0	50,0
lokalpolitische Persönlichkeiten	21,0	56,0	23,0
menschliche Ereignisse	13,0	39,0	48,0
soziale Einrichtungen	2,0	44,0	54,0

Angaben in Prozent/n=100

Kapitel 6.2.3.2 Tabelle 51
Lokale Informationsbedürfnisse - Faktoren

FAKTOREN	ERKLÄRTE VARIANZ Faktorladung
FAKTOR 1: LOKALE HARDINFO	38,9
Lokalpolitische Persönlichkeiten	.76
Lokalpolitische Ereignisse	.73
Lokale Veranstaltungen	.62
Lokale Persönlichkeiten/Künstler	.53
FAKTOR 2: LOKALE SOFTINFO	20,8
Menschliche Ereignisse	.76
Alltägliches	.68
Soziale Einrichtungen	.44

Kapitel 6.2.3.2 Tabelle 52
Lokale Informationsbedürfnisse nach Alter, Geschlecht und Bildung

	Alter			Geschlecht		Bildung			
	14-29	30-59	59 und älter	weiblich	männlich	Haupt-schule	Real-schule	Hochschul-reife	Hoch-schule
Lokale Hardinfo									
weniger wichtig	50,0	38,6	44,4	39,1	44,4	50,0	43,2	52,9	20,0
immer wichtig	50,0	61,4	55,6	60,9	55,6	50,0	56,8	47,1	80,0
Lokale Softinfo									
weniger wichtig	56,2	26,3	14,8	28,3	27,8	14,3	27,0	29,4	53,3
immer wichtig	43,8	73,7	85,2	71,7	72,2	85,7	73,0	70,6	46,7

Angaben in Prozent/n=100

Kapitel 6.2.3.2 Tabelle 53
Lokale Informationsbedürfnisse nach allgemeiner Fernsehnutzung

	Lokale Hardinfo		Lokale Softinfo	
	weniger wichtig	immer wichtig	weniger wichtig	immer wichtig
Fernsehnutzung (Häufigkeit)				
selten/gelegentlich	23,8	17,2	32,1	15,3
oft/sehr oft	76,2	82,8	67,9	84,7
Fernsehkonsum (Dauer)				
bis 2 Stunden	28,6	29,3	39,3	25,0
2 bis 3 Stunden	31,0	31,0	28,6	31,9
mehr als 3 Stunden	40,5	39,7	32,1	43,1
Fernsehnutzung (Programme)				
Private Vollprogramme				
nie	2,4	3,4	10,8	-
selten	26,2	39,7	32,1	34,7
oft/sehr oft	71,4	56,9	57,1	65,3
Die Dritten				
nie	4,7	-	3,6	1,4
selten	66,7	55,2	64,3	58,3
oft/sehr oft	28,6	44,8	32,1	40,3

Angaben in Prozent/n=100

Kapitel 6.2.3.2 Tabelle 53 - Fortsetzung

	Lokale Hardinfo		Lokale Softinfo	
	weniger wichtig	immer wichtig	weniger wichtig	immer wichtig
Informationsprogramme				
nie	31,0	25,9	17,8	31,9
selten	61,9	72,4	78,6	63,9
oft/sehr oft	7,1	1,7	3,6	4,2
Sport				
nie	38,1	36,2	32,1	38,9
selten	35,7	36,2	39,3	34,7
oft/sehr oft	26,2	27,6	28,6	26,4
Öffentlich-rechtliche Programme				
selten	11,9	12,1	21,4	8,3
oft/sehr oft	88,1	87,9	78,6	91,7
Fernsehnutzung (Magazine)				
Private Magazine				
nie	9,5	10,3	10,7	9,8
selten	52,4	46,6	60,7	44,4
oft/sehr oft	38,1	43,1	28,6	45,8
Öffentlich-rechtliche Magazine				
nie	9,5	5,2	14,3	4,1
selten	61,9	53,4	60,7	55,6
oft/sehr oft	28,6	41,4	25,0	40,3

Angaben in Prozent/n=100

Kapitel 6.2.3.2 Tabelle 53 - Fortsetzung

	Lokale Hardinfo		Lokale Softinfo	
	weniger wichtig	immer wichtig	weniger wichtig	immer wichtig
Fernsehnutzung (Genres)				
Bildung/Ratgeber				
nie	-	1,7	3,5	-
selten	33,3	22,4	42,9	20,8
oft/sehr oft	66,7	75,9	53,6	79,2
Unterhaltung				
nie	-	3,4	7,2	-
selten	33,3	32,8	32,1	33,3
oft/sehr oft	66,7	63,8	60,7	66,7
Information				
selten	39,3	11,1	39,3	11,1
oft/sehr oft	60,7	88,9	60,7	88,9

Angaben in Prozent/n=100

Kapitel 6.2.3.3 Tabelle 54
Lokale Mediennutzung

Medium	Häufigkeit der Nutzung			
	sehr oft	oft	selten	nie
Amtsblatt/Gemeindeblatt	21,0	18,0	21,0	40,0
City Blick	12,0	22,0	30,0	36,0
Extra Tip	28,0	33,0	23,0	16,0
Gewerkschafts-/Parteiblätter	2,0	6,0	27,0	65,0
Hessenschau	21,0	35,0	38,0	6,0
Info Tip	4,0	18,0	32,0	46,0
Journal	1,0	8,0	23,0	68,0
Kirchenblatt	7,0	11,0	34,0	48,0
Kulturnews	2,0	5,0	27,0	66,0
Lokalteile der Hessischen Allgemeinen	58,0	34,0	4,0	4,0
Regionalfenster RTL Hessen Live	7,0	16,0	34,0	43,0
Regionalfenster SAT.1 Regionalreport	1,0	12,0	35,0	52,0
Regionale Radiosendungen des Hessischen Rundfunks	20,0	33,0	26,0	21,0
Regionale Radiosendungen von Radio FFH	13,0	25,0	25,0	37,0
Tagessatz	3,0	4,0	19,0	74,0
Vereinsblatt	-	7,0	19,0	74,0
Wildwechsel	1,0	2,0	7,0	90,0
Xcentric	1,0	1,0	4,0	94,0

Angaben in Prozent/n=100

Kapitel 6.2.3.3 Tabelle 55
Lokale Mediennutzung - Faktoren

FAKTOREN	ERKLÄRTE VARIANZ Faktorladung
FAKTOR 1: REGIONALFENSTER PRIVATER VERANSTALTER/ANZEIGENBLÄTTER	26,5
SAT.1 Regionalreport	-.76
RTL Hessen Live	-.74
Extra Tip	-.73
City Blick	-.65
FAKTOR 2: SZENEMAGAZINE	16,5
Wildwechsel	-.72
Info Tip	-.72
Kultur News	-.66
Xcentric	-.53
FAKTOR 3: HESSISCHER RUNDFUNK/ MITTEILUNGSBLÄTTER	14,7
Hessenschau	-.75
Amtsblatt/Gemeindeblatt	-.57
Regionale Radiosendungen des HR	-.50
Gewerkschafts-/Parteiblätter	-.49
Kirchenblatt	-.47

Kapitel 6.2.3.3 Tabelle 56
Lokale Mediennutzung nach Alter, Geschlecht und Bildung

	Gesamt	Alter			Geschlecht		Bildung			
		14-29	30-59	59 und älter	männlich	weiblich	Haupt-schule	Real-schule	Hochschul-reife	Hoch-schule
Regionalfenster privater Veranstalter/ Anzeigenblätter										
nie	12,0	6,2	12,3	14,9	13,1	11,1	7,2	10,8	17,7	13,3
selten	39,0	31,3	38,6	44,4	39,1	38,9	35,7	35,1	52,9	46,7
oft/sehr oft	49,0	62,5	49,1	40,7	47,8	50,0	57,1	54,1	29,4	40,0
Szenemagazine										
nie	37,0	12,4	36,8	51,9	43,4	31,4	50,0	40,5	23,6	26,6
selten	57,0	68,8	57,9	48,1	45,7	66,7	50,0	56,8	52,9	66,7
oft/sehr oft	6,0	18,8	5,3	-	10,9	1,9	-	2,7	23,5	6,7
Hessischer Rundfunk Mitteilungsblätter										
nie	10,0	12,5	14,1	-	8,7	11,1	7,2	10,8	5,9	20,0
selten	62,0	87,5	59,6	59,3	67,4	61,1	57,1	70,3	70,6	53,3
oft/sehr oft	28,0	-	26,3	40,7	23,9	27,8	35,7	18,9	23,5	26,7

Angaben in Prozent/n=100

Kapitel 6.2.3.3 Tabelle 57
Lokale Mediennutzung nach Themenbereichen

	Gesamt	lokale Hardinfo		lokale Softinfo	
		weniger wichtig	immer wichtig	weniger wichtig	immer wichtig
Regionalfenster privater Veranstalter/Anzeigenblätter					
nie	12,0	14,2	10,4	17,8	9,7
selten	39,0	42,9	36,2	39,3	38,9
oft/sehr oft	49,0	42,9	53,4	42,9	51,4
Szenemagazine					
nie	37,0	52,4	25,9	35,7	37,5
selten	57,0	45,2	65,5	60,7	55,6
oft/sehr oft	6,0	2,4	8,6	3,6	6,9
Hessischer Rundfunk/ Mitteilungsblätter					
nie	10,0	14,3	6,9	21,4	5,6
selten	62,0	61,9	65,5	67,9	62,5
oft/sehr oft	28,0	23,8	27,6	10,7	31,9

Angaben in Prozent/n=100

Kapitel 6.2.3.3 Tabelle 58
Lokale Mediennutzung nach Einzelthemen – Hardinfo

	Gesamt	lokalpolitische Ereignisse			lokalpolitische Persönlichkeiten		
		nie wichtig	manchmal wichtig	immer wichtig	nie wichtig	manchmal wichtig	immer wichtig
Regionalfenster privater Veranstalter/Anzeigenblätter							
nie	12,0	10,0	15,0	10,0	23,8	12,5	-
selten	39,0	50,0	32,5	42,0	38,1	37,5	43,5
oft/sehr oft	49,0	40,0	52,5	48,0	38,1	50,0	56,5
Szenemagazine							
nie	37,0	80,0	37,5	28,0	57,2	35,7	21,8
selten	57,0	20,0	57,5	64,0	33,3	58,9	73,9
oft/sehr oft	6,0	-	5,0	8,0	9,5	5,4	4,3
Hessischer Rundfunk/ Mitteilungsblätter							
nie	10,0	20,0	10,0	8,0	19,0	8,9	4,4
selten	62,0	60,0	67,5	62,0	52,4	67,9	65,2
oft/sehr oft	28,0	20,0	22,5	30,0	28,6	23,2	30,4

Angaben in Prozent/n=100

Kapitel 6.2.3.3 Tabelle 59
Lokale Mediennutzung nach Einzelthemen – Hardinfo

	Gesamt	lokale Sportveranstaltungen			lokale Umweltfragen			lokale Veranstaltungen		
		nie wichtig	manchmal wichtig	immer wichtig	nie wichtig	manchmal wichtig	immer wichtig	nie wichtig	manchmal wichtig	immer wichtig
Regionalfenster privater Veranstalter/Anzeigenblätter										
nie	12,0	18,2	11,3	4,3	12,5	11,7	20,0	12,5	10,6
selten	39,0	51,5	36,4	26,1	25,0	48,3	60,0	45,8	29,8
oft/sehr oft	49,0	30,3	52,3	69,6	62,5	40,0	20,0	41,7	59,6
Szenemagazine										
nie	37,0	33,3	38,7	39,2	40,0	35,0	80,0	45,8	23,4
selten	57,0	57,6	56,8	56,5	52,5	60,0	20,0	54,2	63,8
oft/sehr oft	6,0	9,1	4,5	4,3	7,5	5,0	-	-	12,8
Hessischer Rundfunk/ Mitteilungsblätter										
nie	10,0	9,1	6,9	17,4	12,5	8,4	-	12,5	8,6
selten	62,0	69,7	63,6	56,5	65,0	63,3	40,0	58,3	72,3
oft/sehr oft	28,0	21,2	29,5	26,1	22,5	28,3	60,0	29,2	19,1

Angaben in Prozent/n=100

Kapitel 6.2.3.3 Tabelle 60
Lokale Mediennutzung nach Einzelthemen – Softinfo

	Gesamt	Alltägliches			lokale Filmprogramme			lokale Persönlichkeiten/ Künstler		
		nie wichtig	manchmal wichtig	immer wichtig	nie wichtig	manchmal wichtig	immer wichtig	nie wichtig	manchmal wichtig	immer wichtig
Regionalfenster privater Veranstater/Anzeigenblätter										
nie	12,0	22,3	15,6	6,5	12,9	12,1	9,1	12,5	11,7	12,5
selten	39,0	44,4	40,0	37,0	38,7	34,5	63,6	50,0	36,8	37,5
oft/sehr oft	49,0	33,3	44,4	56,5	48,4	53,4	27,3	37,5	51,5	50,0
Szenemagazine										
nie	37,0	22,2	37,8	39,1	64,5	24,1	27,3	50,0	38,2	18,7
selten	57,0	77,8	57,8	52,2	32,3	70,7	54,5	50,0	55,9	68,8
oft/sehr oft	6,0	-	4,4	8,7	3,2	5,2	18,2	-	5,9	12,5
Hessischer Rundfunk/ Mitteilungsblätter										
nie	10,0	11,1	13,3	6,5	16,2	5,2	18,2	6,2	11,8	6,2
selten	62,0	66,7	68,9	58,7	54,8	67,2	72,7	43,8	67,6	68,8
oft/sehr oft	28,0	22,2	17,8	34,8	29,0	27,6	9,1	50,0	20,6	25,0

Angaben in Prozent/n=100

Kapitel 6.2.3.3 Tabelle 61
Lokale Mediennutzung nach Einzelthemen – Softinfo

	Gesamt	menschliche Ereignisse			soziale Einrichtungen		
		nie wichtig	manchmal wichtig	immer wichtig	nie wichtig	manchmal wichtig	immer wichtig
Regionalfenster privater Veranstalter/Anzeigenblätter							
nie	12,0	23,0	15,4	6,2	-	15,9	9,3
selten	39,0	46,2	35,9	39,6	100,0	34,1	40,7
oft/sehr oft	49,0	30,8	48,7	54,2	-	50,0	50,0
Szenemagazine							
nie	37,0	38,5	35,9	37,5	50,0	36,4	37,0
selten	57,0	53,8	56,4	58,3	50,0	59,1	55,6
oft/sehr oft	6,0	7,7	7,7	4,2	-	4,5	7,4
Hessischer Rundfunk/ Mitteilungsblätter							
nie	10,0	38,5	7,7	4,1	100,0	9,1	7,4
selten	62,0	53,8	61,5	68,8	-	77,3	55,6
oft/sehr oft	28,0	7,7	30,8	27,1	-	13,6	37,0

Angaben in Prozent/n=100

Kapitel 6.2.3.3 Tabelle 62
Lokale Mediennutzung nach Nichtfan/Fan des Offenen Kanals Kassel

	Gesamt	Kein Fan des Offenen Kanals Kassel	Fan des Offenen Kanals Kassel
Lokale Hardinfo			
weniger wichtig	42,0	42,6	41,3
immer wichtig	58,0	57,4	58,7
Lokale Softinfo			
weniger wichtig	28,0	37,0	17,4
immer wichtig	72,0	63,0	82,6
Regionalfenster privater Veranstalter/Anzeigenblätter			
nie	12,0	20,4	2,2
selten	39,0	42,6	34,8
oft/sehr oft	49,0	37,0	63,0
Szenemagazine			
nie	37,0	35,2	39,1
selten	57,0	61,1	52,2
oft/sehr oft	6,0	3,7	8,7
Hessischer Rundfunk/ Mitteilungsblätter			
nie	10,0	14,8	4,3
selten	64,0	66,7	60,9
oft/sehr oft	26,0	18,5	34,8

Angaben in Prozent/n=100

Kapitel 6.2.4.1 Tabelle 63
Nutzung des Offenen Kanals und Soziodemographie

Erste Sendung im Offenen Kanal gesehen		Alter			Geschlecht		Bildungsabschluß			
	Gesamt	14-29	30-59	59 und älter	Frauen	Männer	Haupt-schule	Real-schule	Hochschul-reife	Hoch-schule
1992	34,0	31,2	35,0	33,4	20,4	50,0	39,3	37,9	35,3	13,3
1993	19,0	12,5	21,1	18,5	22,2	15,2	21,4	13,5	29,4	13,3
1994	11,0	12,5	8,8	14,8	11,1	10,9	10,7	10,8	-	26,7
1995	14,0	18,8	12,3	14,8	20,4	6,5	17,9	10,8	5,9	20,0
1996	3,0	-	5,3	-	3,7	2,2	-	2,7	5,9	6,7
keine Abgabe	19,0	25,0	17,5	18,5	22,2	15,2	10,7	24,3	23,5	20,0

Angaben in Prozent

Kapitel 6.2.4.2 Tabelle 64
Informationsverhalten nach Nichtfan/Fan des Offenen Kanals Kassel

	Gesamt	Kein Fan des Offenen Kanals Kassel	Fan des Offenen Kanals Kassel
Informationen über die Sendungen des Offenen Kanals			
Informationen durch die Informationstafeln	51,0	38,9	65,2
Informationen durch die Zeitung	68,0	64,8	71,7
Informationen über Freunde/Bekannte/Verwandte	24,0	27,8	19,6
Informationen durch Produzenten	5,0	5,6	4,3
informiert sich gar nicht	10,0	16,7	2,2

Angaben in Prozent/Mehrfachnennungen
n=100

Kapitel 6.2.4.2 Tabelle 65
Bekanntheit der Sendezeiten des Offenen Kanals Kassel

Sendezeit	Prozent
18.00 – 22.00 Uhr	87,0
08.00 – 20.00 Uhr	9,0
16.00 – 23.00 Uhr	20,0
nach 22.00 Uhr	32,0
am Wochenende	49,0
mal so, mal so	14,0

Mehrfachnennungen/n=100

Kapitel 6.2.4.2 Tabelle 66
Bevorzugte Sendezeiten des Offenen Kanals Kassel nach Alter, Geschlecht und Bildung

	Gesamt	Alter			Geschlecht		Bildung			
		14-29	30-59	59 und älter	männlich	weiblich	Haupt-schule	Real-schule	Hochschul-reife	Hoch-schule
Sendezeit nach Wunsch										
ja	81,0	81,2	77,2	88,9	82,6	79,6	82,1	86,5	82,4	66,7
nein, lieber	19,0	18,8	22,8	11,1	17,4	20,4	17,9	13,5	17,6	33,3
frühere Sendezeit	44,4	50,0	35,7	100,0	14,3	63,6	60,0	33,3	100,0	40,0
spätere Sendezeit	27,8	50,0	28,6	-	28,6	27,3	20,0	50,0	-	-

Angaben in Prozent/n=100

Kapitel 6.2.4.2 Tabelle 67
Bevorzugte Sendezeiten des Offenen Kanals Kassel nach Fernsehkonsum

	Gesamt	Fernsehkonsum		
		bis 2 Stunden	mehr als 2 bis 3 Stunden	mehr als 3 Stunden
Sendezeit nach Wunsch				
ja	81,0	82,8	83,9	77,5
nein, lieber	19,0	17,2	16,1	22,5
frühere Sendezeit	44,4	40,0	50,0	44,4
spätere Sendezeit	27,8	40,0	50,0	11,1

Angaben in Prozent/n=100

Kapitel 6.2.3.4 Tabelle 68
Bekanntheitsgrad regelmäßiger Sendungen im Offenen Kanal Kassel

				OK-Nutzung					
	Gesamt	seltener	einmal im Monat	mehrmals im Monat	mehrmals pro Woche	täglich	Vielseher	Durchschnittseher	Wenigseher
Eishockey-Magazin	83,7	50,0	100,0	83,3	93,3	66,7	88,9	83,3	71,4
Hallo Arnold	34,5	-	50,0	29,2	42,1	50,0	42,9	29,2	30,8
Medizin transparent	82,6	50,0	100,0	76,5	88,2	100,0	22,9	76,5	81,8
OB Live	80,6	75,0	62,5	77,8	90,9	100,0	91,7	77,8	66,7
OK Hit Radio	44,8	-	33,3	41,7	53,8	-	53,8	41,7	25,0
Schnuddeln am Herd	68,4	100,0	-	50,0	75,0	100,0	77,8	50,0	100,0
Skat Live	47,4	40,0	33,3	55,6	30,0	100,0	41,7	55,6	37,5
Nonsens TV	45,0	-	-	40,0	57,1	100,0	62,5	40,0	-

Angaben in Prozent/Mehrfachnennungen
n=100

Kapitel 6.2.4.3 Tabelle 69
Bekanntheitsgrad regelmäßiger Sendungen im Offenen Kanal Kassel nach Alter, Geschlecht und Bildung

	Gesamt	Alter			Geschlecht		Bildung			
		14-29	30-59	59 und älter	männlich	weiblich	Haupt-schule	Real-schule	Hochschul-reife	Hoch-schule
Eishockey-Magazin	83,7	100,0	87,0	73,3	87,5	78,9	80,0	81,3	100,0	80,0
Hallo Arnold	34,5	40,0	33,3	33,3	21,7	42,9	30,8	44,0	-	33,3
Medizin transparent	82,6	33,3	87,1	83,3	88,9	78,6	71,4	88,9	83,3	87,5
OB Live	80,6	54,5	88,4	77,8	80,6	80,6	81,8	84,0	66,7	90,0
OK Hit Radio	44,8	62,5	37,5	40,0	26,7	64,3	42,9	66,7	20,0	33,3
Schnuddeln am Herd	68,4	50,0	70,0	71,4	75,0	57,1	71,4	100,0	50,0	50,0
Skat Live	47,4	50,0	47,4	45,5	54,2	35,7	63,6	50,0	20,0	20,0
Nonsens TV	45,0	80,0	25,0	66,7	50,0	40,0	16,7	57,1	50,0	33,3

Angaben in Prozent/Mehrfachnennungen
n=100

Kapitel 6.2.4.3 Tabelle 70
Bekanntheitsgrad von Genres im Offenen Kanal Kassel

					OK-Nutzung				
	Gesamt	seltener	einmal im Monat	mehrmals im Monat	mehrmals pro Woche	täglich	Vielseher	Durchschnittseher	Wenigseher
Gesprächsrunden									
gerne/sehr gerne	71,0	75,0	75,0	74,4	61,5	66,7	62,1	74,4	75,0
weniger/gar nicht gerne	29,0	25,0	25,0	25,6	38,5	33,3	37,9	25,6	25,0
Dokumentationen									
gerne/sehr gerne	80,0	68,8	83,3	86,0	76,9	66,7	75,9	86,0	75,0
weniger/gar nicht gerne	20,0	31,2	16,7	14,0	23,1	33,3	24,1	14,0	25,0
Experimentelles									
gerne/sehr gerne	48,0	37,5	33,3	55,8	46,2	66,7	48,3	55,8	35,7
weniger/gar nicht gerne	52,0	62,5	66,7	44,2	53,8	33,3	51,7	44,2	64,3
Unterhaltungssendungen									
gerne/sehr gerne	56,0	62,5	33,3	62,8	50,0	66,7	51,7	62,8	50,0
weniger/gar nicht gerne	44,0	37,5	66,7	37,2	50,0	33,3	48,3	37,2	50,0
Magazine									
gerne/sehr gerne	61,0	62,5	66,7	60,5	57,7	66,7	58,6	60,5	64,3
weniger/gar nicht gerne	39,0	37,5	33,3	39,5	42,3	33,3	41,4	39,5	35,7

Angaben in Prozent/n=100

Kapitel 6.2.4.3 Tabelle 71
Bekanntheitsgrad von Genres im Offenen Kanal Kassel nach Alter, Geschlecht und Bildung

	Gesamt	Alter			Geschlecht		Bildung				
		14-29	30-59	59 und älter	männlich	weiblich	Haupt-schule	Real-schule	Hochschul-reife	Hoch-schule
Gesprächsrunden										
gerne/sehr gerne	71,0	25,0	28,5	74,1	73,9	68,5	71,4	73,0	64,7	73,3
weniger/gar nicht gerne	29,0	75,0	71,5	25,9	26,1	31,5	28,6	27,0	35,3	26,7
Dokumentationen										
gerne/sehr gerne	80,0	68,8	78,9	88,9	89,1	72,2	92,9	70,3	82,4	80,0
weniger/gar nicht gerne	20,0	31,2	21,1	11,1	10,9	27,8	7,1	29,7	17,6	20,0
Experimentelles										
gerne/sehr gerne	48,0	56,2	45,6	48,1	63,0	35,2	46,4	43,2	58,8	46,7
weniger/gar nicht gerne	52,0	43,8	54,4	51,9	37,0	64,8	53,6	56,8	41,2	53,3
Unterhaltungssendungen										
gerne/sehr gerne	56,0	56,2	54,4	59,3	50,0	61,1	64,3	59,5	52,9	33,3
weniger/gar nicht gerne	44,0	43,8	45,6	40,7	50,0	38,9	35,7	40,5	47,1	66,7
Magazine										
gerne/sehr gerne	61,0	56,2	63,2	59,3	63,0	59,3	53,6	73,0	41,2	60,0
weniger/gar nicht gerne	39,0	43,8	36,8	40,7	37,0	40,7	46,4	27,0	58,8	40,0

Angaben in Prozent/n=100

Kapitel 6.2.4.3 Tabelle 72
Beliebtheitsgrad von Genres im Offenen Kanal Kassel

Genres	Grad der Beliebtheit			
	gar nicht gerne	weniger gerne	gerne	sehr gerne
Gesprächsrunden	8,5	22,3	50,0	19,2
Dokumentationen	5,4	16,1	55,9	22,6
Experimentelles	15,2	41,3	31,5	12,0
Unterhaltungssendungen	14,0	33,3	45,2	7,5
Magazine	9,6	32,3	49,5	8,6

Angaben in Prozent/n=100

Kapitel 6.2.4.3 Tabelle 73
Grad der Wichtigkeit von Genres nach Einzelthemen im Offenen Kanal Kassel – Hardinfo

	Gesamt	lokalpolitische Ereignisse			lokalpolitische Persönlichkeiten		
		nie wichtig	manchmal wichtig	immer wichtig	nie wichtig	manchmal wichtig	immer wichtig
Gesprächsrunden							
gerne/sehr gerne	71,0	60,0	62,5	80,0	61,9	69,6	82,6
weniger/gar nicht gerne	29,0	40,0	37,5	20,0	38,1	30,4	17,4
Dokumentationen							
gerne/sehr gerne	80,0	60,0	77,5	86,0	81,0	75,0	91,3
weniger/gar nicht gerne	20,0	40,0	22,5	14,0	19,0	25,0	8,7
Experimentelles							
gerne/sehr gerne	48,0	30,0	50,0	50,0	38,1	48,2	56,5
weniger/gar nicht gerne	52,0	70,0	50,0	50,0	61,9	51,8	43,5
Unterhaltungssendungen							
gerne/sehr gerne	56,0	40,0	65,0	52,0	57,1	58,9	47,8
weniger/gar nicht gerne	44,0	60,0	35,0	48,0	42,9	41,1	52,2
Magazine							
gerne/sehr gerne	61,0	30,0	60,0	68,0	61,9	62,5	56,5
weniger/gar nicht gerne	39,0	70,0	40,0	32,0	38,1	37,5	43,5

Angaben in Prozent/n=100

Kapitel 6.2.4.3 Tabelle 74
Grad der Wichtigkeit von Genres nach Einzelthemen im Offenen Kanal Kassel – Hardinfo

	Gesamt	lokale Sportveranstaltungen			lokale Umweltfragen			lokale Veranstaltungen		
		nie wichtig	manchmal wichtig	immer wichtig	nie wichtig	manchmal wichtig	immer wichtig	nie wichtig	manchmal wichtig	immer wichtig
Gesprächsrunden										
gerne/sehr gerne	71,0	75,8	72,7	60,9	60,0	78,3	60,0	77,1	66,0
weniger/gar nicht gerne	29,0	24,2	27,3	39,1	40,0	21,7	40,0	22,9	34,0
Dokumentationen										
gerne/sehr gerne	80,0	87,9	77,3	73,9	70,0	86,7	100,0	79,2	78,7
weniger/gar nicht gerne	20,0	12,1	22,7	26,1	30,0	13,3	-	20,8	21,3
Experimentelles										
gerne/sehr gerne	48,0	42,4	47,7	56,5	40,0	53,3	20,0	45,8	53,2
weniger/gar nicht gerne	52,0	57,6	52,3	43,5	60,0	46,7	80,0	54,2	46,8
Unterhaltungssendungen										
gerne/sehr gerne	56,0	48,5	50,0	78,3	75,0	43,3	60,0	54,2	57,4
weniger/gar nicht gerne	44,0	51,5	50,0	21,7	25,0	56,7	40,0	45,8	42,6
Magazine										
gerne/sehr gerne	61,0	54,5	65,9	60,9	60,0	61,7	60,0	45,8	29,8
weniger/gar nicht gerne	39,0	45,5	34,1	39,1	40,0	38,3	40,0	54,2	70,2

Angaben in Prozent/n=100

Kapitel 6.2.4.3 Tabelle 75
Grad der Wichtigkeit von Genres nach Einzelthemen im Offenen Kanal Kassel – Softinfo

	Gesamt	Alltägliches			lokale Filmprogramme			lokale Persönlichkeiten/ Künstler		
		nie wichtig	manchmal wichtig	immer wichtig	nie wichtig	manchmal wichtig	immer wichtig	nie wichtig	manchmal wichtig	immer wichtig
Gesprächsrunden										
gerne/sehr gerne	71,0	55,6	68,9	76,1	71,0	74,1	54,5	62,5	72,1	75,0
weniger/gar nicht gerne	29,0	44,4	31,1	23,9	29,0	25,9	45,5	37,5	27,9	25,0
Dokumentationen										
gerne/sehr gerne	80,0	66,7	82,2	80,4	83,9	79,3	72,7	100,0	76,5	75,0
weniger/gar nicht gerne	20,0	33,3	17,8	19,6	16,1	20,7	27,3	-	23,5	25,0
Experimentelles										
gerne/sehr gerne	48,0	44,4	42,2	54,3	35,5	53,4	54,5	37,5	50,0	50,0
weniger/gar nicht gerne	52,0	55,6	57,8	45,7	64,5	46,6	45,5	62,5	50,0	50,0
Unterhaltungssendungen										
gerne/sehr gerne	56,0	11,1	51,1	69,6	51,6	58,6	54,5	62,5	55,9	50,0
weniger/gar nicht gerne	44,0	88,9	48,9	30,4	48,4	41,4	45,5	37,5	44,1	50,0
Magazine										
gerne/sehr gerne	61,0	33,3	55,6	71,7	58,1	63,8	54,5	50,0	64,7	56,2
weniger/gar nicht gerne	39,0	66,7	44,4	28,3	41,9	36,2	45,5	50,0	35,3	43,8

Angaben in Prozent/n=100

Kapitel 6.2.4.3 Tabelle 76
Grad der Wichtigkeit von Genres nach Einzelthemen im Offenen Kanal Kassel – Softinfo

	Gesamt	menschliche Ereignisse			soziale Einrichtungen		
		nie wichtig	manchmal wichtig	immer wichtig	nie wichtig	manchmal wichtig	immer wichtig
Gesprächsrunden							
gerne/sehr gerne	71,0	69,2	79,5	64,6	50,0	65,9	75,9
weniger/gar nicht gerne	29,0	30,8	20,5	35,4	50,0	34,1	24,1
Dokumentationen							
gerne/sehr gerne	80,0	69,2	82,1	81,3	-	75,0	87,0
weniger/gar nicht gerne	20,0	30,8	17,9	18,7	100,0	25,0	13,0
Experimentelles							
gerne/sehr gerne	48,0	30,8	48,7	52,1	-	45,5	51,9
weniger/gar nicht gerne	52,0	69,2	51,3	47,9	100,0	54,5	48,1
Unterhaltungssendungen							
gerne/sehr gerne	56,0	46,2	53,8	60,4	50,0	59,1	53,7
weniger/gar nicht gerne	44,0	53,8	46,2	39,6	50,0	40,9	46,3
Magazine							
gerne/sehr gerne	61,0	53,8	53,8	68,7	-	65,9	59,3
weniger/gar nicht gerne	39,0	46,2	46,2	31,3	100,0	34,1	40,7

Angaben in Prozent/n=100

Kapitel 6.2.4.3 Tabelle 77
Grad der Wichtigkeit von Genres nach Einzelthemen im Offenen Kanal Kassel

	Gesamt	lokale Hardinfo		lokale Softinfo	
		weniger wichtig	immer wichtig	weniger wichtig	immer wichtig
Gesprächsrunden					
gerne/sehr gerne	71,0	64,3	75,9	64,3	73,6
weniger/gar nicht gerne	29,0	35,7	24,1	35,7	26,4
Dokumentationen					
gerne/sehr gerne	80,0	83,3	77,6	67,9	84,7
weniger/gar nicht gerne	20,0	16,7	22,4	32,1	15,3
Experimentelles					
gerne/sehr gerne	48,0	40,5	53,4	35,7	52,8
weniger/gar nicht gerne	52,0	59,5	46,6	64,3	47,2
Unterhaltungssendungen					
gerne/sehr gerne	56,0	59,5	53,4	46,4	59,7
weniger/gar nicht gerne	44,0	40,5	46,6	53,6	40,3
Magazine					
gerne/sehr gerne	61,0	54,8	65,5	46,4	66,7
weniger/gar nicht gerne	39,0	45,2	34,5	53,6	33,3

Angaben in Prozent/n=100

Kapitel 6.2.4.3 Tabelle 78
Grad der Wichtigkeit von Genres nach Einzelthemen im Offenen Kanal Kassel nach Lokalmedien

	Gesamt		Regionalfenster privater Veranstalter/Anzeigenblätter			Szenemagazine			Hessischer Rundfunk/ Mitteilungsblätter		
			nie	selten	oft/sehr oft	nie	selten	oft/sehr oft	nie	selten	oft/sehr oft
Gesprächsrunden											
gerne/sehr gerne	71,0		75,0	76,9	65,3	75,7	70,2	50,0	50,0	71,9	76,9
weniger/gar nicht gerne	29,0		25,0	23,1	34,7	24,3	29,8	50,0	50,0	28,1	23,1
Dokumentationen											
gerne/sehr gerne	80,0		91,7	84,6	73,5	78,4	80,7	83,3	40,0	82,8	88,5
weniger/gar nicht gerne	20,0		8,3	15,4	26,5	21,6	19,3	16,7	60,0	17,2	11,5
Experimentelles											
gerne/sehr gerne	48,0		50,0	43,6	51,0	29,7	56,1	83,3	30,0	51,6	46,2
weniger/gar nicht gerne	52,0		50,0	56,4	49,0	70,3	43,9	16,7	70,0	48,4	53,8
Unterhaltungssendungen											
gerne/sehr gerne	56,0		50,0	41,0	69,4	62,2	54,4	33,3	70,0	51,6	61,5
weniger/gar nicht gerne	44,0		50,0	59,0	30,6	37,8	45,6	66,7	30,0	48,4	38,5
Magazine											
gerne/sehr gerne	61,0		66,7	56,4	63,3	51,4	66,7	66,7	20,0	68,8	57,7
weniger/gar nicht gerne	39,0		33,3	43,6	36,7	48,6	33,3	33,3	80,0	31,2	42,3

Angaben in Prozent/n=100

Kapitel 6.2.4.4 Tabelle 79
Wichtige Themen in Kassel

Themen	Anzahl der Nennungen	Rangfolge
Kommunal- und Lokalpolitik	30	2
Wirtschafts- und Finanzpolitik	22	3
Verkehr/Verkehrspolitik	19	4
Umwelt/Umweltpolitik	11	7
Soziales/Sozialpolitik	14	6
Schule/Schulpolitik	6	8
Kultur/Kulturpolitik	37	1
Sport	16	5
Sonstiges	37	-

Kapitel 6.2.4.4 Tabelle 80
Lokale Medienbewertung

Medien		Ø Aktualität		Ø Ausführlich-keit		Glaubwürdig-keit		Ø Index	Maximum Index	Minimum Index	Median
Lokalteil der Hessischen Allgemeinen	1.	8,47	1.	8,30	2.	8,25	1.	25,02	30	13	25,5
Hessischer Rundfunk	2.	8,04	2.	7,30	2.	8,26	2.	23,60	30	13	24,0
Extra-Tip	5.	5,59	5.	5,21	5.	4,49	5.	15,29	28	3	16,0
Offener Kanal	4.	6,04	3.	6,20	3.	7,13	3.	19,37	30	3	20,0
Radio FFH	3.	6,48	4.	5,30	4.	6,55	4.	18,33	29	3	19,0
Info-Tip	6.	4,32	6.	3,82	6.	4,36	6.	12,50	24	3	13,0
City-Blick	7.	4,24	7.	3,53	7.	3,60	7.	11,37	28	3	12,0
Ø alle Medien		6,17		5,67		6,09		17,93	-	-	-

Kapitel 6.2.4.4 Tabelle 81
Lokale Medienbewertung – Index

		Lokalteile der HNA	Hessischer Rundfunk	Extra Tip	Offener Kanal	Radio FFH	Info Tip	City Blick
Index Ø		8,3	7,8	5,2	6,5	6,1	4,1	3,7
Alter	14-29	8,6	7,6	6,0	5,4	5,5	4,5	4,6
	30-59	8,3	7,8	4,8	6,7	5,6	3,7	3,4
	60 und älter	8,2	8,0	5,4	6,8	5,3	4,8	4,0
Geschlecht	männlich	8,4	7,8	4,9	6,6	5,9	4,4	3,7
	weiblich	8,3	7,9	5,4	6,3	5,3	3,9	3,8
Bildung	Hauptschule	8,4	8,2	6,0	6,9	5,4	3,8	4,4
	Realschule	8,3	7,9	5,0	6,5	5,7	3,8	3,3
	Hochschulreife	8,4	7,1	4,7	5,7	5,2	5,0	3,6
	Hochschule	8,1	8,2	4,0	6,3	5,6	4,0	3,4
Häufigkeit	Vielseher	8,2	7,8	2,3	7,0	5,6	4,1	4,1
	Durchschnittseher	8,4	7,9	2,5	6,4	6,4	3,9	3,6
	Wenigseher	8,3	7,8	2,7	6,0	6,4	4,4	3,6

Angaben sind Durchschnittswerte

10 Die Befragungsinstrumente

10.1 Der Fragebogen zur Telefonbefragung

<u>Begleittext für Telefon-Interviews, Teil 1</u>

Vorspann:
Guten Tag, mein Name ist ... Ich bin Mitarbeiter/in der Hessischen Landesanstalt für privaten Rundfunk. Wir führen eine Befragung zur Fernsehnutzung im Raum Kassel durch. Dabei interessiert uns besonders ein bestimmtes Kabelprogramm. Zunächst einmal: Haben Sie Kabelanschluß? Gut, dann können wir weitermachen (wenn unklar, dann überprüfen, ob es stimmt!).

Wir benötigen, damit die Umfrage repräsentativ sein kann, die Person aus Ihrem Haushalt, die als nächstes Geburtstag hat und älter als 14 Jahre ist. Können Sie diese Person bitte ans Telefon holen?

Möglichkeit 1 - Zielperson ist am Telefon:
Schön, dann möchte ich Ihnen gerne ein paar Fragen stellen. Haben Sie einige Minuten Zeit? Ja? Das ist prima, danke! (Mit Fragebogen beginnen)

Möglichkeit 2 - Zielperson kann zur Zeit nicht ans Telefon geholt werden:
Termin für Befragung vereinbaren, wenn möglich!

Möglichkeit 3 - Zielperson wird ans Telefon geholt:
Mit Begleittext für **Zielperson** wieder neu beginnen!

<u>Begleittext für Telefon-Interviews, Teil 2</u>
- wenn **Zielperson am Telefon** -

Vorspann:
Guten Tag, mein Name ist ... Die Hessische Landesanstalt für privaten Rundfunk führt eine Befragung zur Fernsehnutzung im Raum Kassel durch. Dabei interessiert uns besonders ein bestimmtes Kabelprogramm. Wir haben Sie per Zufallsverfahren aus dem Telefonbuch ausgesucht und möchten Ihnen gerne ein paar Fragen stellen. Haben Sie einige Minuten Zeit? Ja? Das ist schön, danke! (Mit Fragebogen beginnen)

Abspann:
Haben Sie vielen Dank für Ihre Zeit und Ihre Geduld. Ich versichere Ihnen, daß Ihre Auskünfte anonym verarbeitet werden. Wenn Sie sich für die Ergebnisse der Untersuchung interessieren, dann können Sie nächstes Jahr um diese Zeit im Offenen Kanal nachfragen. Die Untersuchung wird nämlich veröffentlicht.

Interviewdatum: _____ Interviewer: _____ lfd. Nr.: _____

Wer sieht wann was warum?

Teil 1:

Fragebogen für 1 000 x Telefonumfrage

| Frage 1: Haben Sie schon einmal etwas vom Offenen Kanal Kassel gehört? |

Ja ☐¹ Nein ☐² v01

*Falls **JA**:*

„Bitte erklären Sie den Offenen Kanal Kassel."

_____ v03
_____ v04
_____ v05

*Falls **NEIN**:*

„Der Offene Kanal ist ein Fernsehprogramm. Haben Sie davon schon etwas gehört?"

Ja ☐¹ Nein ☐² v02

*Falls **JA**:*

„Bitte erklären Sie den Offenen Kanal Kassel."

_____ v06
_____ v07
_____ v08

INTERVIEWER an alle:

„Ich gebe Ihnen jetzt eine Erläuterung zum Offenen Kanal Kassel:
Der Offene Kanal Kassel ist ein lokaler Fernsehsender. Diese Einrichtung können Bürger und Bürgergruppen kostenlos nutzen, um eigene Fernsehsendungen mit selbstgewählten Inhalten und Formen herzustellen. Die Bürgersendungen können nur in Kassel und sieben Umlandgemeinden empfangen werden. Alle Produktionsmittel, also Kameras, Mikrofone, das notwendige Zubehör und auch Beratung werden kostenlos zur Verfügung gestellt."

(Hinweis für Interviewer: Bei nicht zutreffender Erklärung → → → →)

„Nach dieser Erläuterung frage ich Sie noch einmal: Haben Sie schon etwas vom Offenen Kanal Kassel gehört?"

Ja ☐¹ Nein ☐² v09

Falls JA: *Falls Nein:*
Frage 2 Frage 5

Frage 2: Wie sind Sie auf den Offenen Kanal Kassel aufmerksam geworden?

INTERVIEWER: „Ich lese Ihnen jetzt ein paar Möglichkeiten vor. Sagen Sie mir bitte zu jeder, ob sie für Sie zutrifft oder nicht."

(Hinweis für Interviewer: Rotieren!)   trifft zu   trifft nicht zu

- Ich habe mich durch die Programme durchgeschaltet und bin beim Offenen Kanal hängengeblieben.   ☐1   ☐2   v10
- Ich habe durch andere vom Offenen Kanal gehört.   ☐1   ☐2   v11
- Ich habe in der Zeitung oder einer anderen Veröffentlichung über den Offenen Kanal gelesen.   ☐1   ☐2   v12

- Ich bin anders auf ihn aufmerksam geworden.   ☐1   ☐2   v13

Wenn **TRIFFT ZU:** „Wie denn?"

_____   v13a

_____   v13b

Frage 3: Haben Sie den Offenen Kanal Kassel schon einmal eingeschaltet?

     Ja ☐1   Nein ☐2*   v14

* Wenn **NEIN,** dann weiter mit Frage 5.

INTERVIEWER: „Wie oft sehen Sie den Offenen Kanal normalerweise?"
(Hinweis für den Interviewer: Bitte so lange abfragen, bis der/die Befragte einmal mit TRIFFT ZU antwortet. Dann weiter im Fragebogen.)

Ich sehe den Offenen Kanal   trifft zu
- normalerweise täglich;   ☐5
- normalerweise mehrmals pro Woche;   ☐4
- normalerweise mehrmals im Monat;   ☐3
- normalerweise einmal im Monat;   ☐2
- Ich sehe den Offenen Kanal seltener.   ☐1   v15

Frage 4: Warum schalten Sie den Offenen Kanal Kassel ein?

INTERVIEWER: „Ich lese Ihnen jetzt ein paar Möglichkeiten vor. Sagen Sie mir bitte zu jeder, ob sie für Sie zutrifft oder nicht."

(Hinweis für Interviewer: Rotieren!)   trifft zu   trifft nicht zu

- Ich möchte ein Programm aus Kassel für Kassel sehen.   ☐₁   ☐₂   v16
- Ich möchte ein Programm sehen, das von Menschen wie du und ich gemacht ist.   ☐₁   ☐₂   v17
- Ich sehe eine bestimmte Sendung oder Sendereihe gerne.   ☐₁   ☐₂   v18
  Wenn **TRIFFT ZU:** „Was sehen Sie gerne?"

  _____   v18a

  _____   v18b

                                                        trifft zu   trifft nicht zu

- Mir mißfallen bestimmte Sendungen oder Sendereihen.   ☐₁   ☐₂   v19
  Wenn **TRIFFT ZU:** „Welche Sendungen mißfallen Ihnen?"

  _____   v19a

  _____   v19b

(Hinweis für Interviewer: Rotieren!)   trifft zu   trifft nicht zu

- Ich kenne jemanden, der bei Sendungen mitmacht.   ☐₁   ☐₂   v20
- Ich bin (oder war) selbst Produzent von Sendebeiträgen.   ☐₁   ☐₂   v21
- Ich möchte mich an Sendungen beteiligen.   ☐₁   ☐₂   v22
- Ich möchte Anregungen für eigene Sendungen bekommen.   ☐₁   ☐₂   v23
- Ich schalte den Offenen Kanal ein, wenn auf den anderen Programmen nichts Besseres läuft.   ☐₁   ☐₂   v24
- Ich lasse den Offenen Kanal nebenbei laufen.   ☐₁   ☐₂   v25

- Ich habe andere Gründe.   ☐₁   ☐₂   v26
  Wenn **TRIFFT ZU:** „Welche Gründe?"

  _____   v26a

  _____   v26b

(Achtung Interviewer: Wenn von Frage 1 direkt hierher gekommen, dann Frage 6 auslassen!)

Frage 5: Haben Sie gestern ferngesehen?

Ja ☐¹   Nein ☐²   v27

(Falls JA: Zeiten wie folgt abfragen,   *(Falls NEIN:* Weiter mit Frage 7)
Mehrfachnennungen möglich)

INTERVIEWER: „Ich lese Ihnen jetzt einige Zeitabschnitte vor, zu denen Sie ferngesehen haben könnten. Antworten Sie bitte mit Ja, wenn Sie zu den genannten Zeiten ferngesehen haben, und mit Nein, wenn Sie es nicht haben."

Ich habe ferngesehen	trifft zu	trifft nicht zu	
- zwischen 6 Uhr früh und 12 Uhr	☐¹	☐²	v28
- zwischen 12 und 17 Uhr	☐¹	☐²	v29
- zwischen 17 und 19 Uhr	☐¹	☐²	v30
- zwischen 19 und 21 Uhr	☐¹	☐²	v31
- zwischen 21 und 23 Uhr	☐¹	☐²	v32
- nach 23 Uhr	☐¹	☐²	v33

„Welches Programm oder welche Programme haben Sie gesehen?"

ARD	☐	ZDF	☐	Drittes	☐	ARTE	☐	v34–v37
RTL	☐	SAT.1	☐	PRO7	☐	Kabel 1	☐	v38–v41
OK	☐	anderes	☐					v42–v43

(Wenn Offener Kanal konkret genannt, dann nachfragen)

„Welches Sendungen haben Sie konkret im Offenen Kanal gesehen?"

_____   v42a

_____   v42b

_____   v42c

(Hinweis für Interviewer: War bei Frage 3 JA, dann jetzt weiter mit Frage 7)

(Achtung Interviewer: Frage 6 geht nur an die NEIN-Sager bei Frage 3!)

Frage 6: Warum schalten Sie den Offenen Kanal Kassel nicht ein?

INTERVIEWER: „Ich lese Ihnen jetzt ein paar Möglichkeiten vor. Sagen Sie mir bitte zu jeder, ob sie für Sie zutrifft oder nicht."

(Hinweis für Interviewer: Rotieren!)	trifft zu	trifft nicht zu	
- Ich wußte zu wenig über den Offenen Kanal.	☐¹	☐²	v44
- Der Offenen Kanal fehlt bei den Programmen, die in meinem Fernseher programmiert sind.	☐¹	☐²	v45
- Ich finde die Sendungen des Offenen Kanals uninteressant.	☐¹	☐²	v46

Wenn **TRIFFT ZU:** „Und warum interessieren Sie die Sendungen des Offenen Kanals nicht?"

_____ v46a
_____ v46b
_____ v46c

	trifft zu	trifft nicht zu	
- Ich habe andere Gründe.	☐¹	☐²	v47

Wenn **TRIFFT ZU:** „Welche Gründe?"

_____ v47a
_____ v47b
_____ v47c

INTERVIEWER: „Für die Auswertung Ihrer Antworten wüßten wir jetzt gerne noch etwas über Sie. Es sind nur noch ein paar ganz kurze Fragen."

Frage 7:	Wie alt sind Sie?

        _____ Jahre   v48

Frage 8:	Bei der nächsten Frage, nämlich der nach Ihrem Geschlecht, kreuze ich ... an, richtig?

   ❑1 männlich
   ❑2 weiblich   v49

Frage 9:	Wie ist Ihr Familienstand?

   ❑1 ledig   ❑4 geschieden
   ❑2 verheiratet   ❑5 verwitwet
   ❑3 zusammenlebend   v50

Frage 10:	Wieviele Personen leben in Ihrem Haushalt?

     _____ Personen   v51

Frage 11:	Und wieviele davon sind...

   unter 10 Jahren alt?   _____   v52
   zwischen 11 und 18 Jahren alt?   _____   v53

Frage 12:	Ihre Staatsangehörigkeit ist?

   _____   v54

Frage 13:	Welchen Schul- oder Bildungsabschluß haben Sie? (Bitte nennen Sie mir Ihren letzten Abschluß.)

(Anweisung für den Interviewer: Wenn kein konkreter Abschluß genannt wird, folgende Kategorien abfragen:)

   ❑1 Kein Schulabschluß
   ❑2 Hauptschule / Volksschule
   ❑3 Realschule / Mittlere Reife / Mittelschule
   ❑4 Fachoberschule
   ❑5 Abitur
   ❑6 Fachhochschule
   ❑7 Universität

   ❑8 Sonstiges
   ❑9 Keine Angabe   v55

Frage 14: Sind Sie zur Zeit erwerbstätig?

Ja ☐¹   Nein ☐²   keine Angabe ☐⁹   v56

Falls **JA:** In welchem Beruf?
- ☐1 Auszubildende(r)
- ☐2 Arbeiter(in)
- ☐3 Facharbeiter(in)
- ☐4 Einfache(r) / mittlere(r) Angestellte(r) / Beamter(in)
- ☐5 Leitende(r) Angestellte(r) / Beamter(in)
- ☐6 Selbständige(r) / Freiberufler(in)

Falls **NEIN:** Was sind Sie zur Zeit?
- ☐1 Schüler(in) / Student(in)
- ☐2 Zivildienst-/Wehrdienstleistender
- ☐3 Umschüler(in)
- ☐4 Arbeitslose(r)
- ☐5 Hausfrau / Hausmann
- ☐6 Rentner(in)

☐7 Sonstiges
☐9 Keine Angabe   v57

☐7 Sonstiges
☐9 Keine Angabe   v58

*(Achtung Interviewer: Frage 15 geht nur an die, die bei Frage 3 **JA** gesagt haben!)*

Frage 15: Es könnte sein, daß wir die Untersuchung nach dieser Umfrage fortsetzen. Dürfen wir für diesen Fall Ihre Telefonnummer aufbewahren und Sie demnächst zu diesem Thema noch einmal anrufen?

Ja ☐¹   Nein ☐²   v59

Wieder eine(n) geschafft!!!

10.2 Der Fragebogen zur Haushaltsbefragung

Begleittext für Telefongespräch, 2. Welle

Guten Tag, mein Name ist ... Ich bin Mitarbeiter/in der Hessischen Landesanstalt für privaten Rundfunk.

Falls Zielperson völlig unklar:
Vor einiger Zeit (hier bei Bedarf konkrete Zeitangabe) haben wir in Ihrem Haushalt ein Telefon-Interview zum Offenen Kanal Kassel durchgeführt. Unser/e Gesprächspartner/in war damals (z.B: weiblich und 26 Jahre). Können Sie diese Person bitte an das Telefon holen?

Zielperson ist am Telefon:
Guten Tag ...
Vor einiger Zeit wurden Sie von uns zwecks eines kurzen Telefoninterviews zum Offenen Kanal Kassel angerufen. Damals gaben Sie uns die Erlaubnis, Sie noch einmal anrufen zu dürfen.
Erinnern Sie sich?
Nun ist es also soweit! Wir haben Ihre Nummer per Zufallsverfahren für die 2. Untersuchung ausgewählt und möchten Sie fragen: Sind Sie bereit, wieder mitzumachen? Ja! Das ist schön! Die Dauer des Interviews wird ungefähr eine Stunde betragen. (Eventuelle Rückfragen zu Inhalt und Form der Befragung aus dem Stegreif beantworten)

Dann möchte ich jetzt gerne einen Termin mit Ihnen vereinbaren, an dem ich Sie, wenn Sie einverstanden sind, zu Hause besuchen möchte. (Falls Ablehnung, dann alternativ einen Termin im Offenen Kanal Kassel absprechen.)

Nun benötige ich bitte noch Ihre genaue Anschrift (auf ein Deckblatt notieren). Zum einen, damit ich zu Ihnen finde, und zum anderen, damit wir Ihnen noch einmal eine kurze Terminbestätigung zusenden können.

So, das war's für heute. Ich danke Ihnen ...

ID-Nr.: _____

Interviewdatum: _____ Interviewer: _____ lfd. Nr.: _____

Wer sieht wann was warum?
Teil 2:
Fragebogen für 100 x Haushaltsbefragungen

1. Haben Sie immer hier gelebt, mit Unterbrechung hier gelebt, oder sind Sie irgendwann von woanders zugezogen?

- immer hier gelebt ❏³
- mit Unterbrechung hier gelebt ❏²
- zugezogen ❏¹ v1

2. Seit welchem Jahr wohnen Sie ohne Unterbrechung hier?

Seit 19 ❏❏ v2

3. Wohnen hier in der Gegend Verwandte oder gute Freunde von Ihnen?

Ja ❏¹   Nein ❏² v3

4. Leben Sie gerne hier, oder würden Sie lieber woanders leben?

❏¹ lebe gerne hier   ❏² würde lieber woanders leben v4

5. Fühlen Sie sich an Ihren Wohnort stark gebunden, gebunden, eher weniger oder überhaupt nicht gebunden?

*Interviewer: Bitte erst **alle Antwortmöglichkeiten** vorlesen!*

- stark gebunden ❏⁴
- gebunden ❏³
- eher weniger gebunden ❏²
- überhaupt nicht gebunden ❏¹ v5

6. Ich gebe Ihnen jetzt einen Stapel mit Karten, auf denen Freizeitbeschäftigungen stehen. Sagen Sie mir bitte mit Hilfe des Ablageblattes, ob Sie sich täglich, 2–3 mal in der Woche, 1 mal in der Woche, 1–3 mal im Monat, seltener oder nie Zeit dafür nehmen!

*Interviewer: Bitte **Karten und Ablageblatt** den Befragten zur Verfügung stellen!*

	täglich	2–3 x Woche	1 x Woche	1–3 x Monat	seltener	nie	
	6	5	4	3	2	1	
am Computer spielen	❏	❏	❏	❏	❏	❏	v6
am Vereinsleben teilnehmen	❏	❏	❏	❏	❏	❏	v7
ausgehen (Kneipe, Disco)	❏	❏	❏	❏	❏	❏	v8
basteln / heimwerken	❏	❏	❏	❏	❏	❏	v9
Besuche bei Verwandten machen / Besuche von Verwandten bekommen	❏	❏	❏	❏	❏	❏	v10
Bücher lesen	❏	❏	❏	❏	❏	❏	v11
fernsehen	❏	❏	❏	❏	❏	❏	v12
handarbeiten	❏	❏	❏	❏	❏	❏	v13
im Garten arbeiten	❏	❏	❏	❏	❏	❏	v14
in ein Restaurant gehen	❏	❏	❏	❏	❏	❏	v15
ins Kino gehen	❏	❏	❏	❏	❏	❏	v16
ins Theater / zu Konzerten / zu Kulturveranstaltungen gehen	❏	❏	❏	❏	❏	❏	v17
mit Bekannten / Freunden / Verwandten telefonieren	❏	❏	❏	❏	❏	❏	v18
mit dem Computer arbeiten	❏	❏	❏	❏	❏	❏	v19
musizieren / ein Instrument spielen	❏	❏	❏	❏	❏	❏	v20
Radio hören	❏	❏	❏	❏	❏	❏	v21
Schallplatten / CDs / Kassetten hören	❏	❏	❏	❏	❏	❏	v22
Schaufenster-, Einkaufsbummel machen	❏	❏	❏	❏	❏	❏	v23
sich beruflich weiterbilden	❏	❏	❏	❏	❏	❏	v24
sich mit Bekannten / mit der Clique / mit Freunden treffen	❏	❏	❏	❏	❏	❏	v25
sich mit Kindern beschäftigen	❏	❏	❏	❏	❏	❏	v26
sich mit Tieren beschäftigen	❏	❏	❏	❏	❏	❏	v27

Interviewer: Es folgt Fortsetzung von 6.!

	täglich	2–3 x Woche	1 x Woche	1–3 x Monat	seltener	nie	
spazieren gehen / wandern / einen Ausflug machen	❏	❏	❏	❏	❏	❏	v28
Sport treiben	❏	❏	❏	❏	❏	❏	v29
Sportveranstaltungen besuchen	❏	❏	❏	❏	❏	❏	v30
Videokassetten ansehen	❏	❏	❏	❏	❏	❏	v31
Videospiele spielen	❏	❏	❏	❏	❏	❏	v32
Videotext lesen	❏	❏	❏	❏	❏	❏	v33
Zeitschriften lesen	❏	❏	❏	❏	❏	❏	v34
Zeitung lesen	❏	❏	❏	❏	❏	❏	v35

7. Sehen Sie im allgemeinen sehr oft, oft, gelegentlich, selten oder nie fern?

Interviewer: Bitte abfragen, bis die / der Befragte eine Antwort gegeben hat!

- sehr oft ❏ 5
- oft ❏ 4
- gelegentlich ❏ 3
- selten ❏ 2
- nie ❏ 1 v36

8. Wenn Sie fernsehen, wie lange sehen Sie dann durchschnittlich?

Interviewer: Bitte abfragen, bis die / der Befragte eine Antwort gegeben hat!

- mehr als fünf Stunden ❏ 6
- mehr als vier bis zu fünf Stunden ❏ 5
- mehr als drei bis zu vier Stunden ❏ 4
- mehr als zwei bis zu drei Stunden ❏ 3
- mehr als eine bis zu zwei Stunden ❏ 2
- bis zu einer Stunde ❏ 1 v37

9. Ich gebe Ihne jetzt eine Liste mit verschiedenen Fernsehsendern. Sagen Sie mir bitte zu jedem Sender, ob Sie ihn sehr oft, oft, selten oder nie einschalten!

*Interviewer: Bitte **Liste 1** den Befragten zur Verfügung stellen!*

	sehr oft	oft	selten	nie	
	4	3	2	1	
3sat	❏	❏	❏	❏	v38
ARD	❏	❏	❏	❏	v39
ARTE	❏	❏	❏	❏	v40
Bayern 3	❏	❏	❏	❏	v41
BBC World	❏	❏	❏	❏	v42
CNN	❏	❏	❏	❏	v43
DSF	❏	❏	❏	❏	v44
EuroNEWS	❏	❏	❏	❏	v45
EUROSPORT	❏	❏	❏	❏	v46
Hessen 3	❏	❏	❏	❏	v47
KABEL 1	❏	❏	❏	❏	v48
mdr	❏	❏	❏	❏	v49
MTV	❏	❏	❏	❏	v50
NBC Super Channel	❏	❏	❏	❏	v51
Nickelodeon	❏	❏	❏	❏	v52
Nord 3	❏	❏	❏	❏	v53
n-tv	❏	❏	❏	❏	v54
Offener Kanal	❏	❏	❏	❏	v55
premiere	❏	❏	❏	❏	v56
ProSieben	❏	❏	❏	❏	v57
RTL	❏	❏	❏	❏	v58
RTL2	❏	❏	❏	❏	v59
SAT.1	❏	❏	❏	❏	v60

*Interviewer: Es folgt Fortsetzung von **9.**!*

	sehr oft	oft	selten	nie	
Super RTL	❏	❏	❏	❏	v61
tm 3	❏	❏	❏	❏	v62
TRT-International	❏	❏	❏	❏	v63
TV 5	❏	❏	❏	❏	v64
VH 1	❏	❏	❏	❏	v65
VIVA TV	❏	❏	❏	❏	v66
VOX	❏	❏	❏	❏	v67
West 3	❏	❏	❏	❏	v68
ZDF	❏	❏	❏	❏	v69

10. Auf der nächsten Liste sind verschiedene Magazinsendungen aufgeführt. Sagen Sie mir bitte zu jeder Sendung, ob Sie diese sehr oft, oft, selten oder nie sehen!

*Interviewer: Bitte **Liste 2** den Befragten zur Verfügung stellen!*

	sehr oft	oft	selten	nie	
Akte 96	❏⁴	❏³	❏²	❏¹	v70
Bonn Direkt	❏	❏	❏	❏	v71
Die Reporter	❏	❏	❏	❏	v72
Explosiv	❏	❏	❏	❏	v73
Fakt	❏	❏	❏	❏	v74
Frontal	❏	❏	❏	❏	v75
Panorama	❏	❏	❏	❏	v76
Spiegel TV	❏	❏	❏	❏	v77
Stern TV	❏	❏	❏	❏	v78
Weltspiegel	❏	❏	❏	❏	v79

11. Auf der dritten Liste finden Sie verschiedene Arten von Fernsehsendungen. Sagen Sie mir doch bitte zu jeder, ob Sie diese sehr oft, oft, selten oder nie sehen!

*Interviewer: Bitte **Liste 3** den Befragten zur Verfügung stellen!*

	sehr oft	oft	selten	nie	
	4	3	2	1	
Dokumentationen	❏	❏	❏	❏	v80
erotische Sendungen	❏	❏	❏	❏	v81
Konzerte / Opern Theaterstücke	❏	❏	❏	❏	v82
Kulturmagazine	❏	❏	❏	❏	v83
Magazinsendungen	❏	❏	❏	❏	v84
musikalische Unterhaltungssendungen	❏	❏	❏	❏	v85
Nachrichten	❏	❏	❏	❏	v86
Quiz / Unterhaltungsshows	❏	❏	❏	❏	v87
Ratgeber- und Verbrauchersendungen	❏	❏	❏	❏	v88
Regionalsendungen	❏	❏	❏	❏	v89
Sendungen über Technik / Wissenschaft	❏	❏	❏	❏	v90
Serien	❏	❏	❏	❏	v91
Spielfilme / Fernsehfilme	❏	❏	❏	❏	v92
Sportübertragungen / Sportsendungen	❏	❏	❏	❏	v93
Talkshows	❏	❏	❏	❏	v94
Wirtschaftssendungen	❏	❏	❏	❏	v95

12. Nehmen wir einmal an, Sie könnten durch technische Umstände oder durch einen Streik für längere Zeit nicht mehr fernsehen, Radio hören oder Zeitungen lesen. Auf welches Medium würden Sie persönlich am ehesten verzichten wollen? Bilden Sie bitte eine Rangfolge!

*Interviewer: Bitte beachten, daß der / die Befragten **wirklich Prioritäten setzt!***

1. _____ v96

2. _____ v97

3. _____ v98

13. Wird über das Gebiet, das Sie als Ihren Wohnort im weitesten Sinne betrachten, in den Medien (Tageszeitungen, Hörfunk, Fernsehen) ausreichend, je nach Thema ausreichend oder nicht ausreichend berichtet?

³ ❏	² ❏	¹ ❏	v99
ausreichend	je nach Thema ausreichend	nicht ausreichend	

Interviewer: Falls ausreichend oder je nach Thema ausreichend:
„In welchen Medien wird darüber ausreichend berichtet?"

_____ v100

_____ v101

_____ v102

14. Welche von den Themen, die ich Ihnen jetzt auf einer weiteren Liste vorlege, sind Ihnen an einer Berichterstattung über Ihren Wohnort immer, manchmal oder nie wichtig?

Interviewer: Bitte Liste 4 den Befragten zur Verfügung stellen!

	immer wichtig	manchmal wichtig	nie wichtig	
Alltägliches	³ ❏	² ❏	¹ ❏	v103
lokale Filmprogramme	❏	❏	❏	v104
lokale Persönlichkeiten/ Künstler etc.	❏	❏	❏	v105
lokale Sportveranstaltungen	❏	❏	❏	v106
lokale Umweltfragen	❏	❏	❏	v107
lokale Veranstaltungen	❏	❏	❏	v108
lokalpolitische Ereignisse	❏	❏	❏	v109
lokalpolitische Persönlichkeiten	❏	❏	❏	v110
menschliche Ereignisse	❏	❏	❏	v111
soziale Einrichtungen	❏	❏	❏	v112

15. Welche der nachfolgenden Medien, die ich Ihnen wiederum als Auflistung aushändige, nutzen Sie sehr oft, oft, selten oder nie, um sich über Ihre Region zu informieren?

*Interviewer: Bitte **Liste 5** den Befragten zur Verfügung stellen!*

	sehr oft	oft	selten	nie	
	4	3	2	1	
Amtsblatt/Gemeindeblatt	❏	❏	❏	❏	v113
City Blick	❏	❏	❏	❏	v114
Extra Tip	❏	❏	❏	❏	v115
Gewerkschafts-/ Parteiblätter	❏	❏	❏	❏	v116
Hessenschau	❏	❏	❏	❏	v117
Info Tip	❏	❏	❏	❏	v118
Journal	❏	❏	❏	❏	v119
Kirchenblatt	❏	❏	❏	❏	v120
Kultur News	❏	❏	❏	❏	v121
Lokalteil der HNA	❏	❏	❏	❏	v122
Regionalfenster RTL Hessen Live	❏	❏	❏	❏	v123
Regionalfenster Sat.1 Regionalreport	❏	❏	❏	❏	v124
regionale Radiosendungen des Hessischen Rundfunks	❏	❏	❏	❏	v125
regionale Radiosendungen von Hit Radio FFH	❏	❏	❏	❏	v126
Tagessatz	❏	❏	❏	❏	v127
Vereinsblatt	❏	❏	❏	❏	v128
Wildwechsel	❏	❏	❏	❏	v129
Xcentric	❏	❏	❏	❏	v130
sonstige Medien:	❏	❏	❏	❏	v131

16. Können Sie sich noch erinnern, in welchem Jahr Sie die erste Sendung im Offenen Kanal Kassel gesehen haben?

1	2	3	4	5	6		
❏	❏	❏	❏	❏	❏		v132
1992	**1993**	**1994**	**1995**	**1996**	**nein**		

17. Haben Sie den Offenen Kanal anfangs eher...

Interviewer: Bitte so lange abfragen, bis eine Antwort gegeben ist!

³ ☐	² ☐	¹ ☐	v133
seltener als heute	genauso oft wie heute	öfter als heute	

... eingeschaltet?

*Interviewer: Falls **eher seltener**, bitte nachfragen:*
„**Weshalb haben Sie ihn anfangs eher seltener eingeschaltet als heute?**"

_____ v134a

_____ v134b

*Interviewer: Falls **eher häufiger**, bitte nachfragen:*
„**Weshalb haben Sie ihn anfangs eher häufiger eingeschaltet als heute?**"

_____ v135a

_____ v135b

18. Hatten Sie schon einmal direkten Kontakt zum Offenen Kanal Kassel?

Ja ☐¹   Nein ☐²   v136

*Interviewer: Falls **Ja**, bitte nachfragen:*

„Welchen Kontakt hatten Sie? Sie können hier mehrere Antworten geben."

_____ v137a

_____ v137b

_____ v137c

19. Wie informieren Sie sich normalerweise über die Sendungen des Offenen Kanals?

*Interviewer: Bitte **alle Antwortmöglichkeiten** abfragen!*

	Trifft zu	Trifft nicht zu	
- durch die Informationstafeln des Offenen Kanals	☐¹	☐²	v138
- durch die Zeitung	☐	☐	v139
- über Freunde, Bekannte oder Verwandte	☐	☐	v140
- über Produzenten, die ich kenne	☐	☐	v141
- durch Nachfragen im Offenen Kanal	☐	☐	v142
- gar nicht	☐	☐	v143

20. Fallen Ihnen noch andere Möglichkeiten der Information ein, die es für Sendungen im Offenen Kanal geben könnte?

Ja ☐¹   Nein ☐²   v144

*Interviewer: Falls **Ja**, bitte nachfragen:*

„Welchen Möglichkeiten fallen Ihnen ein?"

_____ v145a

_____ v145b

_____ v145c

21. Der Offene Kanal zeigt in den Stunden bis zum Sendestart Informationstafeln mit allgemeinen Auskünften und Hinweisen zu den Sendungen. Wissen Sie, wie viele Tafeln das sind?

*Interviewer: Es wird ein **Ja** oder ein **Nein** erwartet!*

Ja ❏¹ Nein ❏² v146

22. Haben Sie diese Tafeln schon einmal ganz durchgelesen?

Ja ❏¹ Nein ❏² v147

23. Ich lege Ihnen jetzt eine Aufstellung möglicher Sendezeiten vor. Sagen Sie mir bitte, zu welchen Zeiten der Offene Kanal Beiträge sendet! Sie können hier mehrere Angaben machen.

*Interviewer: Bitte **Liste 6** den Befragten zur Verfügung stellen!*
Mehrfachnennungen *sind möglich.*

– zwischen 18.00 und 22.00 Uhr ❏ v148

– rund um die Uhr ❏ v149

– zwischen 8.00 und 20.00 Uhr ❏ v150

– am Wochenende ❏ v151

– mal so, mal so ❏ v152

– zwischen 16.00 und 23.00 Uhr ❏ v153

– nur nachts ❏ v154

– nach 22.00 Uhr ❏ v155

– keine Angabe ❏ v156

24. Der Offene Kanal sendet montags bis freitags ab 18.00 Uhr, wiederholt ab 22.00 Uhr und strahlt am Wochenende noch einmal alle Sendungen der Woche aus. Entsprechen diese Sendezeiten Ihren Wünschen?

Ja ❏¹ Nein ❏² v157

*Interviewer: Falls **Nein**, bitte nachfragen:*
„Welche Sendezeit würden Sie bevorzugen?"

_____ v158

25. Ich nenne Ihnen jetzt einige der Sendereihen, die regelmäßig im Offenen Kanal zu sehen sind. Sagen Sie mir bitte zu jeder Sendung, ob sie Ihnen gefällt, nicht gefällt oder ob Sie sie gar nicht kennen!

*Interviewer: Jede Sendung **muß beurteilt** werden!*

	gefällt mir	gefällt mir nicht	kenne ich nicht	
„Eishockey-Magazin Kassel"	❏³	❏²	❏¹	v159
„Hallo Arnold! – Das Kinderspaßtelefon"	❏	❏	❏	v160
„Medizin transparent"	❏	❏	❏	v161
„OB Live – Das aktuelle Stadtgespräch"	❏	❏	❏	v162
„OK HIT-RADIO"	❏	❏	❏	v163
„Schnuddeln am Herd"	❏	❏	❏	v164
„Skat Live"	❏	❏	❏	v165
„Nonsens TV"	❏	❏	❏	v166

26. Im Offenen Kanal gibt es Sendeformen wie Gesprächsrunden, Dokumentationen, Experimentelles, Unterhaltung und Magazine. Sagen Sie mir nun bitte zu jeder Sendeform, ob Sie diese sehr gerne, gerne, weniger gerne oder gar nicht gerne sehen!

Interviewer: Jede Sendung vorlesen und beantworten lassen!

Sehen Sie...	sehr gerne	gerne	weniger gerne	gar nicht gerne	
	4	3	2	1	
...Gesprächsrunden	❏	❏	❏	❏	v167
...Dokumentationen	❏	❏	❏	❏	v168
...Experimentelles	❏	❏	❏	❏	v169
...Unterhaltungssendungen	❏	❏	❏	❏	v170
...Magazine	❏	❏	❏	❏	v171

27. Reden Sie mit anderen über die Sendungen, die Sie im Offenen Kanal gesehen haben?

Ja ❏¹   Nein ❏²   v172

28. Sehen Sie Sendungen im Offenen Kanal immer, häufig, gelegentlich, selten oder nie von Anfang bis Ende?

Interviewer: Es ist nur eine Antwort möglich!

5	4	3	2	1	
❏	❏	❏	❏	❏	v173
immer	häufig	gelegentlich	selten	nie	

29. Haben Sie sich schon einmal über eine Sendung richtig geärgert?

Ja □¹   Nein □²   v174

Interviewer: Falls **Ja**, bitte nachfragen:
„Worüber haben Sie sich geärgert?"

_____   v175

Interviewer: Falls **Ja**, bitte nachfragen:
„Haben Sie deshalb etwas unternommen?"

Ja □¹   Nein □²   v176

Interviewer: Falls **Ja**, bitte nachfragen:
„Was haben Sie unternommen?"

_____   v177

30. Haben Sie sich schon einmal über eine Sendung richtig gefreut?

Ja □¹   Nein □²   v178

Interviewer: Falls **Ja**, bitte nachfragen:
„Worüber haben Sie sich gefreut?"

_____   v179

Interviewer: Falls **Ja**, bitte nachfragen:
„Haben Sie deshalb etwas unternommen?"

Ja □¹   Nein □²   v180

Interviewer: Falls **Ja**, bitte nachfragen:
„Was haben Sie unternommen?"

_____   v181

31. Wählen Sie Sendungen, die Sie sich im Offenen Kanal anschauen, gezielt aus?

Ja □¹   Nein □²   v182

32. Haben Sie sich eine bestimmte Sendung schon einmal mehrfach angesehen?

Ja □¹   Nein □²   v183

*Interviewer: Falls **Ja**, bitte nachfragen:*
„War das eine Talkrunde, eine Dokumentation, Experimentelles, eine Unterhaltungssendung oder ein Magazin?"

_____   v184

33. Welche Themen halten Sie persönlich in Kassel für wichtig? Sie können hier mehrere Themen nennen.

*Interviewer: Auf **drei Themen** begrenzen!*

_____   v185a

_____   v185b

_____   v185c

*Interviewer: Falls **bei 33 keine Antwort** gegeben wurde, bitte **weiter mit 35**!*

34. Ich gebe Ihnen jetzt Karten, auf denen Medien stehen. Bewerten Sie bitte mit Hilfe dieser Medienkarten und der Ablageblätter die Aktualität, die Ausführlichkeit und die Glaubwürdigkeit dieser Medien hinsichtlich der von Ihnen genannten Themen!

*Interviewer: Bitte **Karten und Ablageblätter 1–3** den Befragten zur Verfügung stellen!*

	Aktualität	Ausführlichkeit	Glaubwürdigkeit	
Lokalteil der HNA	☐	☐	☐	v186-v188
Hessischer Rundfunk	☐	☐	☐	v189-v191
Extra Tip	☐	☐	☐	v192-v194
Offener Kanal	☐	☐	☐	v195-v197
Radio FFH	☐	☐	☐	v198-v200
Info Tip	☐	☐	☐	v201-v203
City Blick	☐	☐	☐	v204-v206
sonstige Medien, nämlich:	☐	☐	☐	v207-v209

_____

35. Werden in Sendungen des Offenen Kanals lokale Themen behandelt, die Sie interessieren?

Ja ☐[1]   Nein ☐[2]   v210

*Interviewer: Falls **Ja**, bitte nachfragen:*

„Welche Themen sind das hauptsächlich? Sie können hier mehrere Themen nennen."

*Interviewer: Auf **maximal drei Themen** begrenzen!*

_____ v211a

_____ v211b

_____ v211c

36. Haben Sie den Eindruck, daß sich Personen des öffentlichen Lebens, also zum Beispiel Minister oder der Oberbürgermeister, im Offenen Kanal anders verhalten als in einer Sendung wie beispielsweise der „Hessenschau"?

Ja ☐¹   Nein ☐²   v212

*Interviewer: Falls **Ja**, bitte nachfragen:*
„Worin sehen Sie denn Unterschiede?"

_____   v213

37. Kennen Ihrer Meinung nach sehr viele, viele, wenige oder sehr wenige Menschen den Offenen Kanal?

☐⁴   ☐³   ☐²   ☐¹   v214
sehr viele   viele   wenige   sehr wenige

38. Was, glauben Sie, ist der Altersdurchschnitt der Menschen, die im Offenen Kanal Sendungen produzieren?

☐☐ Jahre   v215

☐ keine Angabe   v216

39. Sie wissen ja vielleicht, daß im Offenen Kanal Werbung verboten ist. Fänden Sie es eher gut oder eher schlecht, wenn im Offenen Kanal Werbung ausgestrahlt würde?

☐³   ☐²   ☐¹   v217
eher gut   eher schlecht   keine Meinung

40. Hätten Sie Interesse, selbst mal etwas im Offenen Kanal zu produzieren oder zu senden?

Ja ☐¹   Nein ☐²   v218

*Interviewer: Falls **Ja**, bitte nachfragen:*
„**Was würden Sie gerne produzieren oder senden?**"

*Interviewer: Auf **ein Thema** begrenzen!*

_____ v219

41. Halten Sie den Offenen Kanal...

Interviewer: Beide Fragen stellen!

...für eine Bereicherung?	...für überflüssig?
Ja ☐¹ Nein ☐² v220	Ja ☐¹ Nein ☐² v223
*Interviewer: Falls **JA**, bitte nachfragen:* „**Warum halten Sie ihn für eine Bereicherung?**"	*Interviewer: Falls **JA**, bitte nachfragen:* „**Warum halten Sie ihn für überflüssig?**"
_____ v221	_____ v224
_____ v222	_____ v225

42. Leben Sie in Kassel oder einer der sieben Umlandgemeinden?

- ❏1 Kassel
- ❏2 Ahnatal
- ❏3 Baunatal
- ❏4 Fuldabrück
- ❏5 Fuldatal
- ❏6 Lohfelden
- ❏7 Niestetal
- ❏8 Vellmar

v226

43. Welcher Religionsgemeinschaft gehören Sie an?

- ❏1 evangelisch
- ❏2 katholisch
- ❏3 sonstige, nämlich: _____
- ❏4 konfessionslos

❏9 keine Angabe

v227

44. Sind Sie Mitglied einer politischen Partei?

Ja ❏¹   Nein ❏²   keine Angabe ❏⁹   v228

*Interviewer: Falls **Ja:** „In welcher Partei sind Sie?"*

- ❏1 Bündnis 90/Die Grünen
- ❏2 CDU
- ❏3 Die Republikaner
- ❏4 FDP
- ❏5 PDS
- ❏6 SPD
- ❏7 andere Partei, nämlich: _____

❏9 keine Angabe

v229

45. Wenn am nächsten Sonntag Bundestagswahl wäre, welcher Partei würden Sie Ihre Stimme geben?

❏1 Bündnis 90/Die Grünen   ❏6 SPD
❏2 CDU   ❏7 andere Partei, nämlich: _____
❏3 Die Republikaner   ❏8 keine Partei
❏4 FDP   ❏9 keine Angabe
❏5 PDS   v230

46. Wie hoch ist Ihr monatliches Haushaltseinkommen?

❏1 bis 500 DM
❏2 bis 1000 DM
❏3 bis 2000 DM
❏4 bis 3000 DM
❏5 bis 4000 DM
❏6 bis 5000 DM
❏7 über 5000 DM
❏9 keine Angabe   v231

Zum Abschluß noch eine letzte Frage:
Gibt es etwas, das Sie schon immer mal zum Offenen Kanal Kassel sagen wollten? Wenn ja, dann haben Sie jetzt die Gelegenheit dazu.

6: Sagen Sie mit bitte zu jeder Tätigkeit, ob Sie sich täglich, 2–3 mal in der Woche, einmal in der Woche, 1–3 mal im Monat, seltener oder nie Zeit dafür nehmen.

ein- bis dreimal
im Monat

seltener als ein- bis
dreimal im Monat

nie

täglich

zwei- bis dreimal
in der Woche

einmal
in der Woche

Zeitung lesen	Zeitschriften lesen	Bücher lesen	fernsehen
Videokassetten ansehen	Radio hören	Schallplatten/CDs/ Kassetten hören	mit dem Computer arbeiten
am Computer spielen	ins Kino gehen	ins Theater/ zu Konzerten/ zu kulturellen Veranstaltungen gehen	musizieren/ein Instrument spielen
handarbeiten	basteln/ heimwerken	im Garten arbeiten	sich mit Kindern beschäftigen
sich beruflich weiterbilden	Sport treiben	Sportveranstaltungen besuchen	spazieren gehen/ wandern/einen Ausflug machen

ausgehen (Kneipe, Disco)	in ein Restaurant gehen	am Vereinsleben teilnehmen	mit Bekannten/ Freunden/ Verwandten telefonieren
sich mit Freunden/ mit Bekannten/ mit der Clique treffen	Schaufenster-, Einkaufsbummel machen	Videotext lesen	Videospiele spielen
sich mit Tieren beschäftigen	Besuche bei Verwandten machen/ Besuche von Verwandten bekommen		

LISTE 1

9: Sagen Sie mit bitte zu jedem Fernsehsender, ob Sie ihn sehr oft, oft, selten oder nie einschalten.

sehr oft	oft	selten	nie
- 3sat		- n-tv	
- ARD		- Offener Kanal	
- ARTE		- premiere	
- Bayern 3		- ProSieben	
- BBC World		- RTL	
- CNN		- RTL2	
- DSF		- SAT.1	
- EuroNEWS		- Super RTL	
- EUROSPORT		- tm 3	
- Hessen 3		- TRT-International	
- KABEL 1		- TV 5	
- mdr		- VH 1	
- MTV		- VIVA TV	
- NBC Super Channel		- VOX	
- Nickelodeon		- West 3	
- Nord 3		- ZDF	

LISTE 2

10: Sagen Sie mit bitte, welche der folgenden Magazinsendungen Sie sehr oft, oft, selten oder nie sehen.

sehr oft   **oft**   **selten**   **nie**

Akte 96

Bonn Direkt

Die Reporter

Explosiv

Fakt

Frontal

Panorama

Spiegel TV

Stern TV

Weltspiegel

LISTE 3

11: Sagen Sie mit bitte, welche der folgenden Arten von Fernsehsendungen Sie sehr oft, oft, selten oder nie sehen.

sehr oft   oft   selten   nie

- Dokumentationen

- erotische Sendungen

- Konzerte/Opern/Theaterstücke

- Kulturmagazine

- Magazinsendungen

- musikalische Unterhaltungssendungen

- Nachrichten

- Quiz/Unterhaltungsshows

- Ratgeber- und Verbrauchersendungen

- Regionalsendungen

- Sendungen über Technik/Wissenschaft

- Serien

- Spielfilme/Fernsehfilme

- Sportübertragungen/Sportsendungen

- Talkshows

- Wirtschaftssendungen

LISTE 4

14: Welche der Themen auf dieser Liste sind Ihnen an einer Berichterstattung über Ihren Wohnort immer, manchmal oder nie wichtig?

immer wichtig   **manchmal wichtig**   **nie wichtig**

- Alltägliches

- lokale Filmprogramme

- lokale Persönlichkeiten/Künstler etc.

- lokale Sportveranstaltungen

- lokale Umweltfragen

- lokale Veranstaltungen

- lokalpolitische Ereignisse

- lokalpolitische Persönlichkeiten

- menschliche Ereignisse

- soziale Einrichtungen

LISTE 5

15: Welche der nachfolgenden Medien nutzen Sie sehr oft, oft, selten oder nie, um sich über Ihre Regionen zu informieren?

sehr oft   **oft**   **selten**   **nie**

- Amtsblatt/Gemeindeblatt
- City Blick
- Extra Tip
- Gewerkschafts-/Parteiblätter
- Hessenschau
- Info Tip
- Journal
- Kirchenblatt
- Kultur News
- Lokalteil der HNA
- Regionalfenster RTL Hessen Live
- Regionalfenster Sat.1 Regionalreport
- regionale Radiosendungen des Hessischen Rundfunks
- regionale Radiosendungen von Hit Radio FFH
- Tagessatz
- Vereinsblatt
- Wildwechsel
- Xcentric
- sonstige Medien, nämlich: _____

LISTE 6

23: Sagen Sie mir bitte anhand dieser Liste, zu welchen Zeiten der Offene Kanal sendet.

- zwischen 18.00 und 22.00 Uhr

- rund um die Uhr

- zwischen 8.00 und 20.00 Uhr

- am Wochenende

- mal so, mal so

- zwischen 16.00 und 23.00 Uhr

- nur nachts

- nach 22.00 Uhr

- keine Angabe

LISTE 7

> **34: Sagen Sie mir bitte anhand der nächsten Liste, wer Ihrer Meinung nach am aktuellsten, am ausführlichsten und am glaubwürdigsten darüber berichten könnte.**

am aktuellsten   am ausführlichsten   am glaubwürdigsten

- Lokalteile der HNA

- Hessischer Rundfunk

- Extra Tip

- Offener Kanal

- Radio FFH

- Info Tip

- City Blick

- sonstige Medien, nämlich: _____

34: Bewerten Sie bitte mit Hilfe der Medienkarten und des Ablageblattes die **Aktualität** dieser Medien hinsichtlich der von Ihnen genannten Themen!

Höchstwert (10)

10
9
8
7
6
5
4
3
2
1

Niedrigstwert (1)

34: Bewerten Sie bitte mit Hilfe der Medienkarten und des Ablageblattes die **Ausführlichkeit** dieser Medien hinsichtlich der von Ihnen genannten Themen!

Höchstwert (10)

10
9
8
7
6
5
4
3
2
1

Niedrigstwert (1)

34: Bewerten Sie bitte mit Hilfe der Medienkarten und des Ablageblattes die **Glaubwürdigkeit** dieser Medien hinsichtlich der von Ihnen genannten Themen!

Höchstwert (10)

10
9
8
7
6
5
4
3
2
1

Niedrigstwert (1)

11 Die rechtlichen Grundlagen

11.1 Das Hessische Privatrundfunkgesetz

**Gesetz über den privaten Rundfunk in Hessen
(Hessisches Privatrundfunkgesetz - HPRG)**

vom 25. Januar 1995 (GVBl. I S. 87 ff.)
zuletzt geändert durch das Gesetz zu dem Staatsvertrag
über Mediendienste (Mediendienste-Staatsvertrag)
vom 20. Mai 1997 (GVBl. I S. 134)

nicht amtliche Fassung

... SECHSTER ABSCHNITT
Offener Kanal und nichtkommerzieller lokaler Hörfunk

§ 38
Grundsatz

Die Landesanstalt richtet in mehreren Landesteilen in Kabelanlagen lokal begrenzt bis zu vier Offene Kanäle in Hörfunk oder Fernsehen ein; für Offene Kanäle im Hörfunk können auch freie lokale terrestrische Frequenzen genutzt werden. Der Offene Kanal soll gesellschaftlichen Gruppen, Organisationen, Institutionen und Einzelpersonen in diesen Landesgebieten Gelegenheit geben, eigene Beiträge zu verbreiten.

§ 39
Nutzungsbedingungen

(1) Nutzungsberechtigt ist, wer im Verbreitungsgebiet der Offenen Kanäle seinen Wohnsitz oder Sitz hat und die Voraussetzungen entsprechend § 6 Abs. 1[68]

---

[68] § 6: Zulassungsvoraussetzungen
(1) Die Zulassung setzt voraus, daß der Antragsteller
1. unbeschränkt geschäftsfähig ist, die Fähigkeit zur Bekleidung öffentlicher Ämter nicht durch Richterspruch verloren hat und das Recht der öffentlichen Meinungsäußerung nach § 33 Abs. 2 Nr. 3 des Gesetzes über den Staatsgerichtshof vom 12. Dezember 1947 (GVBl. 1948 S. 3), zuletzt geändert durch Gesetz vom 04. September 1974 (GVBl. I S. 361), besitzt und das Grundrecht der freien Meinungsäußerung nicht nach Art. 18 des Grundgesetzes für die Bundesrepublik Deutschland verwirkt hat,
2. seinen Wohnsitz oder Sitz in der Bundesrepublik Deutschland hat und gerichtlich unbeschränkt verfolgt werden kann,
3. die Gewähr dafür bietet, daß er das Programm entsprechend der Zulassung unter Beachtung der gesetzlichen Vorschriften veranstalten und verbreiten wird. Bei einem Antrag juristischer

erfüllt; ausgenommen sind gesetzliche Vertreter oder Bedienstete von Rundfunkveranstaltern und Rundfunkanstalten, staatliche und kommunale Behörden und Mitglieder ihrer Organe sowie politische Parteien und Wählergruppen.

(2) Die Beiträge müssen den Programmgrundsätzen des § 13 Abs. 1 [69], der Vielfaltsanforderung des § 14 Abs. 3 [70] und den Schutzvorschriften des § 21 [71]

---

[69] Personen oder nicht rechtsfähiger Personenvereinigungen müssen die Voraussetzungen nach Satz 1 Nr. 1 von den gesetzlichen oder satzungsmäßigen Vertretern erfüllt sein.
§ 13: Programmgrundsätze
(1) Für alle Rundfunkprogramme gilt die verfassungsmäßige Ordnung. Die Programme haben die Würde des Menschen sowie die sittlichen, religiösen und weltanschaulichen Überzeugungen anderer zu achten. Sie sollen die Zusammengehörigkeit im vereinten Deutschland und die internationale Verständigung fördern, zur sozialen Integration ausländischer Mitbürgerinnen und Mitbürger, zur Verwirklichung der Gleichberechtigung von Frauen und Männern, zum Schutz von ethnischen, kulturellen und sprachlichen Minderheiten sowie zur Achtung und zum Schutz der Umwelt beitragen.

[70] § 14: Grundsätze der Vielfaltssicherung
(3) Ein einzelnes Programm darf die Bildung der öffentlichen Meinung nicht in hohem Maße ungleichgewichtig beeinflussen.

[71] § 21: Unzulässige Sendungen, Jugendschutz
(1) Sendungen sind unzulässig, wenn sie
1. zum Rassenhaß aufstacheln oder grausame oder sonst unmenschliche Gewalttätigkeiten gegen Menschen in einer Art schildern, die eine Verherrlichung oder Verharmlosung solcher Gewalttätigkeiten ausdrückt oder die das Grausame oder Unmenschliche des Vorgangs in einer die Menschenwürde verletzenden Weise darstellt (§ 131 Strafgesetzbuch),
2. den Krieg verherrlichen,
3. pornographisch sind (§ 184 Strafgesetzbuch),
4. offensichtlich geeignet sind, Kinder und Jugendliche sittlich schwer zu gefährden,
5. Menschen, die sterben oder schweren körperlichen oder seelischen Leiden ausgesetzt sind oder waren, in einer die Menschenwürde verletzenden Weise darstellen und ein tatsächliches Geschehen wiedergeben, ohne daß ein überwiegendes berechtigtes Interesse gerade an dieser Form der Berichterstattung vorliegt; eine Einwilligung ist unbeachtlich.
(2) Sendungen, die geeignet sind, das körperliche, geistige oder seelische Wohl von Kindern oder Jugendlichen zu beeinträchtigen, dürfen nicht verbreitet werden, es sei denn, der Veranstalter trifft aufgrund der Sendezeit oder auf andere Weise Vorsorge, daß Kinder oder Jugendliche der betroffenen Altersstufen die Sendungen üblicherweise nicht wahrnehmen; der Veranstalter darf dies bei Sendungen zwischen 23.00 Uhr und 6.00 Uhr annehmen. Bei Filmen, die nach dem Gesetz zum Schutz der Jugend in der Öffentlichkeit unter 12 Jahren nicht freigegeben sind, ist bei der Wahl der Sendezeit dem Wohl jüngerer Kinder Rechnung zu tragen. Filme, die nach dem Gesetz zum Schutz der Jugend in der Öffentlichkeit für Jugendliche unter 16 Jahren nicht freigegeben sind, dürfen nur zwischen 22.00 Uhr und 6.00 Uhr und Filme, die für Jugendliche unter 18 Jahren nicht freigegeben sind, nur zwischen 23.00 Uhr und 6.00 Uhr verbreitet werden.
(3) Sendungen, die ganz oder im wesentlichen mit Schriften inhaltsgleich sind, die in die Liste nach § 1 des Gesetzes über die Verbreitung jugendgefährdender Schriften aufgenommen sind, sind nur in der Zeit zwischen 23.00 Uhr und 6.00 Uhr und nur dann zulässig, wenn die mögliche sittliche Gefährdung von Kindern oder Jugendlichen unter Berücksichtigung aller Umstände nicht als schwer angesehen werden kann. Die Gründe, die zu einer entsprechenden Bewertung geführt haben, sind vor der Ausstrahlung schriftlich niederzulegen und auf Anforderung der Landesanstalt zu übermitteln.
(4) Für Sendungen, die nach den Abs. 2 oder 3 Sendezeitbeschränkungen unterliegen, dürfen Programmankündigungen mit Bewegtbildern nur zu diesen Zeiten ausgestrahlt werden.
(5) Die Landesanstalt kann in Richtlinien oder für den Einzelfall Ausnahmen von den Zeitgrenzen nach Abs. 2 Satz 3 und Abs. 3 Satz 1 gestatten und von der Bewertung nach Abs. 2 Satz 3 und Abs. 3 Satz 1 abweichen; dies gilt im Falle von Abs. 2 Satz 3 vor allem für Filme, deren

entsprechen. Werbung und Sponsoring sind unzulässig. Für den Beitrag ist jeder Nutzungsberechtigte verantwortlich. Der Name und die Anschrift des Nutzungsberechtigten sind am Anfang und am Schluß jeden Beitrags anzugeben.

(3) Die Beiträge sind aufzuzeichnen und aufzubewahren; § 27 Abs. 1 bis 3 [72] ist entsprechend anzuwenden.

(4) Über die Zulassung der Verbreitung einzelner Beiträge entscheidet die Landesanstalt; sie soll möglichst vielen Interessenten Gelegenheit geben, ihre Beiträge innerhalb eines angemessenen Zeitraums zu verbreiten. Die Landesanstalt hat die Zulassung eines Beitrages abzulehnen, wenn der Antragsteller gegen die Pflichten verstößt, die ihm nach diesem Gesetz, den auf seiner Grundlage erlassenen Rechtsvorschriften oder Entscheidungen oder nach allgemeinen Rechtsvorschriften obliegen oder wenn zu besorgen ist, daß der Antragsteller gegen diese Pflichten verstoßen wird. § 11 Abs. 1 [73] gilt entsprechend.

---

[72] Bewertung länger als 15 Jahre zurückliegt. Sie kann in Richtlinien oder für den Einzelfall auch für Filme, auf die das Gesetz zum Schutze der Jugend in der Öffentlichkeit keine Anwendung findet oder die nach diesem Gesetz für Jugendliche unter 16 Jahren freigegeben sind, zeitliche Beschränkungen vorsehen, um den Besonderheiten der Ausstrahlung von Filmen im Fernsehen, vor allem bei Fernsehserien, gerecht zu werden. Die Richtlinien sind gemeinsam mit den anderen Landesmedienanstalten und im Benehmen mit den in der ARD zusammengeschlossenen Landesrundfunkanstalten und dem ZDF zu erlassen. Die Landesmedienanstalten, die in der ARD zusammengeschlossenen Landesrundfunkanstalten und das ZDF stellen einen gemeinsamen Erfahrungsaustausch in der Anwendung dieser Richtlinien sicher.
(6) Gutachten freiwilliger Selbstkontrolleinrichtungen zu Programmfragen, insbesondere zu Fragen des Jugendschutzes, sind von der Landesanstalt bei ihren Entscheidungen einzubeziehen.
§ 27: Aufzeichnungspflichten
(1) Jede Sendung ist vom Veranstalter in Ton und Bild aufzuzeichnen und aufzubewahren. Bei der Sendung einer Aufzeichnung oder eines Films kann abweichend von Satz 1 die Aufzeichnung oder der Film aufbewahrt werden.
(2) Die Pflichten nach Abs. 1 enden sechs Wochen seit dem Tag der Verbreitung der Sendung. Wird innerhalb dieser Frist eine Sendung beanstandet, enden die Pflichten nach Abs. 1 erst, wenn die Beanstandung durch rechtskräftige gerichtliche Entscheidung, durch Vergleich oder auf andere Weise erledigt ist.
(3) Die Landesanstalt kann Ausnahmen von der Aufzeichnungs- und Aufbewahrungspflicht nach Abs. 1 zulassen.

[73] § 11: Aufsichtsmaßnahmen, Rücknahme und Widerruf der Zulassung
(1) Stellt die Landesanstalt fest, daß der Veranstalter gegen die Pflichten verstößt, die ihm nach diesem Gesetz, den auf seiner Grundlage erlassenen Rechtsvorschriften oder Entscheidungen oder nach allgemeinen Rechtsvorschriften obliegen, weist sie den Veranstalter hierauf schriftlich hin und ordnet an, den Rechtsverstoß sofort oder innerhalb einer angemessenen Frist zu beheben oder künftig zu unterlassen. Handelt es sich um einen schwerwiegenden Verstoß, so beanstandet die Landesanstalt ihn und weist zugleich auf die möglichen Folgen bei Fortdauer des Verstoßes oder eines weiteren Verstoßes nach Abs. 3 Nr. 2 hin. Der Veranstalter ist auf Verlangen der Landesanstalt verpflichtet, eine Beanstandung nach Satz 2 sowie rechtskräftige Entscheidungen in einem Ordnungswidrigkeitsverfahren nach § 66 Abs. 1 in seinem Rundfunkprogramm zu verbreiten. Inhalt und Sendezeit der zu verbreitenden Mitteilung bestimmt die Landesanstalt.

(5) Der Betreiber einer Kabelanlage mit einer Kapazität von mehr als 15 Kanälen, an die mehr als 5000 Haushalte angeschlossen sind, stellt auf Verlangen der Landesanstalt einen Fernsehkanal unentgeltlich für die Nutzung als Offenen Kanal zur Verfügung.

(6) Das Nähere regelt die Landesanstalt durch Satzung.

11.2 Die Satzung über die Nutzung Offener Kanäle

Satzung der
Hessischen Landesanstalt für privaten Rundfunk (LPR Hessen)
über die Nutzung Offener Kanäle

Aufgrund der §§ 39 Abs. 6 und 51 Abs. 1 Nr. 6 des Gesetzes über den privaten Rundfunk in Hessen (Hessisches Privatrundfunkgesetz - HPRG) in der Fassung der Neubekanntmachung vom 25. Januar 1995 (GVBl. I S. 87 ff) hat die Versammlung der LPR Hessen in ihrer Sitzung am 1. Juni 1995 folgende Satzung beschlossen:

§ 1
Zweck

Offene Kanäle geben im Rahmen der gesetzlichen Vorschriften und der technischen Möglichkeiten Einzelpersonen, gesellschaftlichen Gruppen, Organisationen und Institutionen Gelegenheit, eigene vor- oder liveproduzierte Beiträge in Hörfunk und Fernsehen zu verbreiten. Die Einrichtungen sollen möglichst vielen Interessenten Gelegenheit geben, ihre Beiträge innerhalb eines angemessenen Zeitraumes zu verbreiten.

§ 2
Übertragungstechnik

Als Übertragungstechnik stehen für die Offenen Fernsehkanäle die leitungsgebundene Verbreitung durch Kabelanlagen, für die Offenen Radiokanäle die leitungsgebundene Verbreitung durch Kabelanlagen und die Verbreitung über terrestrische Frequenzen zur Verfügung.

§ 3
Trägerschaft und Organisation

(1) Die Offenen Kanäle sind Einrichtungen der LPR Hessen.

(2) Die Aufgaben, die die Offenen Kanäle betreffen und nicht der Versammlung oder dem/der Direktor/in der LPR Hessen vorbehalten sind, werden durch eine/n Beauftragte/n für die Offenen Kanäle wahrgenommen. Er/sie ist hauptamtliche/r Bedienstete/r der LPR Hessen.

(3) Die Aufgaben, die einen einzelnen Offenen Kanal betreffen und nicht der Versammlung oder dem/der Direktor/in der LPR Hessen bzw. der/dem Beauftragten vorbehalten sind, werden durch eine/n Leiter/in des jeweiligen Offenen

Kanals wahrgenommen. Er/sie ist hautpamtliche/r Bedienstete/r der LPR Hessen.

§ 4
Nutzungsberechtigung

(1) Nutzungsberechtigt in einem Offenen Kanal ist, wer im Verbreitungsgebiet dieses Offenen Kanals seinen Wohnsitz oder Sitz hat und die Voraussetzungen entsprechend § 6 Abs. 1 HPRG erfüllt. Die Nutzungsberechtigung umfaßt den Zugang zu den Produktionsmitteln und zu den Sendemöglichkeiten des Offenen Kanals.

(2) Nicht nutzungsberechtigt sind
1. gesetzliche Vertreter und Bedienstete von Rundfunkveranstaltern und Rundfunkanstalten,
2. staatliche und kommunale Behörden sowie Mitglieder von deren Organen,
3. politische Parteien und Wählergruppen.

(3) Wirtschafts- und Parteienwerbung sowie Sponsoring von Sendebeiträgen sind unzulässig.

§ 5
Entscheidung über die Zulassung der Beiträge

(1) Über die Zulassung der Verbreitung einzelner Beiträge entscheidet die LPR Hessen.

(2) Jeder Beitrag ist bei der Leitung des Offenen Kanals anzumelden.

(3) Es kann grundsätzlich nur ein Beitrag angemeldet werden. Jeder Beitrag kann höchstens zweimal zur Sendung angemeldet werden. Weitere Beiträge können erst angemeldet werden, wenn der erste Beitrag gesendet worden ist. Ausnahmen sind zulässig. Das Nähere regelt die LPR Hessen durch Nutzungsordnungen für die Offenen Kanäle.

(4) Für jeden Beitrag ist mindestens eine natürliche Person zu benennen, die die Anforderungen entsprechend § 6 Abs. 1 HPRG erfüllt und für den Inhalt und den Ablauf des Beitrages die rechtliche Verantwortung übernimmt. Diese Person hat für jeden Beitrag rechtzeitig eine Sendeanmeldung und eine Freistellungserklärung einzureichen sowie zu versichern, daß sie an sie gerichtete Gegendarstellungsansprüche unverzüglich an die LPR Hessen weiterleiten wird. Bei Minderjährigen hat der/die Sorgeberechtigte die Verantwortung zu übernehmen.

(5) Die Anmeldung eines Beitrags muß enthalten:

1. den Namen und die Anschrift der anmeldenden Person, bei gesellschaftlichen Gruppen, Organisationen und Institutionen zusätzlich deren Namen sowie den des Vertreters einschließlich Anschrift,
2. Angaben über Titel und Länge des Beitrags,
3. Angaben über die Produktionsart (Live-Sendung oder vorproduzierter Beitrag mit dem vorgesehenen Abspielsystem),
4. eine Kurzbeschreibung zum Inhalt des Beitrags.

(6) Der/die Verantwortliche nach Abs. 4 versichert mit der Freistellungserklärung, daß er/sie im Besitz sämtlicher für diesen Beitrag erforderlichen Senderechte ist und die LPR Hessen von Ansprüchen Dritter freistellt, die aufgrund der Verbreitung des Beitrags entstehen.

(7) Die Anmeldung eines Beitrags ist von dem/der Verantwortlichen nach Abs. 4 zu unterzeichnen und von einem/r hauptamtlichen Bediensteten im Offenen Kanal gegenzuzeichnen.

(8) Die Zulassung eines Beitrags ist zu versagen, wenn gegen
- Bestimmungen des HPRG,
- allgemeine Rechtsvorschriften,
- diese Satzung oder Entscheidungen der LPR Hessen verstoßen wird oder dies zu befürchten ist. Letzteres gilt insbesondere dann, wenn eine Person mit einem Sendebeitrag bereits gegen rundfunkrechtliche Vorschriften verstoßen hat.

§ 6
Beiträge
(1) Ein Beitrag soll eine Länge von 60 Minuten nicht überschreiten. Die Leitung des Offenen Kanals kann in begründeten Fällen Ausnahmen zulassen. Das Nähere regelt die LPR Hessen in der Nutzungsordnung.

(2) Name und Adresse des/der Verantwortlichen nach § 5 Abs. 4 sind am Anfang und am Ende jedes Beitrags zu nennen.

(3) Die Beiträge sind aufzuzeichnen und aufzubewahren; § 27 Abs. 1 bis 3 HPRG gilt entsprechend.

§ 7
Sendefolge der Beiträge
Die Sendefolge der Beiträge bestimmt sich grundsätzlich nach deren zeitlichem Eingang unter Berücksichtigung der zeitlichen Wünsche der für die Beiträge

verantwortlichen Personen. Der/die Beauftragte für die Offenen Kanäle kann aus aktuellem Anlaß, zum Zwecke der Bildung von Informationssparten, zur Ermöglichung von Live-Sendungen oder für einzelne gesellschaftliche Interessen gesonderte Sendeplätze vorsehen. Das Nähere regelt die LPR Hessen in der Nutzungsordnung.

§ 8
Zugang zu Produktionsmitteln

(1) Die LPR Hessen stellt für die Nutzer/innen Produktions- und Sendemittel unentgeltlich zur Verfügung.

(2) Der Zugang zu den Produktionsmitteln ist entsprechend der Reihenfolge nach § 7 sicherzustellen. Das Nähere regelt die LPR Hessen in der Nutzungsordnung.

(3) Bei Produktionen für den Offenen Kanal muß der/die Verantwortliche nach § 5 Abs. 4 persönlich mitwirken. Bei Minderjährigen ist die Mitwirkung des/der Sorgeberechtigten, der/die die Verantwortung übernommen hat, entbehrlich.

(4) Werden Beiträge, die mit Produktionsmitteln des Offenen Kanals hergestellt oder bearbeitet worden sind, außerhalb des Offenen Kanals gegen Entgelt verwertet, so bedarf dies der Genehmigung durch die Leitung des Offenen Kanals. In diesem Fall kann die LPR Hessen eine Kostenerstattung verlangen.

§ 9
Nutzung und Rückgabe der Produktionsmittel

Wer
- Produktionsmittel verspätet zurückgibt,
- gebuchte Produktionsmittel wiederholt ungenutzt läßt oder
- gebuchte Sendezeiten nicht nutzt,

kann für die Dauer von bis zu sechs Monaten von der weiteren Anmeldung und Nutzung des Offenen Kanals ausgeschlossen werden. Das Nähere, insbesondere die Dauer der Ausleih- und Öffnungszeiten, regelt die LPR Hessen in der Nutzungsordnung.

§ 10
Kosten

(1) Die Nutzung der Produktionsmittel und die Verbreitung von Beiträgen im Offenen Kanal sind kostenfrei. § 8 Abs. 4 bleibt unberührt.

(2) Anfallende Entgelte für urheber- und leistungsschutzrechtliche Verwertungsgesellschaften trägt der/die Nutzer/in, hilfsweise der/die Verantwortliche nach § 5 Abs. 4. Der/die Verantwortliche nach § 5 Abs. 4 trägt auch das wirtschaftliche

Risiko für die Herstellung seines/ihres Beitrags. Ein Ersatzanspruch für zurückgewiesene oder nicht gesendete Beiträge besteht nicht.

§ 11
Beschwerden

Gegen Entscheidungen des/der Beauftragten und/oder der Leitung des Offenen Kanals können die Nutzer/innen Beschwerde erheben. Über die Beschwerde entscheidet der/die Direktor/in der LPR Hessen.

§ 12
Beschwerden über Beiträge, Gegendarstellung

(1) Beschwerden über einen im Offenen Kanal gesendeten Beitrag sind binnen einer Frist von einem Monat vorzubringen. Sie werden von der Leitung des Offenen Kanals im Benehmen mit dem/der Beauftragten beschieden, nachdem sie dem/der Nutzer/in und dem/der Verantwortlichen die Möglichkeit zur Stellungnahme gegeben hat. Hilft die Leitung des Offenen Kanals der Beschwerde nicht ab, so leitet sie die Beschwerde mit den vorliegenden Stellungnahmen dem/der Direktor/in der LPR Hessen zur Entscheidung zu.

(2) Gegen diese Entscheidung kann innerhalb eines Monats nach ihrer Bekanntgabe bei der LPR Hessen schriftlich oder zu Protokoll Widerspruch eingelegt werden.

(3) Ein Verlangen auf Gegendarstellung ist an die für den Beitrag verantwortliche Person zu richten. Die LPR Hessen stellt sicher, daß eine begründete Gegendarstellung verbreitet wird; § 28 HPRG (Gegendarstellung) gilt entsprechend.

§ 13
Inkrafttreten

Diese Satzung tritt am Tage nach der Bekanntmachung im Staatsanzeiger für das Land Hessen in Kraft.

§ 14
Außerkrafttreten

Mit Inkrafttreten dieser Satzung tritt die Satzung über die Nutzung des versuchsweise eingerichteten Offenen Kanals der LPR Hessen vom 15. November 1991 (StAnz. S. 2756 f.) außer Kraft.

Kassel, 9. Juni 1995

Hessische Landesanstalt für privaten Rundfunk
gez. Winfried Engel
Vorsitzender der Versammlung

11.3 Die Nutzungsordnung für den Offenen Kanal Kassel

Die Hessische Landesanstalt für privaten Rundfunk beschließt aufgrund und in Ergänzung der "Satzung über die Nutzung Offener Kanäle" die folgende
**Nutzungsordnung
für den Offenen Kanal Kassel**

1. Sendebeiträge - live oder vorproduziert - sind bei der Geschäftsstelle des Offenen Kanals Kassel (Im KulturBahnhof, 34117 Kassel) persönlich anzumelden. Für jeden Beitrag ist eine gesonderte Anmeldung erforderlich. Mit jeder Sendeanmeldung ist eine Freistellungserklärung einzureichen. Sendeanmeldungen werden von der Geschäftsstelle bis spätestens zwei Werktage vor dem gewünschten Sendetermin entgegengenommen.

2. Falls die Sendeanmeldung vor Fertigstellung eines von mehreren Personen verantworteten Sendebeitrags eingereicht wird, genügt die Unterschrift eines Mitglieds der im Beitrag zu nennenden Personengruppe. Bei Ablieferung des fertiggestellten Sendebeitrags bzw. bei Beginn der Live-Sendung muß der Geschäftsstelle des Offenen Kanals jedoch die von allen Verantwortlichen unterzeichnete Freistellungserklärung vorliegen. Die Anwesenheit des oder der Verantwortlichen einer Live-Sendung während der Sendung ist vorgeschrieben.

3. Die Bekanntgabe des Namens und der Anschrift der Person, die einen Sendebeitrag erbracht hat und verantwortet (bzw. der Namen und Anschriften der Personen, die gemeinsam einen Sendebeitrag erbracht haben und verantworten), muß Bestandteil des Beitrags sein, und zwar sowohl am Anfang als auch am Ende des Beitrags.
Soweit der Geschäftsstelle des Offenen Kanals Kassel nichts anderes mitgeteilt wird, geht sie bei Gruppenproduktionen davon aus, daß die am Anfang und am Ende des Beitrags zuerst genannte Person für die Gruppe federführend ist.

4. Einzelne Beiträge sollen eine Länge von 60 Minuten nicht überschreiten. In begründeten Fällen und ohne daß Interessen anderer Beteiligter eingeschränkt werden, kann die Leitung des Offenen Kanals Ausnahmen zulassen.

Die Höchstdauer der Beiträge einer Person oder einer Personengruppe ist auf 300 Minuten monatlich festgelegt.
Fremdproduzierte Beiträge können nur als Bestandteil einer überwiegend von der oder dem Verantwortlichen selbstproduzierten Sendung ausgestrahlt werden.

5. Mit der Sendeanmeldung gelten die Beiträge zusätzlich angemeldet für allgemein festgelegte Wiederholungen.
Die Sendezeiten und die Zeiten für allgemein festgelegte Wiederholungen werden auf Programmtafeln des Offenen Kabelkanals und in der Lokalpresse bekanntgegeben; darüber hinaus sind sie in der Geschäftsstelle des Offenen Kanals zu erfragen.

6. Die Sendezeiten werden nach der Reihenfolge des Eingangs der Sendeanmeldungen vergeben. Der Eingang wird mit Datum und Uhrzeit bestätigt. Der/die Verantwortliche hat die Möglichkeit, den Sendetag zu bestimmen, soweit für diesen Tag noch Sendezeit zur Verfügung steht. Ein Tausch der Reihenfolge kann nur mit Einverständnis aller beteiligten Verantwortlichen erfolgen.
In der ersten halben Stunde des Sendetages können vorrangig aktuelle Kurzbeiträge in der Reihenfolge des Eingangs der Sendeanmeldungen berücksichtigt werden. Sendeanmeldungen hierfür müssen der Geschäftsstelle bis 12.00 Uhr des betreffenden Tages vorliegen.
Die Vormerkung von weiteren Sendeterminen über die angemeldete Sendung hinaus ist mit einem Vorlauf von maximal 6 Wochen möglich. Die Bestätigung erfolgt erst nach Sendung des angemeldeten Beitrags.

7. Die für die Sendung verantwortliche(n) Person(en) ist (sind) für die Bezahlung eventuell anfallender Abgaben und Entgelte für urheber- und leistungsschutzrechtliche Verwertungsgesellschaften (z.B. Gema, GVL) selbst zuständig. Auskünfte über die zu beachtende Gebührenregelung erteilt die Leitung des Offenen Kanals.
Mit dem fertiggestellten Sendebeitrag bzw. sofort nach Beendigung der Live-Sendung ist von den für die Sendung Verantwortlichen eine vollständige Liste der verwendeten Musikstücke mit genauer Sendelänge einzureichen.

8. Die vorhandene stationäre und mobile Fernsehaufnahmetechnik des Offenen Kanals kann kostenlos in Anspruch genommen werden und ist nach Absprache täglich rund um die Uhr zugänglich. Im Interesse aller Nutzer des Offenen Kanals ist folgendes zu beachten:

- Beschädigungen müssen unverzüglich der Geschäftsstelle des Offenen Kanals angezeigt werden.
- Alle Geräte sind in angemessenem Umfang versichert. Für vorsätzliche oder grob fahrlässige Beschädigungen haftet der Entleiher. Dies gilt auch bei Diebstahl und Unterschlagung. Falls mobile Aufnahmetechnik über Nacht ausgeliehen und im Pkw transportiert wird, müssen die Geräte zwischen 22.00 Uhr und 6.00 Uhr aus dem Pkw in die Wohnung genommen werden.
- Die Leihfrist beträgt höchstens drei Tage. Die Technik-Dispositionspläne für jeweils acht Wochen hängen im Offenen Kanal aus und werden alle vier Wochen erneuert.
- Buchungen müssen durch eine(n) Mitarbeiter(in) bestätigt werden.
- Bei mißbräuchlicher Nutzung kann die Leitung des Offenen Kanals einen befristeten oder gänzlichen Ausschluß von der Nutzung aussprechen und anteilige Produktionskosten in Rechnung stellen.

9. Film- und Tonaufnahmen bei Diskussionen mit den Verantwortlichen oder Mitwirkenden von Sendebeiträgen, die in der Geschäftsstelle des Offenen Kanals nach Sendungen stattfinden, sind nur mit Zustimmung der Beteiligten zulässig.

10. Wenn Beiträge auf ausgeliehenem Bandmaterial des Offenen Kanals Kassel produziert werden, bleibt dieses Bandmaterial Eigentum der LPR Hessen und wird nach Löschung weiterverwendet. Nach Sendung des Beitrags kann das benutzte Videoband gegen eine neue, gleichwertige Kassette eingetauscht werden.

11. Vorproduzierte Beiträge auf Systemen, für die kein Abspielgerät beim Offenen Kanal vorhanden ist, können erst zur Sendung angemeldet werden, wenn das Umkopieren auf ein Sendesystem geregelt ist.

12. Den Nutzern bzw. Verantwortlichen wird auf Wunsch und gegen Stellung einer Leerkassette eine kostenlose Kopie ihrer Sendung gezogen (nur möglich auf VHS). Für jede weitere Kopie wird eine Kostenbeteiligung verlangt. Die Sätze hängen in der Geschäftsstelle des Offenen Kanals Kassel aus oder sind bei ihr zu erfragen.

Diese Nutzungsordnung tritt am 1. Juni 1994 in Kraft.
Kassel, 24. Januar 1994

12 Das Literaturverzeichnis

Aleman, Heine von: *Der Forschungsprozeß*, Stuttgart 1977.

Arbeitsgemeinschaft der ARD-Werbegesellschaften (Hrsg.): *Media Perspektiven Basisdaten - Daten zur Mediensituation in Deutschland 1996*, Frankfurt am Main 1996.

Arbeitskreis Offener Kanäle und Bürgerrundfunk der Landesmedienanstalten - AKOK (Hrsg.): *Offene Kanäle und Bürgerfunk in Deutschland - Rundfunk der dritten Art,* Halle 1996.

Atteslander, Peter: *Methoden der empirischen Sozialforschung*, Berlin/New York 1991.

Berg, Klaus/Kiefer, Marie-Luise (Hrsg.): *Massenkommunikation - Eine Langzeitstudie zur Mediennutzung und Medienbewertung*, Schriftenreihe Media Perspektiven Band 12, Baden-Baden 1992.

Bessler, Hansjörg: *Offene Kanäle im Rundfunk - Abstrich von der reinen Lehre* in: *Das Parlament* vom 12. Dezember 1981.

Böhmer, Norbert: *Private Bürger machen ihr Programm - Halbzeit beim Offenen Kanal Dortmund*
in: *Media Perspektiven* Heft 2/1987.

Bortz, Jürgen: *Statistik für Sozialwissenschaftler*, Berlin/Heidelberg/New York 1989.

Brosius, Gerhard: *SPSS/PC+ Basics und Graphics - Einführung und praktische Beispiele*, Hamburg/New York 1988.

Bundeszentrale für politische Bildung (Hrsg.): *Statistisches Bundesamt - Datenreport 1989. Zahlen und Fakten über die Bundesrepublik Deutschland*, Schriftenreihe Band 280, Bonn 1989.

Düperthal, Gitta: *Das „Prinzip Schlange" schafft Ordnung*
in: *Frankfurter Rundschau* vom 17. März 1997.

Faul, Prof. Dr. Erwin: *Die Fernsehprogramme im dualen Rundfunksystem*
in: *Wissenschaftliche Begleitkommission zum Versuch mit Breitbandkabel in der Region Ludwigshafen/Vorderpfalz, Materialien Band 10*, Berlin 1988.

Fischer Taschenbuch Verlag (Hrsg.): *Der Fischer Welt Almanach - Zahlen Daten Fakten '92*, Frankfurt am Main 1991.

Fischer, Arthur: *Offene Kanäle in den 90er Jahren*
Vortrag bei einem Fachgespräch in Halle am 19. und 20. Januar 1995, unveröffentlicht.

Frey, James H./Kunz, Gerhard/Lüschen, Günther: *Telefonumfragen in der Sozialforschung -Methoden, Techniken, Befragungspraxis*, Opladen 1990.

Friedrichs, Jürgen: *Methoden empirischer Sozialforschung*, Opladen 1980.

Grothe, Thorsten/Müller, Roy: *Der Offene Kanal aus der Sicht der Programmacher - Ergebnisse einer empirischen Studie zur Situation in Hamburg*
in: *Media Perspektiven* Heft 7/1993.

Grundheber, Horst: *Das Experiment der Offenen Kanäle*
in: Faul, Erwin (Hrsg.) *Die Fernsehprogramme im dualen Rundfunksystem*
in: *Wissenschaftliche Begleitkommission zum Versuch mit Breitbandkabel in der Region Ludwigshafen/Vorderpfalz, Materialien Band 10*, Berlin 1988.

Habermehl, Werner: *Angewandte Sozialforschung*, München/Wien 1992.

Heidinger, Veronika/Schwab, Frank/Winterhoff-Spurk, Peter: *Offene Kanäle nach der Aufbauphase - Bilanz bisheriger Begleitforschungen*
in: *Media Perspektiven* Heft 7/1993.

Helf, Klaus Ludwig: *Der Offene Kanal als Ort und Medium für den politischgesellschaftlichen Diskurs*
in: Arbeitskreis deutscher Bildungsstätten e.V. (Hrsg.) *Materialien zur politischen Jugend- und Erwachsenenbildung - Mitteilungen des Arbeitskreises deutscher Bildungsstätten e.V.*, Bonn 1991.

Hessische Landesanstalt für privaten Rundfunk (Hrsg.): *Gesetz über den privaten Rundfunk in Hessen*, Kassel 1995.

Hessische Landesanstalt für privaten Rundfunk (Hrsg.): *Wir stellen uns vor*, Kassel 1996.

Hessische Landesanstalt für privaten Rundfunk: *Offener Kanal Kassel - Zwei Jahre Sendepraxis*, Unveröffentlichte Materialien, Kassel 1994.

Hessische Landesanstalt für privaten Rundfunk: *Offene Kanäle in Hessen- Erfahrungen und Perspektiven nach fünf Jahren Praxis*, Unveröffentlichte Materialien, Kassel 1997.

Hessisches Statistisches Landesamt: *Statistische Berichte - Die Bevölkerung der hessischen Gemeinden am 30. Juni 1996*, Wiesbaden 1996.

Hessisches Statistisches Landesamt: *Statistische Berichte - Die Bevölkerung der kreisfreien Städte und Landkreise Hessens am 31. Dezember 1996 nach Alter und Geschlecht*, Wiesbaden 1997.

Expertengruppe Offener Kanal: *Offene Kanäle auf dem Prüfstand - Votum der Experten*
in: *DGB medien dienst* Ausgabe 1/1994.

Jarren, Otfried/Grothe, Thorsten/Müller, Roy: *Bürgermedium Offener Kanal - Der Offene Kanal Hamburg aus der Sicht von Nutzern und Experten*, Hamburgische Anstalt für neue Medien HAM (Hrsg.), Schriftenreihe Band 8, Berlin 1994.

Kamp, Ulrich (Hrsg.): *Der Offene Kanal - Erfolge und Strukturen*, Bundeszentrale für politische Bildung, Schriftenreihe Band 283, Bonn 1989.

Kiefer, Marie-Luise: *Massenkommunikation 1995*
in: *Media Perspektiven* Heft 5/1996.

Knauf, Markus: *Offene Kanäle/Freie Radios*
in: *Medienspiegel* Heft7/1996.

Landeszentrale für private Rundfunkveranstalter Rheinland-Pfalz (Hrsg.): *Offene Kanäle in Rheinland-Pfalz - Ergebnisse empirischer Forschung*, Schriftenreihe Band 8, Ludwigshafen 1993.

Landwehrmann, Friedrich/Jäckel, Michael: *Kabelfernsehen - Von der Skepsis zur Akzeptanz. Das erweiterte Programmangebot im Urteil der Zuschauer*, München 1991.

Longolius, Christian (Hrsg.): *Fernsehen in Deutschland IV - Offener Kanal: Eröffnung der Diskussion*, Hamburg 1980.

Longolius, Christian: *Der Offene Kanal als Bürgerforum - Auftrag, Praxis, Perspektive*
in: *Das Parlament* vom 30. August 1986.

Longolius, Christian: *Offizielles Fernsehen und der „Offene Kanal" - Anmerkungen zu einer zwiespältigen Beziehung*
in: *epd/Kirche und Rundfunk* Nr. 83 vom 22. Oktober 1980.

Longolius, Christian: *Placebos als Verfassungsauftrag - Über den Sinn eines Offenen Kanals*
in: *epd/Kirche und Rundfunk* Nr. 61 vom 3. August 1985.

Longolius, Christian: *Programme von Bürgern für Bürger - Zum Entwicklungsstand der Offenen Kanäle in der Bundesrepublik Deutschland*
in: *Neue Zürcher Zeitung* vom 15. April 1988.

Müller, Eckhard: *Volkseigener Rundfunk*
in: *MEDIEN BULLETIN* Ausgabe 6/1991.

Müller-Schöll, Nikolaus: *Jeder kann senden. Keiner hört zu.*
in: *DIE ZEIT* vom 11. November 1988.

Oberreuter, Heinrich: *Der Offene Kanal - Eine Bresche für den Wildwuchs*
in: *Das Parlament* vom 27. März 1982.

Peters, Markus: *Im Niemandsland*
in: *Das Sonntagsblatt* vom 29.11.1996.

Petrich, Gunnar: *Zur Entwicklung des Offenen Kanals Ludwigshafen in den ersten neun Monaten*
in: *Media Perspektiven* Heft 11/1984.

Presse- und Informationsamt der Landesregierung Nordrhein-Westfalen (Hrsg.): *Der Offene Kanal im Kabelpilotprojekt Dortmund*, Band 3 Begleitforschung des Landes Nordrhein-Westfalen zum Kabelpilotprojekt Dortmund, Düsseldorf 1987.

Prüfer, Peter (Zentrum für Umfragen, Methoden und Analysen ZUMA): *Anleitung und Durchführung standardisierter Interviews*, Unveröffentlichte Materialien, Mannheim ohne Jahr.

PSYDATA - Institut für Marktanalysen, Sozial- und Mediaforschung: *Was Sie für das Interview wissen müssen*, Unveröffentlichte Materialien, Frankfurt am Main 1996.

Röhr, Michael: *Statistische Verfahren - Statistik für Soziologen, Psychologen und Mediziner (Band 2)*, Frankfurt am Main 1983.
Rolli, Hans Wolfgang: *Der Offene Kanal als Bürgermedium - Möglichkeiten, Erfahrungen, Grenzen, Konsequenzen*, medium Dokumentation Band 10, Frankfurt am Main 1981.

Schätzler, Wilhelm: *Mediale Erschließung des lokalen Bereichs - Plädoyer für den Offenen Kanal*
in: *FUNK-Korrespondenz* Nr. 16-17 vom 15. April 1981).

Scherer, Herbert: *Die Erprobung von „Offenen Kanälen" im Kabelpilotprojekt*
in: Bentele, Günter/Jarren, Otfried: *Medienstadt Berlin*, Berlin 1988.

Schinzel, Horst: *Mehr als eine Spielwiese weniger. "Offene Kanäle" in Schleswig-Holstein - Ein Stück Gegenöffentlichkeit*
in: Radio Journal Ausgabe 8/1996.

Storll, Dieter: *Kabelfernsehen in Berlin - Interesse, Nutzung und Bewertung. Umfrageergebnisse nach einem Jahr Kabelpilotprojekt*
in: Rundfunk und Fernsehen Heft 3/1987.

Walendy, Elfriede: *Offene Kanäle in Deutschland - Ein Überblick. Rechtsrahmen und Entwicklungsstand*
in: Media Perspektiven Heft 7/1993.

Winterhoff-Spurk, Peter (Hrsg.): *Der Offene Kanal im Saarland - Ergebnisse der Begleitforschung*, Schriften der Landesanstalt für das Rundfunkwesen Saarland Band 1, Saarbrücken 1992.

Winterhoff-Spurk, Peter/Heidinger, Veronika/Schwab, Frank: *Der Offene Kanal in Deutschland - Ergebnisse empirischer Forschung*, Wiesbaden 1992.

Die wissenschaftliche Begleitkommission: *Abschlußbericht an die Landesregierung Rheinland-Pfalz,* Wissenschaftliche Begleitkommission zum Versuch mit Breitbandkabel in der Region Ludwigshafen/Vorderpfalz, Materialien Band 5, ohne Jahr.

Zweites Deutsches Fernsehen (Hrsg.): ZDF Jahrbuch 97, Mainz 1998.

Bisherige Veröffentlichungen in der Schriftenreihe der LPR Hessen

Band 1   Wirtschaftlichkeitschancen für Ballungsraumfernsehen in der Region Rhein-Main; Ein Gutachten der Prognos AG im Auftrag der LPR Hessen.

Band 2   Die Informationsleistung privater Regionalfenster; Eine Analyse von "RTL Hessen live" und "SAT.1 Regionalreport Rheinland-Pfalz/Hessen".

Band 3   fernsehen zum Thema machen; Elternabende als Beitrag zum Jugendmedienschutz.

Band 4   Medienpädagogischer Atlas Hessen; Verzeichnis medienpädagogischer Aktivitäten und Projekte in Hessen.

Band 5   Programmleistung von FFH; Forschungsbericht zur Analyse der Programmleistung von Hit Radio FFH.

Band 6   Digital oder Original; Virtuelle Werbung bei Sportübertragungen im Fernsehen.